KB043488

왜
떴을까

왜
떴을까

'K-크리에이티브' 끌리는 것들의 비밀

이은주, 김윤미 지음

혜화동

K-콘텐츠 글로벌 대폭발의 시대, 고객의 마음을 사로잡기 위해 고민하는 기업과 CEO들에게도 유용한 책이다. 브랜드와 제품의 '스토리텔링'과 '팬덤'을 만들어가는 일은 기업의 일이기도 하기 때문이다. 대중문화계에서 오랫동안 발로 뛴 두 기자의 생생하고 통찰력 있는 분석이 담긴 이 책의 의미는 그래서 더 각별하다.

— 전 두산그룹 회장/현 벨스트리트파트너스 회장 **박용만**

창작자들의 거침없는 도전과 상상력, OTT 및 유튜브 시대의 패러다임 변화, 특별한 팬덤과 까다로운 수용자가 만든 'K-크리에이티브'의 눈부신 성취, 그 정면과 이면의 이야기!

— 배우 **정우성**

〈오징어 게임〉을 통해 전 세계인을 만나면서 K-콘텐츠가 가진 힘과 가능성을 새삼 실감했다. 그 열기와 성취를 잘 분석하고 담은 기록이 있었으면 하던 차에 반가운 책을 만났다. 이 책에는 우리가 미처 알지 못했던 'K-크리에이티브'에 대한 모든 것이 담겨있다. 한국 대중문화의 토양 위에서 끊임없이 발전해 온 'K-크리에이티브'의 진화와 앞으로의 발전 가능성에 대한 의미 있는 통찰을 얻을 수 있을 것이다.

― 배우 **이정재**

K-콘텐츠의 시대가 한순간의 꿈에 그치지 않기 위해 누군가 한번은 꼭 돌아봐야 할 한국 문화에 관한 이야기. 그 이야기를 성실하고 객관적으로 돌아본 책이자 한국 문화에 대한 애정으로 쓰여진 책.

― 영화감독 **연상호**

지금 K-콘텐츠를 둘러싸고 얼마나 대단한 일이 벌어지고 있는지 막상 현장 속에 있으면 잘 실감하지 못할 때가 많다. 이 책은 'K-크리에이티브'의 과거와 현재 그리고 미래를 한눈에 보여준다. 친절하고 정확하게 핵심을 짚은 내용을 보다 보면 K-크리에이터의 한 사람으로 자부심과 책임감을 동시에 느끼게 된다.

― CJ ENM 프로듀서 **나영석**

일용할 양식처럼, 숨 쉬는 공기처럼 K-콘텐츠를 향유하는 사람이라면 누구나 흥미로운 분석과 정곡을 콕 찌르는 인사이트를 얻을 수 있는 책!

― 배우 **강하늘**

'K-크리에이티브'의 성공은 이제 대중문화계를 넘어 대한민국 전체의 중요한 자산으로 심도 있게 연구돼야 하는 시점이다. K-콘텐츠의 진정한 성취는 정확한 평가가 뒷받침될 때 완성된다. 그런 의미에서 20년 가까이 취재 현장을 성실하고 우직하게 지킨 두 대중문화 전문기자의 예리하고 섬세한 분석이 담긴 이 책은 시의적절할 뿐만 아니라 K-콘텐츠 발전의 밑거름이 되는 소중한 자산이다.

— 영화감독/CJ ENM 스튜디오스 대표 **윤제균**

오스카상과 빌보드 차트가 멀고 먼 다른 나라의 얘기라고만 생각한 적이 있었다. 실은 꽤 오랫동안 '남의 얘기'였다. 하지만 지금, 마치 마법처럼 우리의 영화와 드라마, 또 대중음악을 전 세계가 경계 없이 즐기고 있다. 이는 '어느 날 갑자기 나타난 마법'이 아니다. 오랫동안 수많은 창작자들이 갈고닦고 키워낸 K-크리에이티브의 결과다. 그 열정과 땀의 생생한 기록이 이 책에 오롯이 담겨 있다.

— 배우 **이제훈**

한류를 이끈 K-팝을 넘어, 이젠 K-드라마와 한국 영화까지, 그야말로 K-콘텐츠 글로벌 대유행의 시대다. 다행스럽게도 K-콘텐츠의 성장을 실시간으로 가까이에서 지켜볼 행운을 얻었지만, 정작 이 현상과 의미를 속 시원히 짚어 주는 분석을 만나기 쉽지 않았다. 창의력으로 국경을 넘어 글로벌 시장을 사로잡고자 하는 이 시대의 엔터테인먼트 관계자들에게 이 책을 읽어 보길 권한다.

– SM엔터테인먼트 대표 **탁영준**

한국 문화가 지금처럼 세계의 이슈가 되고 트렌드를 이끌어 간다고 그 누구도 예상 못 했을 것이다. 그 답은 바로 문화산업 현장에 있었고, 수많은 사람들의 노력과 시행착오가 모여서 오늘날의 '한류'가 탄생했다고 믿는다. 그런 의미에서 한국 대중문화의 현장을 발로 뛰며 K-콘텐츠의 역사를 함께 만든 두 기자의 흥미롭고 섬세한 분석이 담긴 이 책의 의미는 남다르다. 누구나 콘텐츠를 만들고 소통하는 시대, 이제는 브랜드가 된 K-콘텐츠의 진짜 성공 비밀을 이 책을 통해 만나볼 때다.

– FNC엔터테인먼트 대표/콘텐츠테크놀로지스 파트너 **안석준**

경제만큼 변화무쌍하고 예측하기 어려운 콘텐츠 시장에서 'K-크리에이티브'가 전 세계인의 마음을 사로잡은 비결은 뭘까. 그 답은 바로 이 책에 있다. 킬러 콘텐츠는 만들기는 어려워도 한번 탄생하면 경제·사회·문화적 파급력은 실로 엄청나다. 저자들은 'K-크리에이티브'의 성공 전략을 알기 쉽고 명확하게 짚어준다. 멀게만 느껴졌던 K-콘텐츠의 성공이 손에 잡힐 듯 눈앞에 그려진다. 브랜드 가치와 경영 전략을 고민하는 기업 CEO들에게도 일독을 권한다.

– MBC 라디오 〈이진우의 손에 잡히는 경제〉 진행자/삼프로TV 대표 **이진우**

'K-크리에이티브'는 어떻게 전 세계와 통했을까

2022년 5월 그룹 방탄소년단(BTS)이 백악관에서 조 바이든 미국 대통령과 나란히 서서 'K-하트'를 날리는 장면은 한국 대중문화의 위상을 상징적으로 보여 주는 '사건'이었다. 미국 국적이 아닌 K-팝 그룹이 미국 내 반아시안 증오 범죄에 대한 경각심을 불러일으키겠다는 취지로 백악관에 초청됐다는 것도 놀랍지만, 공연과 음악을 통해 '자신을 사랑하고, 자신의 목소리를 내라Love yourself, Speak yourself'라고 끊임없이 외쳤던 그들의 세계적인 영향력을 다시 한번 입증했기 때문이다.

같은 달, 프랑스 칸에서 열린 제75회 칸국제영화제에서도 K-무비는 이례적인 주목을 받았다. '한국 영화의 아이콘' 배우 이정재와 정우성이 의기투합한 영화 〈헌트〉가 비경쟁 부문에 초청돼 큰 관심을 받았고, 박찬욱 감독과 배우 송강호가 각각 감독상과 남우주연상을 동시에 받는 쾌거를 이뤄 냈다. 필자 역시 제61회(2008), 제69회(2016)

에 이어 세 번째 칸영화제를 취재했지만 올해처럼 한국 영화와 K-콘텐츠에 대한 높은 관심을 느낀 적은 없었다. 현장에서 만난 해외 영화 관계자들은 코로나 팬데믹 시기에도 꾸준히 좋은 작품을 만들어 낸 한국의 콘텐츠 제작 역량에 대해 칭찬을 아끼지 않았다.

K-팝, K-무비, K-드라마 등으로 이어지는 K-콘텐츠는 이제 전 세계가 함께 즐기는 주류 문화에 당당히 올라섰다. 한국 대중문화가 수십 년간 차곡차곡 쌓아온 자양분을 기반으로 한 'K-크리에이티브'는 역사상 가장 단절되고 고립된 코로나19 시대를 거치며 역설적으로 K-콘텐츠의 르네상스를 활짝 열었다.

K-크리에이티브는 뛰어난 상상력을 기반으로 강력한 스토리텔링과 감각적이고 섬세한 감성이 더해져 탄생했다. 이를 통해 수많은 창작자가 한국인 특유의 근성과 끈기로 고부가가치 창작물을 만들어냈다. 다시 말해 K-크리에이티브는 앞선 기획력과 절제되면서도 세련된 스타일, 완성도 높은 만듦새를 아우르는 매력적인 창조력을 뜻한다. 이는 전 세계인의 마음을 끌어당기는 요인이 됐다.

넷플릭스 사상 최고 시청 기록을 경신하며 각국 안방극장을 사로잡은 드라마 〈오징어 게임〉을 시작으로 〈지옥〉, 〈지금 우리 학교는〉 등과 같은 K-드라마는 전 세계를 공략했고, 빌보드 차트 1위를 점령한 BTS를 필두로 한 K-팝 그룹들은 이제 국경을 넘어 전 세계를 무대로 활동하고 있다. 한국 영화 역시 봉준호 감독의 〈기생충〉이 제72회 칸영화제 황금종려상과 제92회 아카데미 4관왕을 석권하며 전 세계 영화계의 중심에 섰다. 영화 〈미나리〉의 윤여정은 제93회 아카데미 여우조연상을 거머쥐며 한국 배우의 위상을 한 단계 높였다.

　패러다임의 전환을 끌어낸 K-크리에이티브의 놀라운 성과는 동시대 사람들이 원하는 것을 정확하게 짚어 내고 소통한 결과다. 이는 치열한 경쟁 속에서 남과 다른 차이를 만들기 위해 집요하게 노력한 산물이기도 하다.

　한류라는 말이 태동하던 2000년대 초, K-팝의 초석을 닦은 SM엔터테인먼트를 비롯해 JYP, YG 등 국내 굴지의 기획사들이 배출한 2세대 아이돌 그룹들의 해외 월드 투어를 동행 취재할 때만 해도 K-콘텐츠가 이렇게 빨리 전 세계를 사로잡을 것이라고는 예상치 못했다. 동남아시아에서 개최된 MAMA^{엠넷 아시안 뮤직 어워즈}를 수차례 취재하면서 K-팝의 무대가 점차 세계화되는 것을 느꼈고, 미국 크립토닷컴 아레나(구 LA 스테이플스 센터)에서 열린 KCON^{케이콘} 현장에서 K-팝은 이미 국경을 넘은 하나의 문화 현상임을 알 수 있었다.

　특히 K-크리에이티브는 가장 한국적인 것으로 세계적인 성공을 일궈 냈다는 데 큰 의의가 있다. 한국 문화 자체의 색깔과 특수성으로 승부수를 띄웠고 세계적인 보편성으로 공감대를 형성했다. 덕분에 많은 K-팝 스타들이 해외에 진출했고, 세계 각국에서 한국 콘텐츠 IP^{지식재산권} 확보에 비상한 관심을 보이고 있다.

　독창적이고 앞서가는 예술 감각을 바탕으로 한 K-크리에이티브는 우리만의 매력을 만들었고, 이는 한국의 뷰티와 패션, 한식, 미술과 무용 등 문화 전반은 물론 국가 브랜드 전체에 영향을 미치고 있다. 영국 옥스퍼드 영어사전은 2021년 한국어 단어 26개를 새로 등재하면서 "한국 스타일은 쿨함의 전형"이라고 평가하기도 했다.

K-크리에이티브는 상대적으로 작은 내수 시장의 치열한 경쟁 속에서 탄생한 결과물이다. 한국 콘텐츠 시장은 유행에 굉장히 민감하고 다재다능한 창작자들이 끊임없이 다양하고 새로운 콘텐츠를 생산해내고 있다. 특히 수준 높고 까다로운 수용자들이 '매의 눈'으로 콘텐츠를 평가한다.

덕분에 한국은 세계 영화와 드라마 등 콘텐츠의 성패를 예측하는 테스트 베드Test Bed로 자리매김했다. 〈오징어 게임〉의 각본 및 연출을 맡은 황동혁 감독의 말처럼 한국은 매우 역동적이고 창작자들은 서로를 의식하며 한 발 더 앞서 나가려고 노력한다. 이 같은 경쟁의식이 문화적으로도 트렌드를 선도해 나가는 원동력이 된 셈이다.

이 책에서는 국내 대중문화계의 최전선에서 성장 과정을 지켜본 두 기자가 우리가 미처 몰랐던 K-크리에이티브의 숨어 있는 성공 전략을 다각도로 파헤쳐 본다. 동시에 K-콘텐츠가 전 세계인들을 사로잡은 흥행 키워드도 소개한다.

누구나 콘텐츠를 만들 수 있고 콘텐츠로 소통하는 시대에 살고 있다. 이제 정치, 경제, 사회 각 분야에서 어떤 콘텐츠로 어떻게 소통하느냐는 경쟁력을 결정짓는 중요한 요소로 떠오르고 있다.

저자 역시 대중문화 전문 유튜브 채널 〈은기자의 왜 떴을까TV〉를 기획 및 진행하면서 K-크리에이티브의 핵심인 배우와 가수, PD 등을 직접 만나 영향력 있는 콘텐츠에 대해 끊임없이 분석하고 고민했다. 10만 명의 구독자들과 적극적으로 호흡하면서 많은 깨달음과 동시에 소통하는 즐거움을 얻었다.

이 책은 전 세계에서 한류에 대한 분석이 쏟아지고 있지만 정작 우리 손으로 K-콘텐츠의 성공 요인에 대해 제대로 분석한 책은 없다는 지점에서 출발했다. 수십 년간 한국 대중문화의 현장을 직접 취재해 온 기자들이 우리의 시각으로 느끼고 바라본 K-크리에이티브에 관한 분석을 담고 싶었다.

원대하고 야심 찼던 계획에 비해 지난한 과정이었지만 세계적으로 주목받은 K-콘텐츠가 치열하게 지나온 길을 살펴보고 앞으로 더 나은 방향으로 발전하는 데 조금이나마 도움이 되기를 바라는 마음으로 집필에 임했다.

이 책을 쓰는 순간에도 대중문화의 현장은 끊임없이 진화하고 있다. 하지만 분명한 사실은 오늘날의 K-콘텐츠는 한국 대중문화의 토양 위에서 형성됐고 그 역사 속에서 통시적 관점으로 해석되어야 한다는 점이다. 과거에 대한 분석과 현재의 진단이 있어야 앞으로 K-콘텐츠의 미래를 준비할 수 있다.

K-크리에이티브의 성공은 현재진행형이며 이제 시작에 불과하다. IT 신기술 등과 결합해 메타버스 시대에도 끊임없이 변화하며 성장하고 있다. "우리에겐 언제나 늘 좋은 영화, 드라마가 있었다. 단지 세계가 갑자기 우리에게 주목할 뿐"이라는 배우 윤여정의 말처럼 이 책이 우리 문화에 대한 자신감을 확인하고 사회 각 분야에 접목할 통찰력을 줄 수 있다면 더할 나위 없을 듯하다.

매 순간 부족함을 느끼는 과정이었지만 함께 고민해 준 김윤미 선배와 도서출판 혜화동 이상호 대표님 덕분에 긴 여정에 마침표를 찍을 수 있었다. 길을 인도하시는 주님과 늘 곁에서 힘이 되어 주는 가족들과 친구들, 기꺼이 추천의 글을 써 주신 분들께 감사의 마음을 전한다. 이 순간에도 창작의 고통과 무게를 감내하고 있는 K-콘텐츠 업계 관계자들에게도 경의를 표한다.

무엇보다 많은 사람과 소통하며 사회에 크고 작은 영향력을 펼치고자 하는 분들께 더 나은 미래를 위한 실마리를 드릴 수 있기를 바라며.

2022년 가을

대표 저자 이은주

차례

Ⅳ 'K-크리에이티브'의 5가지 흥행 코드

I.

공감 Sympathy

불안전한 도전을 선택하라
'K-드라마'의 성공 키워드

'한번 한 장르는 다시 하지 않는다'
도전으로 완성된 〈오징어 게임〉

잔혹하면서도 동화 같고, 비정하면서도 인간적인 '묘한' 매력의 드라마 한 편이 전 세계 안방극장을 말 그대로 뒤집어 놓았다. 전 세계 94개국에서 1위를 차지하며 역대 넷플릭스 최다 시청 드라마에 이름을 올린 〈오징어 게임〉이 주인공이다. 이 작품은 보편적인 주제를 바탕으로 다양한 한국적 소재를 다룸으로써, 결국 전 세계인의 공감과 흥미를 이끌어 냈다.

〈오징어 게임〉은 여러모로 K-드라마의 정점에 위치한 작품이다. 한국 드라마의 양적, 질적 성장을 대내외적으로 알렸고, K-팝과 영화에 이어 드라마를 전 세계 대중문화계의 주류 문화에 올려놓았기 때문이다.

〈오징어 게임〉은 46일 연속, 총 53일간 1위를 차지하며 공개 후 4주 동안 전 세계에서 무려 1억 4,200만 가구가 이 드라마를 시청했다. 누적 시청 시간은 약 16억 5,000만 시간에 달했고, 시청 시간의 약 95%가 해외에서 발생했다. 한국이 만든 드라마가 전 세계인들이 즐기는 하나의 문화상품이 된 것이다. 무엇보다 탁월한 상상력과 뛰어난 만듦새가 인정받았을 뿐만 아니라 대중적으로도 폭발적인 인기를 얻었다는 데서 한국 대중문화사에 한 획을 긋는 '사건'임에 분명하다.

〈오징어 게임〉은 무한 경쟁에서 소외되고, 승자 독식 사회에서 낙오된 사람들의 이야기를 조명했다. 디스토피아^{dystopia}적 세계관을 다뤘지만, 극한의 상황에서 꽃피운 휴머니즘을 강조하며 힘들지만 세상을 다시 살아갈 희망을 안겨 줬다.

코로나 팬데믹 시대에 갈수록 심각해지는 경제적 양극화 속에서 전 지구적으로 생존의 공포를 맞닥뜨린 세계인들은 각자의 시각에서 이 작품을 즐기고 바라봤다.

〈오징어 게임〉은 대중이 선호하는 장르인 데스 게임^{Death Game}의 틀에 한국적인 전통 놀이를 접목했다. 내용도 가족애와 일명 '깐부 정신'으로 대표되는 한국인의 정情을 강조하며 동양적인 사고방식을 해법으로 제시했다.

'무궁화 꽃이 피었습니다', '달고나 뽑기', '구슬치기' 등 작품에 등장하는 게임은 누구나 한 번쯤 어린 시절 동네에서 즐긴 친근한 놀이지만, 승자와 패자가 명확하게 결정되는 게임의 룰은 '현대사회의 축소판'을 은유했다.

이 작품은 단순한 게임들을 통해 배신과 음모가 난무하는 복잡다단한 인간의 심리를 꿰뚫는 통찰력을 보여줬다. 아울러 감각적인 미술과 적재적소에 배치된 음악, 배우들의 입체적인 연기력은 흥행의 큰 요소로 작용했다. 무엇보다 각본과 연출을 맡아 이 모든 것을 설계한 황동혁 감독의 뛰어난 역량은 〈오징어 게임〉 신드롬을 일으킨 원동력이었다.

그동안 K-드라마는 〈겨울연가〉, 〈대장금〉 등을 필두로 전 세계에 한류를 탄생시킨 일등공신이었지만, 아시아와 중동 지역에 편중된 측면이 있었고 언어의 장벽은 K-드라마의 가장 큰 한계로 지적됐다.

하지만 코로나 팬데믹으로 글로벌 OTT^{온라인 동영상 서비스}가 활성화되고 수용자들의 시청 행태가 변화하면서 K-드라마는 넷플릭스 등 대형 OTT 플랫폼을 통해 날개를 달았다. 〈오징어 게임〉을 시작으로 상대적으로 적은 제작비를 들이고도 높은 퀄리티를 보장하며 일정 수준 이상의 흥행을 담보하는 한국 드라마는 글로벌 OTT들에게 '귀하신 몸'이 됐다. 디즈니 플러스, 애플 TV+의 한국 진출에 이어 HBO 맥스까지 한국 상륙을 예고하면서 한국의 영화 및 드라마 제작사들은 뜨거운 러브콜을 받았다.

〈오징어 게임〉은 황동혁 감독이 10년 전에 쓴 시나리오지만 선정성과 폭력성 등 수위가 높고 제작비가 많이 든다는 이유로 한국 영화계에서는 퇴짜를 맞았다. 하지만 대중성보다는 독특하고 새로운 소재에 관심을 가지고 투자하는 OTT 넷플릭스를 만나 비로소 전 세계에 알려질 수 있었다.

당초 황 감독은 '가장 한국적인 것이 가장 세계적'이라는 생각으로 세계 콘텐츠 시장을 겨냥했다. 그는 "방탄소년단이나 싸이의 〈강남스타일〉, 봉준호 감독의 〈기생충〉도 그렇지만, 〈오징어 게임〉에 나오는 각종 게임들이 세계적으로 어떤 소구력이 있을지 기대하면서 작업했다."라고 말했다. 그가 넷플릭스 시리즈 〈킹덤〉이 흥행한 뒤 '갓'이 비싸게 팔린 것처럼 〈오징어 게임〉이 인기를 끌면 '달고나' 장사를 해야 하는 게 아니냐고 했던 우스갯소리는 현실이 됐다.

다시 말해 〈오징어 게임〉은 그동안 차곡차곡 쌓인 한국 대중문화의 경쟁력이 하나로 집약된 결과물이다. 한국은 수준 높은 창작자와 까다로운 수용자, IT 기술의 발달이 어우러져 콘텐츠가 빠르게 확산되고 발달하는 토양을 갖췄다. 또한 각종 소셜 미디어를 통해 유행과 콘텐츠에 대한 피드백을 빠르게 받을 수 있다. 한국이 할리우드 영화를 비롯해 전 세계 콘텐츠 시장의 흥행을 시험하는 테스트 베드가 된 것도 이와 무관하지 않다.

그동안 한국은 상대적으로 낮은 자본력과 규모가 작은 시장이 한계로 지적됐으나 OTT 시대가 열리면서 콘텐츠 파워로 언어와 국경의 장벽을 뛰어넘어 본격적인 K-콘텐츠의 시대를 열고 있다. 전 세계를 사로잡은 〈오징어 게임〉의 세계 속으로 들어가 보자.

다양한 도전을 통해 완성된
'황동혁 월드'

〈오징어 게임〉은 '황동혁 월드'의 종합 선물 세트 같은 작품이다. 그동안 다양한 장르의 작품에서 선보인 황 감독의 실력과 장기를 한눈에 볼 수 있기 때문이다.

황 감독은 영화 〈도가니〉, 〈남한산성〉처럼 실화와 역사적 사실을 토대로 한 묵직한 작품들도 만들었지만, 그와는 정반대로 휴먼 코미디 영화 〈수상한 그녀〉의 연출을, 범죄 코믹극 〈도굴〉의 각색과 제작을 맡기도 했다.

그는 사회 고발 장르부터 휴먼 코미디, 경쾌한 케이퍼 무비caper movie까지 다양한 장르를 섭렵하면서 '황동혁 월드'를 완성했다. 그의 특기는 자신이 전하고자 하는 이야기를 가장 효과적인 방법으로 전달한다는 것이다. 〈오징어 게임〉이 전 세계 사회 문화에 엄청난 파급 효과를 일으킨 것은 가장 효과적인 방법으로 자신이 하고 싶은 이야기를 명확하게 전달했기 때문이다.

황 감독의 철칙 중 하나는 '한번 한 장르는 다음에 하지 않는다.'는 것이다. 그는 자신 있는 것에 안주하기보다는 모험을 즐기고 새로운 도전을 통해 동기부여를 받는 스타일에 가깝다. 그는 각종 인터뷰에서 "늘 새로운 것에 도전하려고 한다. 리스크risk가 느껴지더라도 안전하지 않고 겁이 나는, 두려움을 불러일으키는 작품을 할 생각을 하고 있다."라고 말했다. 도전을 두려워하지 않고 새로움을 추구한 것이 그가 스스로를 성장시켜온 방법인 셈이다.

물론 그 바탕에는 뚜렷한 주제 의식과 그것을 짜임새 있게 풀어가는 연출력이 있다. 그는 자신이 하고 싶은 이야기를 다양한 장르와 방식으로 풀어냈고, 대부분의 각본을 직접 쓰면서 군더더기가 없고, 핵심을 꿰뚫는 '촌철살인寸鐵殺人' 대사로 몰입도를 높였다.

영화계에서 '엘리트 감독' 중 한 명으로 꼽히는 황 감독은 서울대학교 신문학과(현 언론정보학과)를 졸업하고 미국 서던 캘리포니아 대학교에서 영화 제작학으로 석사 학위를 받았다.

그는 데뷔작인 〈마이 파더〉(2007)를 비롯해 〈도가니〉(2011) 등 초기에는 실화를 기반으로 한국 사회의 문제점을 정면으로 고발하는 영화들을 주로 만들었다. 단순히 실화의 재현에 그치지 않고, 실화 속에서 모순적이고 역설적인 부분을 영화적으로 극대화했다.

〈마이 파더〉에서는 미국 입양아 제임스 파커(다니엘 헤니)가 어렵사리 자신의 뿌리를 찾기 위해 한국을 찾았지만, 결국 아버지가 사형수였다는 역설적인 상황이 그려졌다. 한국 사회에서 다소 껄끄럽게 여겨지는 해외 입양아 문제를 통해 진정한 핏줄의 의미를 돌아보게 했다.

영화 〈도가니〉는 그의 작품 중 사회적으로 가장 큰 반향을 일으켰다. 2000년부터 5년간 청각장애 특수학교 광주 인화학교(2012년 폐교)에서 벌어진 실화를 바탕으로 교장과 교사들이 청각장애 아동들에게 저질렀던 성폭력과 학대를 고발해 사회에 큰 경종을 울렸다.

공지영의 소설을 원작으로 한 영화 〈도가니〉는 사회적으로 힘없고 보호해야 할 약자에게 도리어 무차별적인 폭력이 가해졌다는 비인간적이고 불편한 진실을 전달하면서 466만 관객이 관람할 정도로 사회적으로 큰 공분을 샀다. 이후 가해자와 책임자들의 구속 및 아동 성폭력 범죄에 대한 처벌을 강화하는 '도가니법' 제정으로 이어지기도 했다.

다소 무겁고 어두운 작품을 주로 만들던 황 감독은 영화 〈수상한 그녀〉(2014)를 통해 위트 있는 코미디 장르로 변신을 꾀했다. 〈수상한 그녀〉는 칠순 할매 오말순이 '청춘 사진관'에서 사진을 찍고 50년 전 스무 살 꽃처녀 시절로 돌아간다는 설정의 리턴물이다. 자칫 유치해질 수 있는 설정이지만, 이 작품은 누구나 전성기의 젊은 시절로 돌아가고 싶다는 욕망을 친근한 방식으로 판타지로 그렸다. 가족 간에 벌어지는 에피소드를 위트 있게 엮으면서도 희생과 사랑이라는 보편적인 가족애도 놓치지 않았다.

그 결과 전 세대의 관심을 이끌어 내면서 호평받았고 866만 관객을 동원했다. 뿐만 아니라 터키, 미국, 스페인 등 총 8개의 나라에서 같은 소재로 리메이크됐고, 콘텐츠의 '원 소스 멀티 유즈^{One Source Multi Use}'의 성공 사례로 인기를 끌었다. 또한 황 감독이 코미디도 짜임새 있고 위트 있게 풀어낼 수 있다는 가능성을 보여줬다.

김훈 작가의 동명 소설을 원작으로 한 영화 〈남한산성〉(2017)은 〈수상한 그녀〉로 자신감을 얻은 황 감독이 처음 도전한 블록버스터 사극이었다. 이병헌, 김윤석, 박해일 등 톱스타들이 출연했고 155억 원의 제작비가 투입된 대작으로 병자호란 당시 삼전도의 굴욕을 맞이하기까지 47일간의 이야기를 다뤘다.

이 작품은 나라를 구하기 위해 치욕을 참고 항복해야 한다는 주화파 최명길과 치욕을 견디고 사느니 끝까지 항전하여 죽음을 택하자는 척화파 김상헌의 극명한 대립을 그렸다. 이 둘의 대립은 현대사회에도 반복되는 명분과 실리의 딜레마라는 화두를 던졌다. 아울러 그 사이에서 고민하는 인조(人祖)의 인간적인 고뇌와 갈등을 심리적으로 섬세하게 풀어냈다.

가장 개인적인 것이
가장 세계적인 것

〈오징어 게임〉은 이처럼 그동안 황 감독이 다양한 장르에서 갈고닦은 장기를 한 번에 펼쳐 보인 작품이다. 이야기 골자는 데스 게임이지만 사람들의 관계 속에서 휴먼 드라마가 등장하기도 하고, 자본주의 계층 간 벌어지는 부조리한 상황이 블랙 코미디로 변주되다가 456명이 데스 게임을 펼치는 장면에서는 액션 스릴러로 전환되는 식이다. 물론 그 속에는 극한으로 치닫는 황금만능주의와 승자 독식 사회에 대한 날카로운 풍자도 담겨있다.

특히 〈오징어 게임〉은 기존 한국 드라마의 신파적 성향도 녹아있는데, 여기에는 황 감독 자신의 자전적인 이야기가 상당 부분을 차지한다. 드라마를 이끌어가는 쌍두마차인 성기훈(이정재)과 조상우(박해수)는 쌍문동 출신으로, 성기훈은 노모와 함께 살며 근근이 생계를 유지하고 있다. 조상우는 서울대 경영학과 출신으로 증권사에 취직했지만 막대한 빚을 지고 오징어 게임에 참여한다.

실제 쌍문동 출신으로 서울대를 졸업한 황 감독은 2008년에 하던 영화의 제작이 불발되고 생활비가 떨어져 대출을 받고 어머니의 마이너스 통장으로 근근이 생활을 버틴 자신의 스토리를 작품에 그대로 녹였다. 그가 사정이 어려워 노트북을 팔고 시나리오 작업을 중단할 정도로 경제적 어려움을 겪었다는 일화는 유명하다.

하지만 감독은 경제적으로 힘들었던 시기에 가장 활발하게 자신만의 상상력을 키웠다. 그는 2008년 2~3시간짜리 단편 영화용으로 〈오징어 게임〉의 대본을 구상했고, 2009년에 완성했다. 하지만 다소 기괴한 분위기로 당시 한국의 정서와 맞지 않아 투자에 난항을 겪었다.

그가 일본 서바이벌 게임이나 만화를 자주 본 것은 맞지만 그 안의 내용은 전혀 다르다. 황 감독은 "경제적으로 어려운 시기에 '나라면 어떡할까?'라는 호기심에서 시작된 작품"이라고 여러 차례 〈오징어 게임〉의 기획 의도를 밝힌 바 있다.

극의 핵심인 '무궁화 꽃이 피었습니다', '오징어 게임', '달고나 뽑기', '구슬치기', '징검다리' 게임도 한국의 X세대인 황 감독이 어린 시절 동네에서 밤늦게까지 친구들과 즐겨 했던 한국의 전통적인 게임들이다. 결정적으로 작품에 등장하는 성기훈, 오일남은 모두 감독의 실제 친구 이름이다.

황 감독은 "〈오징어 게임〉에는 내 추억과 히스토리, 어린 시절 기억들이 많이 녹아있다. 친구 이름이 등장한 것은 그만큼 나 자신이 많이 녹아든 작품이라 기억하고 싶은 이름들이 많기 때문"이라고 비하인드 스토리를 밝히기도 했다.

그는 대부분 영화의 시나리오를 직접 쓰는데, 〈오징어 게임〉의 경우 2화는 국내외에서 반응이 다소 엇갈렸다. 게임 참가자들이 게임에 참여했다가 포기하고 자발적으로 살던 곳으로 뿔뿔이 흩어지는 장면이 한국에서는 지루하다는 평가가 나왔다. 빠른 전개 속도가 미덕으로 꼽히는 국내 TV 드라마에 익숙한 시청자들에게는 충분히 나올 법한 반응이었다. 한국 시청들은 답답하고 느린 전개로 몰입도를 방해하는 일명 '고구마' 드라마를 유난히 싫어하는 것으로 유명하다. 하지만 해외에서는 캐릭터의 서사가 쌓여 더욱 몰입할 수 있었다는 상반된 반응이 나왔다. 드라마를 9화까지 이끌어가는 탄탄한 밑거름이었다는 것이다.

결론적으로 '황동혁 월드'와 'K-드라마'의 가장 큰 경쟁력은 시청자들을 극에 빠르게 몰입시키는 힘이다. 이는 각각의 캐릭터를 중심으로 차분히 한 단계씩 서사를 충실하게 쌓아 올리다가 극적인 순간에 감정을 폭발시키는 치밀한 연출력이 큰 몫을 했다.

〈오징어 게임〉이 관객의 몰입력을 높인 이유는 짜임새 있고 속도감 있는 연출, 감각적인 미술이 잘 어우러졌기 때문이다. 특히 영화계에서 황 감독은 분장, 세트 의상 등 미술에 공을 많이 들이는 것으로 유명하다.

한 영화계 관계자는 "황 감독의 작품은 스토리 면에서는 사회적 메시지를 다루지만, 영화적 아름다움과 비주얼적인 면에서도 퀄리티를 놓치지 않기 때문에 미술과 프로덕션의 완성도가 상당히 높은 편"이라고 말했다. 영화 〈남한산성〉은 1900년대 초반 시대적 고증을 철저히 해 의상과 미술 면에서 좋은 평가를 받았다.

황 감독은 다소 예민해 보이는 첫인상처럼 현장에서 완벽주의를 지향하면서 다양한 소통력과 포용력을 지닌 감독으로 통한다. 그리고 모든 대사와 미장센, 촬영 장면을 놓고 마지막까지 고민을 거듭한다. 〈오징어 게임〉에 새벽 역으로 출연했던 배우 정호연은 "황동혁 감독님은 현장에서도 끝까지 고민하신다. 찍는 순간에도 자기가 썼던 시나리오를 100% 믿지는 않으시는 것 같았다. 계속 저희랑 수정해 가면서 작품을 만들어 간다."라고 말했다.

스토리텔링은 충분히 개연성이 있고 납득할 만한 상황 속에서 전개된다. 때문에 불필요한 장면이 촬영되는 경우는 거의 없다. 한 영화사 대표는 "황 감독은 찍을 장면이 결정되면 시간 낭비 없이 그대로 영상화한다. 〈기생충〉의 봉준호 감독도 머릿속에 짜여진 완벽한 콘티대로 일사천리로 영화를 찍는 스타일인데 두 감독의 제작 스타일이 비슷한 점이 많다."라고 말했다.

일각에서는 〈오징어 게임〉의 다소 폭력적이고 적나라한 표현에 대해 불편함을 호소하는 의견도 등장했다. 게임 참여자들이 탈락할 때 이뤄지는 무차별적 총기 난사와 이후에 벌어지는 장기 적출이 대표적이다.

황 감독은 전작들에서도 리얼리티를 강조한 연출을 해왔는데 대표적인 작품이 〈도가니〉다. 감독은 장애 아동 성폭행이라는 실화를 영화화한 이 작품에서 성폭행과 학대 장면을 너무 사실적으로 묘사해 아역배우들의 정신건강 문제가 대두되는 등 논란을 빚은 경우도 있었다.

황 감독은 "〈오징어 게임〉 차기작은 영화로 움베르토 에코의 소설

《노인 클럽 죽이기》에서 영감을 받은 또 다른 문제작"이라고 밝히면서 "〈오징어 게임〉보다 더 폭력적"이라고 밝히기도 했다.

하지만 시대 의식을 가지고 사회의 부조리를 사실적으로 표현하고 날카롭게 고발하는 그의 작가 정신은 모든 작품을 관통한다. 동시에 사회 안전망과 관용이 부족한 냉엄한 사회 현실 속에서 약자에 대한 배려와 패자에 대한 관심을 환기시켰다.

〈오징어 게임〉에서는 징검다리 게임에 주목할 필요가 있다. 작품의 핵심 주제가 담겨있기 때문이다. 이 게임에서는 번호를 뽑는 것부터 운에 의해 좌우되고, 뒤에 있는 사람은 앞사람의 실패와 희생을 기반으로 살아남는다. 이는 태어나면서부터 '금수저', '흙수저'가 구분되고 교육에 의해 부가 세습되며, 그것이 또다시 불로소득으로 이어지는 무한 경쟁 사회를 은유한다. 드라마는 부익부 빈익빈 富益富 貧益貧이 심화되는 현실 속에서 한번 실패하면 다시 일어서기 어려운 '루저 loser'들의 이야기를 집중적으로 조명한다.

주인공 기훈은 우리 사회의 평범한 소시민을 대표하는 인물이다. 드래곤 모터스 회사 직원이었던 기훈은 구조조정 대상자로 파업하다가 치킨집 등 자영업을 하지만 실패를 거듭한다. 이후 일용직을 전전하던 그는 경마 등 도박에 빠지는 등 점점 나락으로 떨어진다. 감독은 "한국 사회의 비극 중 하나인 쌍용 자동차 대량 해고 사태를 염두에 두고 이 장면을 썼다."고 밝혔다.

이 작품은 학력, 빈부를 떠나 누구라도 언제든 나락으로 떨어질 수 있는 사회 구조를 집중적으로 파헤친다. 그래서 "승자라면 패자를 기억하고 그들이 살아갈 수 있도록 우리 사회의 부와 가치를 어느 정도 나누는 인식이 국가적, 제도적으로 필요하다.”는 묵직한 사회적인 메시지를 전 세계에 던졌다.

한편 해외에서 가장 인기를 끈 게임은 제6화 깐부 편에 등장하는 ‘구슬치기’였다. 이 에피소드는 인터넷 영화 사이트 IMDb에서 평점 9.4점으로 가장 높은 관객 평점을 받았다. ‘깐부’는 딱지치기, 구슬치기 등 놀이를 할 때 같은 편을 의미하는 속어로, 딱지나 구슬 등을 공동관리하는 한 팀을 의미한다. 감독은 어린 시절 놀이를 할 때 쓰던 은어 ‘깐부’를 드라마에 다시 등장시켰다.

구슬을 모두 뺏는 사람이 승자가 되는 구슬치기 게임에서 오일남(오영수)은 성기훈(이정재)에게 하나 남은 자신의 구슬을 건네며 “우린 깐부잖아.”라고 웃으며 말한다. 극한 상황에서도 동료와의 연대와 의리를 포기하지 않는다는 점에서 이 장면은 큰 감동을 줬다. 물론 생사가 걸린 상황에서도 누군가는 서로에게 진짜 ‘깐부’가 되기도 하고, 누구는 겉으로 ‘깐부’를 외치면서 뒤로는 신의를 배신하기도 한다. 결국 ‘깐부’ 편은 무한 경쟁 시대에 인간의 본성을 마치 투명한 구슬처럼 고스란히 드러낸 것이다.

인간 군상이 한눈에
'현대 사회의 축소판'

"여기 이 자리에 계신 여러분들은 감당할 수 없는 빚을 지고 이 자리에 오신 분들입니다."

도입부에 등장하는 이 멘트처럼 〈오징어 게임〉은 인생의 벼랑 끝에 몰린 사람들의 사투를 그린 작품이다. 참가자들은 456억 원이 걸린 게임에 하나뿐인 자신의 목숨을 건다. 어떻게 보면 황당무계해 보이는 이 스토리에 전 세계가 이토록 공감하고 열광적인 반응을 보인 이유는 뭘까?

이 작품은 표면적으로 보면 '데스 게임' 또는 '서바이벌 게임'의 형태를 띠고 있지만 게임보다는 '사람'에 더 초점을 맞춰 설계됐다. 이 드라마의 '설계자'인 황동혁 감독이 "〈오징어 게임〉은 게임보다 사람이 보이는 드라마"라고 수차례 강조한 것도 이 때문이다.

주인공 성기훈 역의 이정재 역시 "다른 서바이벌 게임 영화나 드라마보다는 캐릭터의 애환이나 서사를 세밀하게 잘 그려냈기 때문에 많은 공감을 얻은 것 같다."라고 말했다.

〈오징어 게임〉에는 한국 사회에서 각 세대와 계층을 대표하는 다양한 인물들이 등장한다. 평범한 소시민 기훈을 중심으로 금융인, 노인, 탈북자, 외국인 노동자, 건달 등이 대표적이다.

하지만 그들이 이 게임에 참여하게 된 이유는 각자 다르다. 억대 빚을 지고 도박판을 전전하는 기훈, 고객의 돈까지 유용해 투자했다가

거액의 빚더미에 앉은 전직 금융인 상우, 가족과 함께 살려고 발버둥 쳤지만 브로커에게 사기당해 돈을 모두 잃은 새벽, '코리안 드림'을 꿈꿨지만 악덕 업주에게 돈 한 푼 못 받고 쫓기는 신세가 된 외국인 노동자 알리. 이들은 우리 주변에서 흔히 볼 수 있는 평범한 이웃이지만 사회적으로는 마이너리티^{minority}에 해당한다. 각자 절박한 사연을 가지고 있는 이들의 공통점은 〈오징어 게임〉이 판을 바꿀 수 있는 유일한 희망이라는 것이다.

때문에 〈오징어 게임〉은 현대사회의 축소판이라고 볼 수 있다. 겉으로는 평등과 공정을 주장하지만 실상은 계층과 계급으로 나뉘고, 끊임없이 서로 계층 이동을 하기 위해 발버둥 친다. 그 속에서는 권모술수와 배신, 반칙과 폭력이 난무한다.

이 드라마는 매 게임을 통해 돈 앞에서 인간의 존엄성이 파괴되는 비정한 현대사회의 실상을 폭로한다. 이것은 〈오징어 게임〉이 해외에서 'TV판 기생충'이라고 불리는 이유이기도 하다.

인간에 대한 통찰력으로
공감대 형성

〈오징어 게임〉에는 현대사회에 대한 현실적이면서도 섬세한 통찰이 담겼다. 대표적으로 '줄다리기'와 '구슬치기' 등 팀별로 벌이는 게임에서 약육강식이 극단적으로 드러난다. 아무도 힘없는 노인과 여성과는 한편이 되려고 하지 않는다. 하지만 줄다리기 게임에서는 예상 밖으로 아무도 기대하지 않았던 노인 일남의 활약과 지략으로 탈락의 위기를 넘긴다. 이는 무조건 무력으로 밀어붙인다고 해결되지 않는다는 세상의 이치를 에둘러 표현한다.

또한 구슬치기에서는 돈 앞에서 '어제의 동지가 오늘의 적'으로 변하는 비정한 현실을 풀어낸다. 상대를 죽여야 내가 살 수 있는 '제로섬 게임'에서 승리하기 위해 수단과 방법을 가리지 않는 극단적 이기주의가 횡행하고 있는 현대사회의 단면을 보여준다.

감독이 가장 공을 들였다는 '징검다리' 게임에서는 인간의 이기심이 적나라하게 드러난다. 상대방의 희생을 통해서만 승리할 수 있는 게임에서 참가자들은 누군가에게 희생을 강요하기도 하고, 다른 사람의 비극 앞에서도 눈을 감아버린다.

이 상황 속에서 주인공 기훈은 다른 사람의 도움으로 한 단계씩 앞으로 나아간다. 이 게임은 앞사람이 죽어서 길을 터줘야만 뒷사람이 안전하게 그 길을 갈 수 있다. 이 게임의 승자들은 패자들의 희생 위에 서 있는 것이다. 드라마는 '승자들은 패자들을 기억해야 한다.'는 메시지를 재차 강조한다.

사실 게임보다 더 무서운 것은 그 누구도 믿을 수 없다는 사실이다. 게임을 쉬는 동안 참가자들은 서로를 죽일 수도 있다는 불안감에 휩싸여 제대로 잠조차 잘 수 없는 지옥 같은 나날을 보낸다. 참가자들이 연대해 게임을 중단하거나 전복시키는 것을 막기 위해 설계자들은 폭동과 폭력이 난무하는 약육강식의 상황이 벌어지도록 유도하기도 한다.

결국 이 모든 게임을 설계한 사람은 최고령 참가자 오일남이었고, 그는 어마어마한 돈을 가진 갑부였다. 그는 왜 이런 끔찍한 일을 벌였느냐는 기훈의 질문에 어이없게도 '재미' 때문이었다고 답한다.

"돈이 너무 많거나, 돈이 너무 없는 사람들의 공통점은 재미가 없다는 것"이라는 일남의 대사는 인생을 사는 목적을 어디에 두고 하루하루를 살아가고 있는지 되묻는다.

우리는 누가 이토록 치열한 경쟁 사회를 설계했는지도 모른 채 하루하루 경기장의 말처럼 열심히 앞으로만 내달린다. 하지만 〈오징어 게임〉은 시스템이 잘못됐다면 이를 바로잡기 위해 연대해야 한다고 경고한다.

감독은 "우리는 경기장의 말처럼 살아가지만, 이런 시스템을 만든 이가 누구이며 이를 고치려면 우리는 어떻게 해야 하는지 문제 제기를 하고 싶었다."라고 말했다.

기훈의 마지막 대사는 이 드라마가 전달하고자 하는 메시지를 함축적으로 표현한다.

"난 말이 아니야, 사람이야. 그래서 너희가 누군지 궁금해. 왜 이런 짓을 하는지."

'한국적 판타지'를
창조하라

'가장 한국적인 것이 가장 세계적인 것이다.'

K-크리에이티브K-Creative는 한국적 특수성을 살리면서도 세계적인 보편성을 적절히 녹여 '보편적 특수성'을 확보한다. 그 기저에는 오랜 시간 영화, 드라마, 음악에서 탄탄히 다져온, 든든한 문화적 토양이 자리 잡고 있기 때문에 가능했다. 그런 의미에서 〈오징어 게임〉은 한 마디로 한국의 문화적 자양분이 원동력이 된 작품이라고 볼 수 있다.

이 작품은 '한국적인 판타지, 한국적인 동화'를 구현한다는 목표 아래 (각종) 한국적인 소재를 입히고, 어른을 공경하는 '효孝' 정신과 극한 상황에서도 가족 간 사랑을 중시하는 한국인의 '정情', 즉 한국적 정서를 불어넣었다. 한국적인 특성에서 세계인들이 공감할 보편성을 이끌어냄으로써 독창적인 K-콘텐츠를 완성한 것이다.

〈오징어 게임〉에는 지극히 한국적인 소재들이 작품 전반에 등장한다. 작품의 포문을 여는 '무궁화 꽃이 피었습니다'를 시작으로 딱지치기, 구슬치기, 줄다리기, 징검다리, 오징어 게임 등 한국의 어린이들이 즐겨 하는 전통 게임을 주제로 삼았다. 작품에 등장하는 소품들도 1970~80년대 한국의 모습을 반영한 것이 많다.

채경선 미술 감독은 동화적이면서도 1970~80년대 한국적인 정서가 깃든 기괴한 '오징어 월드'를 시각적으로 구현했다. 여기에는 1971년생인 황동혁 감독의 향수가 담겨있다고도 볼 수 있다. 1970~80년대 한국의 학교 운동장에서 게임이 펼쳐지고, '무궁화 꽃이 피었습니다'의 영희 로봇은 그 당시 초등학교 교과서 표지에 나왔던 '철수와 영희' 캐릭터를 본 떠 만들었다.

로봇은 노란색, 주황색의 밝은 색 의상을 입고 있지만 자세히 들여다보면 눈과 표정은 기괴하기 짝이 없다. 채 감독은 "귀엽거나 부드러운 외모보다는 약간 기괴한 느낌이었으면 한다."라는 황 감독의 제안을 받아들여 인형극의 마리오네트 같은 콘셉트로 영희 로봇을 완성했다.

게임 참가자들의 초록색 트레이닝복도 1970~80년대 한국에서 흔히 입던 트레이닝복에서 아이디어를 얻었다. 구슬치기가 벌어지는 골목 세트장은 감독이 어린 시절에 살았던 쌍문동의 기억을 되살려 시각적으로 구현했다. 미술 감독은 우유배달 주머니, 현관, 연탄재까지 재현했으며 타일과 문, 창살 등을 직접 제작하는 데만 무려 두 달이라는 긴 시간이 걸렸다.

〈오징어 게임〉은 마치 한편의 잔혹 동화처럼 천진난만한 아이들의 게임에서 참혹한 살인이 벌어지고, 파스텔톤의 세트장에서 살벌한 생존 게임이 벌어진다. 이질적이고 역설적인 이미지의 충돌은 파장을 극대화해 몰입도를 높였다.

통상 데스 게임은 공포를 불러일으키기 위해 무채색이나 어두운 색채감을 많이 쓰는 것이 일반적이지만, 채 감독은 딸아이와 자주 보던 그림책에서 아이디어를 얻어 역으로 유채색이나 파스텔톤 컬러를 많이 사용했다.

게임이 벌어지는 살벌한 공간은 청명한 하늘색이고, 참가자들을 죽이는 병정들은 유아적이고 사랑스러워 보이는 핑크색 옷을 입고 있다. 역설적인 표현이다. 출연자들이 들어설 때마다 현대 미술을 보는 것 같다고 고백한 세트장도 동화적이고 환상적이지만, 더 큰 공포감을 자아낸다.

〈오징어 게임〉의 세트장은 경쟁 사회에서 낙오된 자들의 전쟁터를 효과적으로 보여주기 위해 CG(컴퓨터 그래픽) 없이 직접 만들었다. 500kg에 달하는 투명한 돼지 저금통도 직접 제작해 매달았고, 네덜란드 출신의 초현실주의 판화가 마우리츠 에셔 Maurice Cornelis Escher의 작품을 오마주 hommage한 '무한 계단'도 일일이 직접 칠하고 제작했다. 미로 같은 복잡한 계단은 출구도 입구도 어딘지 모른 채 누군가를 밟고 올라가야 하는 경쟁 사회를 표현했다.

참가자들의 숙소는 대형마트에서 착안했다. 대형마트에 물건을 층층이 쌓아놓은 것처럼 침대를 쌓아 끝없이 올라가야 하는 욕망 사회를 상징하는 것이다. 채 감독은 "참가자들이 대형마트에 쌓인 물건과 비슷한 처지라고 생각했다. 침대를 경쟁 사회를 상징하는 계단과 사다리로 이어 놓았더니 결국에는 로마시대 콜로세움 Colosseum과 같은 원형 경기장 모양이 됐다."라고 말했다.

〈오징어 게임〉에서 동화 같은 판타지적인 세트와 그 안에서 벌어지는 부조리는 묘한 대조를 이루며 관객들을 끌어들였다. 미국 NBC는 "너무 독특한 이미지이고, 이 드라마의 모든 면이 사람들을 끌어당긴다."면서 "사회적 메시지뿐만 아니라 미술 등 시각적인 면에서도 매력을 갖춘 작품"으로 평가했다.

경계를 허무는
드라마의 탄생

〈오징어 게임〉은 드라마 시리즈로 만들어졌지만 제작에 참여한 스태프들은 대부분 한국 영화 스태프들로 꾸려졌다. 이 작품의 시작이 영화 시나리오였고 황 감독의 인맥이 대부분 영화계에 있기 때문이기도 하다. 과거 한국 대중문화계에서 영화와 드라마의 경계는 뚜렷했지만 지난 몇 년간 그 벽이 많이 허물어졌다.

한국의 유명 영화배우들은 쪽대본이 난무하고 '생방송'이라고 불릴 정도로 제대로 준비할 시간이 주어지지 않는 열악한 제작 환경 때문에 드라마 출연을 기피하곤 했다. 하지만 10여 년 전 케이블 TV가 본격 등장하고 국내 드라마 시장이 커졌고 사전 제작제가 정착됐다. 영화계 제작자들이 대거 투입된 tvN 드라마 〈미생〉이 호평을 얻었고 CJ E&M 자회사인 제작사 스튜디오 드래곤 등에 영화 인력이 몰리면서 케이블 드라마에도 사전 제작 바람이 조금씩 불기 시작했다.

이후 코로나 팬데믹으로 극장에 관객이 줄면서 신작 영화 제작 편수가 현저히 줄어들고 글로벌 OTT의 투자가 활성화되면서 영화감독들과 스태프들의 드라마 시장 진출이 급격하게 증가했다.

〈오징어 게임〉도 이와 같은 한국 콘텐츠 산업의 변화 속에서 탄생된 작품이다. 미장센과 영화적 상징, 미학을 중시하는 영화계 인력들이 대거 드라마에 투입됐다. 대표적인 인물이 〈오징어 게임〉의 미술과 세트를 담당한 채경선 미술감독이다. 2010년 데뷔한 채 감독은 대종상영화제 미술상을 두 차례나 수상한 베테랑 미술 감독이다. 황 감독과 영화 〈도가니〉, 〈수상한 그녀〉, 〈남한산성〉 등을 함께 하며 호흡을 맞췄다.

슈퍼밴드 '긱스' 출신인 정재일 음악 감독은 한국 대중가요계를 대표하는 인물로 '천재 작곡가'라는 별명도 갖고 있다. 이소라, 윤상, 박효신, 김동률, 보아, 아이유, 이적 등 정상급 대중음악 뮤지션 음반의 연주자와 프로듀서로도 나섰다. 그는 영화 〈옥자〉, 〈기생충〉 등의 영화 음악을 주로 맡아오다 처음 드라마 음악 작업을 맡았다.

그가 만든 〈오징어 게임〉에 등장하는 음악에는 한국적인 정서가 깃들어 있다. 작품의 시작을 알리는 주제곡 '웨이 백 덴 way back then'은 이 작품의 대표 OST로 호평받았다.

정재일 음악 감독은 강렬한 북소리, 리코더 소리로 시작되는 이 곡을 '코리안 시골 웨스턴'(마카로니 웨스턴의 변주)이라고 표현했다. 그는 한국의 응원 박수인 '3.3.7 박수'를 기초로 초등학교 음악 시간에 연습하던 리코더와 소고, 캐스터네츠 같은 악기로 음악을 만들었다.

영화 음악을 주로 작업하던 그에게도 9개의 에피소드로 늘리는 일은 쉽지 않았다. 그는 오랜 친구인 작곡가 23(김성수), 박민주와 의기투합해 전형적인 스릴러가 아니라 기묘하고 불편한 느낌의 음악을 만들었다.

김성수는 뮤지컬 〈지저스 크라이스트 수퍼스타〉를 비롯해 〈광화문 연가〉 등 한국의 대표 대중음악 뮤지션들의 노래를 엮은 주크박스 뮤지컬을 주로 작업해왔다. 그는 진행 요원들이 등장할 때 긴박감을 자아내는 테마곡 '핑크 솔저'를 만들었다.

자기 몫은 확실하게
그리고 조화롭게

〈오징어 게임〉에는 흔히 말하는 한류 스타들이 등장하지 않지만 20대부터 70대까지 'K-배우'들의 구멍 없는 연기로 주목받았다. 〈오징어 게임〉에는 영화계에서 오랫동안 공력을 쌓은 '연기파 배우'들이 대거 등장한다.

주인공 기훈 역의 이정재는 영화 〈태양은 없다〉로 스타덤에 오른 뒤 영화 〈도둑들〉, 〈신세계〉, 〈하녀〉, 〈다만 악에서 구하소서〉 등 액션, 스릴러, 누아르 등 다양한 장르의 영화에 출연한 대한민국을 대표하는 영화배우다.

드라마 〈느낌〉(1994), 〈모래시계〉(1995) 등으로 청량한 느낌의 청춘 스타였던 그는 40대 전후로 다양한 작품에서 과감한 연기 변신을 시도했다. 그는 〈도둑들〉의 '뽀빠이', 〈관상〉의 '수양대군', 〈암살〉의 '염석진' 등 악역도 마다하지 않으며 자신의 연기 폭을 넓혀갔다. 〈다만 악에서 구하소서〉(2020)의 '인간 백정' 레이 역은 호쾌한 액션은 물론 그의 깊어진 연기력까지 보여주며 코로나19로 인한 팬데믹 시기에도 435만 명의 관객을 동원했다.

이처럼 주로 선 굵고 남성적인 역할이 두드러졌던 그이지만, 황동혁 감독은 영화 〈오! 브라더스〉(2003)에서 선보였던 따뜻하고 코믹한 얼굴에 주목하고 그를 〈오징어 게임〉에 캐스팅했다.

모델 출신으로 평소 세련된 스타일을 보였던 그는 이 작품에서 망가짐을 불사하는 생활 연기를 설득력 있게 보여줬고 몰락한 가장 역할을 잘 소화해 각종 연기상을 휩쓸었다. 이정재는 영화 〈헌트〉의 연출과 주연을 맡아 제75회 칸영화제에서 영화감독으로도 데뷔했다.

한편 '깐부 할아버지'라는 별명으로 유명한 배우 오영수는 이 작품으로 한국 배우 최초로 골든글로브 남우조연상을 수상하는 대기록을 세웠다. 그는 2022년 1월 제79회 미국 골든글로브 시상식에서 TV 부문 남우조연상을 받으며 전 세계에서 독보적인 연기력을 인정받았다.

오영수는 〈오징어 게임〉 최고령 참가자 1번 오일남 역을 맡아 열연을 펼쳤다. 일남은 따뜻한 인간애를 지닌 조력자이자 드라마 속 반전의 키를 쥔 인물이었다. 오영수는 종잡을 수 없는 묘한 얼굴을 선보이며 50년 연기 내공을 펼쳤고, 이 작품의 중심을 잡는 역할을 톡톡히 했다.

그는 동아연극상, 백상예술대상 등 연극계에서 굵직한 연기상을 수상했고, 〈동승〉(2002), 〈봄, 여름, 가을, 겨울… 그리고 봄〉(2003) 등 영화계에서도 인정받은 베테랑이기도 하다.

1963년 친구를 따라 극단 '광장' 단원으로 들어가면서 연기 인생을 시작한 오영수는 〈리어왕〉, 〈파우스트〉, 〈3월의 눈〉, 〈흑인 창녀를 위한 고백〉 등 200편이 넘는 연극에 출연했고, 1987년부터 2010년까지는 23년간 국립극단을 지켰다. 누가 알아주든 말든 묵묵히 연기라는 한 우물을 판 결과가 〈오징어 게임〉에서 빛을 발한 것이다. 〈오징어 게임〉의 흥행 이후 그에게 각종 CF 제의가 쏟아졌지만 그는 다시 초심으로 돌아가 대학로 무대에 섰고 연극 〈라스트 세션〉에 출연했다.

극중 오일남은 많은 유행어를 남겼는데, 참여자들끼리 싸움이 난 난장판 속에서 내뱉은 "이러다 우리 다 죽어!"라는 대사는 유행어가 됐고, 인터넷 밈meme으로도 확산됐다. 또한 '깐부'라는 말이 정치권을 비롯한 사회 전 분야에 걸쳐 유행했다.

이 거대한 게임의 설계자였던 오일남이 작품 말미에 던졌던 "돈이 많은 사람과 돈이 적은 사람의 공통점은 사는 게 재미없다는 것"이라는 반전 대사가 무게감을 가질 수 있었던 것은 오영수가 오랜 연기를 통해 보여준 진정성과도 맞닿아 있다.

그는 골든글로브 남우조연상 수상 이후 "우리 말 중에 가장 좋아하는 말이 '아름다움'이다. 여러분 아름다운 삶을 사시길 바란다."라는 의미 있는 소감을 밝혀 화제를 모았다.

연극 무대에서 연기력을 인정받은 오영수는 스크린에서 활발히 활동하다 영화 〈남한산성〉 때 황 감독에게 한차례 제의를 받았지만 출연이 성사되지 못했고 〈오징어 게임〉에서 두 사람의 만남이 성사됐다.

건달 장덕수 역의 허성태는 데뷔 전 대기업에서 TV 영업을 했던 이

색 이력을 갖고 있다. 배우 오디션을 통해 35세라는 영화배우로서는 다소 늦은 나이에 데뷔한 그는 초반에는 단역을 주로 맡다가 김지운 감독의 영화 〈밀정〉에서 일본군 정보원 하일수 역을 맡으며 주목받았다. 이후 영화 〈범죄도시〉, 〈말모이〉, 〈꾼〉, 〈신의 한수: 귀수편〉 등에서 사기꾼, 악당, 조직폭력배 등 악역을 주로 맡았다. 황동혁 감독의 〈남한산성〉에서는 청나라 장수 역으로 강렬한 카리스마를 남겼다.

한미녀 역의 김주령은 동국대 연극영화과를 졸업한 뒤 영화와 드라마를 오가며 활발하게 활동한 배우다. 그는 영화 〈특별시민〉, 〈행복의 나라〉, 〈명당〉과 드라마 〈미스터 션샤인〉, 〈스카이 캐슬〉 등에서 주로 강렬한 인상을 주는 조연을 맡았다. 그는 영화 〈도가니〉에서 교장과 내연 관계인 악역 윤자애 역할을 맡으면서 황 감독과 인연을 맺었다.

이 밖에도 황 감독과의 영화계 인연으로 출연한 톱스타들도 있다. 오징어 게임 참가를 권유하는 '딱지맨' 역할을 맡아 극의 처음과 마무리를 한 배우 공유는 영화 〈도가니〉의 주연이었고, '마스크맨'으로 출연한 이병헌은 황 감독의 〈남한산성〉에 주연 배우로 출연했던 인연이 있다. 강새벽 역의 정호연은 패션모델 출신으로 연기 경력은 없지만 오히려 신선한 마스크에 개성 있는 연기로 전세계 감독들에게 러브콜을 받았다.

이처럼 〈오징어 게임〉은 훌륭한 각본도 있었지만 한국의 영화, 드라마, 연극, 패션 등 K-콘텐츠의 다양한 분야에서 오랫동안 활약한 배우들의 개성 있고 수준 높은 연기력으로 몰입도와 완성도를 한층 끌어올렸다.

한편 〈오징어 게임〉은 각종 해외 시상식에서 배우들에게 상을 안기면서 전 세계적인 신드롬을 인정받았다. 2022년 2월 27일(현지시간) 열린 '미국배우조합상SAG' 시상식에서 TV드라마 부문 '스턴트 앙상블상', '남우주연상(이정재)', '여우주연상(정호연)' 3관왕을 차지했다. 미국배우조합이 주최하는 이 시상식에서 한국 영화가 아닌 드라마에서 수상자가 나온 것은 처음이었다. 2020년 SAG에서 영화 〈기생충〉이 배우 전체에게 주는 앙상블상을, 2021년 영화 〈미나리〉의 윤여정이 여우조연상을 수상한 바 있다.

이정재는 2022년 3월 미국 '인디펜던트 스피릿 어워즈'에서 남우주연상을 수상하며 수상행진을 이어갔다. 윤여정이 2021년 영화 〈미나리〉로 여우조연상을 수상한 이후 두 번째로 K-배우의 저력을 과시한 것이다. 이 어워즈는 1984년부터 시작된 미국의 독립영화 시상식으로 미국 독립영화계의 '오스카'로 불린다.

이에 앞서 〈오징어 게임〉은 2021년 주요 해외 시상식에서 잇따라 수상하며 '2021년 최고 드라마'로 인정받았다. 2021년 12월 미국 독립 영화 시상식 중 하나인 '고섬 어워즈'에서 '40분 이상의 획기적 시리즈상'을 시작으로 같은 달 미국 대중문화 시상식 '피플스 초이스 어워즈'에서 '올해의 몰아볼 만한 쇼' 수상작으로도 뽑혔다.

〈오징어 게임〉은 2022년 3월 미국 평단이 수여하는 '크리틱스 초이스' 시상식에서도 TV 드라마 부문 최우수 외국어 시리즈상과 남우주연상 등 2관왕에 올랐다. 크리틱스 초이스는 미국 방송·영화 비평가들이 작품성과 출연 배우들의 연기력을 평가해 주는 상으로 〈오징어 게임〉과 이정재는 한국 드라마와 배우 가운데 최초로 이 상을 받았다.
2020년 봉준호 감독의 영화 〈기생충〉은 이 시상식에서 외국어 영화상
과 감독상을 수상한 바 있다. 한편 〈오징어 게임〉은 제74회 에미상에
서 작품상을 비롯해 14개 부문의 후보로 올랐다. 비영어권 드라마로
작품상 후보에 오른 것은 처음이다.

〈오징어 게임〉이
남긴 숙제

넷플릭스 사상 최대 히트작에 오른 〈오징어 게임〉의 흥행은 각종
수치로 입증된다. 이 작품은 전 세계 94개국에서 1위를 차지하며 출
시 이후 약 1개월(첫 28일) 동안 최소 2분 이상 시청한 가입자는 1억
4,200만 가구에 달했다. 이전 최다 시청 기록은 전 세계 8,200만 가구
가 본 미국 드라마 '브리저튼'(2020)이었다.

넷플릭스는 〈오징어 게임〉의 성공으로 2021년 3분기 신규 가입자
가 438만 명(계정) 폭증했는데 이는 전년 대비 같은 기간 가입자 수의
두 배에 달하는 수치다.

미국 블룸버그 통신이 공개한 넷플릭스의 자체 문건에 따르면 〈오
징어 게임〉의 가치는 약 1조 원에 달했고 효율성 지표에서 41.7배를
기록했다. 이를 토대로 조사한 넷플릭스의 내부 지표인 조정 시청 지
분(AVS)에서 무려 353점을 기록했다.

AVS는 넷플릭스를 자주 사용하지 않거나 최근에 새로 가입한 사용자가 작품을 시청할수록 더 높은 점수가 부여된다. AVS가 높을수록 작품의 가치를 뜻하는 '임팩트 밸류impact value'가 높아지며 통상 9~10점의 AVS를 얻으면 높은 수준으로 평가된다.

〈오징어 게임〉이 주목받는 가장 큰 이유는 높은 '가성비'에 있다. 넷플릭스는 〈오징어 게임〉에 약 253억 원(2,140만 달러)의 제작비를 투입했는데 이는 회당 28억 원꼴이다. 넷플릭스 인기 드라마 〈기묘한 이야기〉가 회당 95억 원(800만 달러), 〈더 크라운〉이 회당 119억 원(1,000만 달러)이 든 것에 비해 훨씬 적은 제작비를 들였지만 〈오징어 게임〉으로 인해 거둬들인 수익은 제작비의 40배인 약 1조 520억 원(8억 9,110만 달러)으로 추산된다.

만일 같은 작품을 미국에서 제작했다면 비용이 5~10배가 더 들었겠지만 한국 드라마는 적은 비용으로 고퀄리티 작품을 제작해 놀라운 가성비를 입증한 것이다.

하지만 국내에서는 '해외 OTT 하청기지' 논란으로 연일 뜨거웠다. 넷플릭스가 제작비의 10~20%만 보전하고, 모든 지식재산권IP, intellectual property을 차지하기 때문에 불평등한 계약 구조가 문제점으로 지적된 것이다. 또한 국내 영화처럼 방영 후 러닝개런티(흥행 결과에 따른 수익 배분)를 제공하지 않고, 각종 굿즈 판매 수입 등이 모두 OTT에 돌아가는 계약 구조가 문제로 떠올랐다.

산업적으로는 이와 같은 불공정 계약에 대한 문제 제기가 있었지만 국내 제작사들끼리의 의견은 엇갈린다. 일단 제작비에 구애받지 않고 스케일이 크거나 소재의 제약을 받지 않는 다양한 작품으로 창작의 나래를 펼 기회를 잡고 싶다는 한국의 창작사와 제작사들이 적지 않다. 때문에 한국의 거의 모든 영화와 드라마 제작사들이 시나리오를 들고 넷플릭스로 달려가는 통에 넷플릭스의 라인업은 당분간 꽉 찬 상태다.

과거 일부 국내 지상파 방송사들은 외주 드라마 제작사에 톱스타 캐스팅과 제작비의 상당 부분을 부담 지우고 심의를 이유로 작품 내용에도 관여하는 등 권위적인 제작 행태를 보여왔다. 반면 넷플릭스가 철저하게 창작자에 대한 존중과 자율성을 중시하는 제작 분위기로 알려지자 국내 창작자와 제작사들은 반색한 것이다.

넷플릭스 드라마 〈킹덤〉 시리즈의 김은희 작가는 "이렇게까지 간섭을 안 해도 되나 하는 생각이 들었을 정도"라고 말했고 〈오징어 게임〉의 황동혁 감독은 "국내에서는 낯설고 난해하고 제작비가 많이 든다는 이유로 제작을 거절당했는데, 넷플릭스에서는 형식과 내용의 제약이 전혀 없었다."라고 밝히기도 했다.

〈오징어 게임〉을 계기로 한국 창작자와 작품들에 대한 대우가 더 좋아져 좀 더 대등한 계약 관계를 맺게 될 것이라는 긍정적인 의견도 있다. 하지만 일각에서는 넷플릭스가 우월한 시장 지배력을 이유로 제작비를 낮추거나 소재를 검열하는 등 제한을 우려하는 시각도 나오고 있다.

한편 넷플릭스는 국내에서 〈오징어 게임〉을 계기로 비난에 봉착하기도 했다. 수백억 원대의 이용료를 내고 있는 한국 OTT들과 달리 넷플릭스는 망 이용료를 내지 않아 SK브로드밴드와 장기 소송전을 벌이고 있기 때문이다.

이와 같은 넷플릭스의 행태가 국내 언론을 통해 연일 도마 위에 오르고 비난 여론이 일자 넷플릭스는 2021년 9월 국정감사를 앞두고 한국 미디어를 대상으로 '넷플릭스 파트너스 데이'를 열고 한국 내 경제적 효과를 대대적으로 홍보했다.

넷플릭스 측은 "2016년부터 2020년까지 1만 6,000개의 일자리를 창출하는 등 5조 6,000억 원의 경제적 파급 효과를 일으켰다."고 밝혔다. 넷플릭스는 2016년 1월 한국 진출 이후 2020년까지 7,700억 원을 투자했으며, 2021년에만 5,500억 원을 투자했다는 사실도 강조했다. 넷플릭스는 시내에 각종 홍보물을 내걸고 이 같은 경제적 효과에 대해 대국민 홍보를 하기도 했다.

2022년 4월 과학기술정보방송통신위원회에 일정 규모 이상 콘텐츠제공사업자(CP)의 망 이용계약 체결을 의무화하는 이른바 '망사용료법'이 다수 발의되자 딘 가필드 넷플릭스 정책 총괄 부사장은 이에 대해 반대 입장을 설명하고 국회를 설득하고자 한국을 찾기도 했다.

하지만 디즈니 플러스를 필두로 애플 TV+ 등을 비롯한 글로벌 OTT들이 속속 한국에 상륙하고, 티빙과 웨이브 등 토종 OTT들도 반격에 나서면서 넷플릭스의 한국 내 시장 지배력이 언제까지 계속될 것인지는 의문이라는 시각이 많다. 해외 미디어 회사들이 제작 비용 절감과 가성비를 이유로 한국 콘텐츠 회사와 접촉을 늘릴 수도 있기 때문에 넷플릭스의 독점적 우월 구조가 깨질 것이라는 전망도 나온다.

그럼에도 불구하고 〈오징어 게임〉을 통해 'K-드라마'의 경쟁력이 입증됐다는 측면에서는 한국 드라마계에 일단은 긍정적인 효과를 일으킨 것으로 분석된다. 넷플릭스의 테드 서랜도스 공동 CEO는 "어떤 작품이 어떻게 입소문을 탈지 정말 예측하기 어렵지만, 그런 일이 생기면 파급력은 매우 강력하다."며 "때로는 예측이 틀리지만, 때로는 대단한 성과를 내는 굉장한 한국 드라마가 있다."라고 K-콘텐츠의 경쟁력을 인정했다.

〈오징어 게임〉 시즌 2는 2024년 핼러윈 데이(10월 31일) 넷플릭스 공개를 목표로 준비 중이다. 벌써부터 전 세계 네티즌들은 시즌 2를 놓고 다양한 추측과 시나리오를 내놓고 있다. 콘텐츠의 힘은 이렇게 전 세계인을 하나로 모으고 삶의 활력을 준다. 그 중심에 K-드라마가 있다. 한국에는 제2, 제3의 〈오징어 게임〉을 꿈꾸는 수많은 창작자들이 있고 또 이에 버금갈 정도로 냉정하게 평가해 줄 수준 높은 수용자들이 존재하기에 미래는 밝다. K-드라마의 글로벌 역사는 이제부터 시작이다.

'상상력에 현실을 입히다'
K-좀비물의 성공 코드

만화적 상상력으로 세계관을 확장하라
연상호의 〈지옥〉

넷플릭스 오리지널 드라마 〈지옥〉은 〈오징어 게임〉 신드롬이 사그라들기도 전에 다시 한번 전 세계에 K-드라마의 저력을 입증했다. 〈지옥〉은 〈오징어 게임〉보다는 오락적인 색채는 덜 하지만 죄와 벌, 종교와 정의 등 철학적인 주제를 다루면서 K-드라마의 외연을 한층 더 확장시켰다.

이 작품은 2021년 11월 19일 공개된 지 하루 만에 넷플릭스 1위에 올랐고, 36개국에서 11일 연속 정상을 지켰다. 한국 콘텐츠로서는 영화 〈#살아있다〉와 〈승리호〉, 〈오징어 게임〉 이후 4번째 전 세계 1위이고, TV쇼 부문에서는 〈오징어 게임〉에 이은 두 번째였다.

〈지옥〉은 해외 평단에서도 호평을 받았다. 영화 평점 사이트인 로튼 토마토의 신선도 지수 97%를 유지하며 2021 골든 토마토 베스트 호러 시리즈 1위를 차지했다. 로튼 토마토는 "연상호 감독의 악마 같은 상상이 만들어낸 〈지옥〉은 놀라운 콘셉트로 인간의 본질을 깊게 탐구한다."라고 평가했다.

드라마 〈지옥〉은 한국 영화계의 대표적인 이야기꾼인 연상호 감독의 세계관 '연니버스'(연상호와 세계를 뜻하는 유니버스universe의 합성어)에서 탄생한 작품이다. 대학에서 미술을 전공한 연 감독은 자신의 졸업 작품인 애니메이션 〈지옥: 두개의 삶〉을 원작으로 동명의 웹툰을 연재했고, 이를 바탕으로 드라마를 만들었다.

〈지옥〉의 세계관은 애니메이션, 웹툰, 드라마까지 '원 소스 멀티 유즈'를 통해 점차 확장됐다. 총 6부작의 드라마는 1부(1~3회)와 2부(4~6회)로 나뉜다. 1부에서는 혼란스러운 세상을 '신의 계시'라고 주장하는 사이비 종교 단체 새진리회를 중심으로 이야기가 펼쳐지고, 2부는 다양한 인간 군상이 겪는 갈등과 대립을 통해 우리 사회와 인간에 대한 통찰을 보여준다.

연상호 감독은 "처음 애니메이션을 할 때는 영화가 뭔지도 모를 때 만들었다. 그런데 시간이 지나 여러 장르물을 하면서 생각해 보니 아무 생각 없이 만들었던 〈지옥〉의 고지와 시연이라는 설정이 독특하다는 생각이 들었다."라고 말했다. 그의 독창적인 상상력은 20년의 세월을 거치면서 넷플릭스 오리지널 드라마로 다시 탄생한 것이다.

그에게 〈지옥〉의 세계관은 언제든지 가고 싶을 때 가서 새로운 놀이를 할 수 있는 '영화적 놀이터'였다. 〈지옥〉의 세계관 안에서는 여러 종류의 인간들의 모습과 변화하는 인간의 새로운 모습들을 계속 보여줄 수 있기 때문이다.

연 감독은 초창기 작품인 단편 애니메이션 〈돼지의 왕〉(2011), 〈사이비〉(2013) 등에서 학교 폭력, 사이비 종교 문제 등 한국 사회의 어두운 이면을 들춰내고 극한 상황에서 인간들의 본성을 파헤치는 디스토피아적 세계관을 드러냈다.

두 작품은 독립영화계에서 여러 상을 수상했지만, 관객층이 다소 마니아층에 한정되는 측면이 있었다. 하지만 그는 천만 관객을 동원한 영화 〈부산행〉(2016)을 계기로 대중성까지 겸비한 감독으로 이름을 알렸고, 드라마 〈지옥〉을 통해 전 세계 팬들에게 한걸음 더 다가갔다.

드라마 〈지옥〉은 어느 날 갑자기 사자(使者)들이 나타나 지옥행 선고를 내리는 초자연적 현상이 발생한다는 설정에서 시작한다. 도심 한복판에서 괴생물체가 등장해 사람들이 이유도 모른 채 끔찍하게 죽어나가는 충격적인 사건이 발생하고, 시민들은 극심한 두려움에 휩싸인다. 종교 단체 새진리회는 이런 대혼란을 틈타 신의 심판을 외치며 자신들의 세력을 확장한다.

설정만 보면 개연성이 다소 떨어질 수도 있지만, 감독은 이런 초자연적 현상이 왜 발생했는지 구구절절하게 설명하는 데 시간을 할애하지 않는다. 오히려 극도의 공포와 사회적인 혼란 속에서 사람들이 이성을 잃고 집단 광기에 휩싸이는 상황을 흥미롭게 풀어간다. 캐릭터와 에피소드가 촘촘하고 유기적으로 엮여 있어 몰입도를 높인다.

지옥행 날짜를 고지 받는다는 설정은 연 감독의 개인적인 상상에서 나왔다. 그는 "인간에게는 죽음이라는 종착지가 분명히 정해져 있다고 보는데, 종착지가 예상치 못하게 고지됐을 때 사람들은 어떻게 받아들일까 하는 상상에서 시작됐다."라고 밝혔다.

이처럼 애니메이션과 웹툰을 통해 다져진 연상호만의 상상력은 오히려 영화계에 신선함을 주면서 그만의 개성으로 작용했다. 기발한 상상력을 기반으로 현실적인 캐릭터를 등장시키고 사회적인 현상을 조명하는 것이 연상호의 트레이드 마크가 됐다.

〈지옥〉은 미스터리한 현상 자체가 아닌 그것과 마주한 인간 군상에 초점을 맞춰 작품의 메시지를 전달한다. 감독이 〈지옥〉을 '코즈믹 호러 cosmic horror' 장르라고 말하는 이유도 여기에 있다. 코즈믹 호러는 인간이 미지의 초자연적이고 대처할 수 없는 우주적 존재를 마주쳤을 때 근원적으로 느끼는 공포를 뜻한다. 작품은 미스터리한 현상을 설명하기보다는 그것을 맞닥뜨린 사람의 모습을 설득력 있게 보여주는데 집중한 것이다.

처음 〈지옥〉을 만들 때 넷플릭스와 연상호 감독은 보편적인 대중보다는 마니아층을 겨냥했다. 이 작품이 〈돼지의 왕〉이나 〈사이비〉 등 다소 마이너한 감성의 그의 초기 작품과 결이 같아 호불호가 갈릴 것으로 예상됐기 때문이다. 〈오징어 게임〉의 각종 게임과 감각적인 세트처럼 극 초반 대중을 흡인하는 오락적인 요소가 많지 않다는 점도 걸림돌로 지적됐다.

그래서 넷플릭스는 국내외 언론사들을 중심으로 깊이 있는 리뷰 및 주제와 작품성을 강조하는 홍보 전략을 세웠다. 하지만 소수의 장르물 애호가들에게만 소구할 것이라는 예상을 깨고 전 세계 시청자들은 〈지옥〉의 이야기에 공감했다.

드라마 속 숨겨진
철학적 질문에 열광하다

〈지옥〉은 기본적으로 다크 판타지적 요소를 견지하고 있지만 죄와 벌, 종교와 정의 등에 대해서 화두를 던진다. 신흥 종교 새진리회 의장인 정진수(유아인)의 대사에는 이 작품이 전하고자 하는 메시지가 담겨있다.

극 중 정진수는 진경훈 형사에게 신흥 종교를 만든 이유에 대해 이렇게 말한다.

"선한 사람이건 악한 사람이건 상관없이 지옥에 간다면 아마 폭동과 정신적 공황이 찾아올 겁니다. 이런 기괴한 일들이 더 나은 세상, 즉 정의를 실현시키기 위해 일어나고 있다는 믿음이 있어야 했어요."

다시 말해 이유 없이 초자연적인 일이 일어나는데 대한 혼란을 막기 위해 확실한 악인이 고지를 받고 지옥에 가는 것처럼 꾸몄다는 것이다. 정진수는 "신이 어떤 이유로 이런 일을 벌이는지는 모르지만, 공포는 세상을 전보다 정의롭게 만들 것이며 세상 사람들을 죄에서부터 해방시킬 것"이라고 말한다.

또한 이 작품은 죄를 지은 악인은 제대로 된 벌을 받지 않고, 선한 사람이 도리어 피해를 보는 사회의 부조리를 고발하면서 정의의 문제에 대한 화두를 던진다. 연상호 감독은 "종교적인 것에 중점을 둔 것은 종교와 인간의 관계가 인간의 모습을 극적으로 보여줄 수 있는 것이라고 생각하기 때문"이라고 말했다.

이처럼 〈지옥〉은 화려한 블록버스터라는 대중적인 장르 속에 정의와 종교 등의 사회적인 문제를 정면으로 다루고 있다는 점 때문에 프랑스를 비롯한 유럽에서 상당한 인기를 끌었다.

〈지옥〉을 본 프랑스 시청자들은 "종교적 극단주의와 신성한 정의를 조명한다.", "끔찍한 동시에 매혹적인 불편함을 지닌 작품", "무서운 괴물들이 등장하는 블록버스터와 사회에 질문을 던지는 작품 사이에 있다.", "디스토피아와 현실은 정말 가깝다."라는 평가를 내놓기도 했다.

극중 사이비 종교 새진리회는 사회적 혼란을 가중시켜 반사 이익을 취하는 단체로 나온다. 열 살짜리 꼬마가 자신의 아버지를 죄인이라고 고백하고, 고지를 받은 사람은 가족들이 불이익을 당할까봐 또 다른 공포에 허덕인다. 민혜진(김현주) 변호사와 배영재(박정민) PD, 진경훈 형사(양익준)는 이처럼 불안한 사람들의 심리를 이용해 권력을 침탈하는 사이비 종교 새진리회의 반대편에서 그들의 실체를 파헤친다.

"사냥꾼이 더 낫지 않아요? 일식을 신의 분노라고 생사람이나 잡는 제사장 보다는요."(민혜진), "사람들 겁주고 벌줘서 더 나은 세상을 만들겠다고? 그런 데가 하나 더 있죠. '지옥'이라고."(배영재), "말씀대로

라면, 그 신은 인간의 자율성을 믿지 않는가 보네요?"(진경훈). 이 세
인물들이 각종 위험을 무릅쓰고 정의와 진실을 좇는 과정이 흥미진진
하게 그려지며 시청자들에게 또 다른 카타르시스를 안겨 준다.

살아있어도
'지옥' 방불케 하는 현실

〈지옥〉은 지옥행 고지를 받는 사람들의 이야기를 그리고 있지만,
살아있어도 지옥을 방불케 하는 일들이 벌어지는 현실을 꼬집는다.
극단주의적 성향을 띠는 새진리회의 비공식 친위대 화살촉은 고지 받
은 사람들과 그 가족의 신상을 터는 사이버 테러 행위와 무자비하고
비인간적인 '마녀사냥'을 서슴지 않는다. 또한 새진리회를 맹신하는
광신도들은 마치 좀비처럼 자신들의 의견과 다른 사람들에게 광기에
가까운 폭력과 집단 린치를 가한다.

현재 한국을 비롯한 전 세계는 이념, 인종, 종교 등에 따른 극단주
의가 갈수록 심해지고 있다. 전 세계 극우 단체들은 평화를 저해하고
있고, 디지딜 시내에 사신의 생사과 다를 경우에는 사이버 테러가 비
일비재하게 일어난다.

특히 각종 알고리즘으로 무장한 디지털 미디어는 사람들에게 확인
되지 않은 가짜 뉴스를 끊임없이 노출해 믿고 싶은 것만 믿게 되는 확
증편향에 빠지도록 유도한다. 이 드라마는 이처럼 사람들 사이의 갈

등과 혼란을 부추겨 사회를 지옥으로 몰아넣고, 그 뒤에서 반사 이익을 보는 자들이 있다는 것을 현실감 있게 보여준다.

정진수 의장 역을 맡아 뒤틀린 카리스마를 표현한 배우 유아인은 지옥과 현실이 닮아있는 지점으로 미디어에 대한 맹신을 꼽았다. 유아인은 "불명확한 정보의 맹신과 폭력성이라는 현실이 지옥과 닮았다. 화살촉도 잘못된 믿음으로 자신들이 행하는 건 폭력이 아니라 정의라고 생각한다. 범람하는 정보 속에서 명확하지 않은 것을 맹신하기 때문에 벌어진 일"이라고 말했다.

또한 집단 광기에 빠진 사람들에 대해서도 "극 중 폭력을 행사하는 사람들은 나쁜 사람들이기보다 어리석고 나약해 보인다. 그들이 군중이 되면 강력한 힘이 되어 소수를 향하는데, 그 현상은 현실 세계에서도 다양한 방식으로 이뤄지고 있다."라고 말했다.

그는 "〈지옥〉을 통해서 믿음이나 신념, 인간성에 대해 사회적으로 한 번 더 생각할 시간을 가졌으면 좋겠다."는 의견을 밝혔다.

연 감독의 전작 영화 〈염력〉에도 출연한 전력이 있는 배우 박정민은 '연상호 월드'의 오랜 팬임을 여러 차례 밝힌 바 있다. 〈지옥〉 웹툰 단행본에 추천사를 쓸 정도로 원작의 팬을 자처한 그는 "연상호 감독은 영화적 동지"라는 표현을 썼다.

박정민은 추천사에 "의견마저 정보가 되는 세상에서 과연 우리는 무엇을, 어떻게, 왜 믿고 있는가에 대해 생각해 볼 만한 시간을 주는 책"이라고 적었다. 박정민 역시 인간이 가지고 있는 나약함과 맹목적 시선을 〈지옥〉의 주된 메시지 중 하나로 봤다.

그는 〈지옥〉의 가장 큰 사회적 의미를 많은 사람들이 스스로를 되돌아보는 시간을 준 점에서 찾았다. 화살촉이나 새진리회 신도들이 작품 안에서는 굉장히 극적으로 표현되고 악한 사람으로 인식될 수도 있지만, 우리는 과연 이 인물들과 전혀 관련이 없는 사람들인지 자문하게 된다는 것이다. 박정민은 "나도 나약하고 휩쓸리고 선동 당하고 또 의지한다는 생각이 많이 들었다."라고 밝히기도 했다.

연상호의 '연니버스'가 만든
K-좀비의 세계

한국 영화계에서 연상호는 쉬지 않고 성실하게 작품을 창작하는 '다작多作' 감독으로 통한다. 영화계 관계자들은 그의 다작 비결은 다독多讀과 다상량多商量에서 비롯됐다고 말한다. 실제로 그가 표현하는 상상력의 원천은 어린 시절부터 섭렵한 만화책과 비디오에서 비롯됐다.

대학에서 미술을 전공했던 그는 시간이 날 때마다 장르를 가리지 않고 다양한 작품을 섭렵했다. 그는 "그때 봤던 많은 작품들이 사실은 지금 하는 작품들의 토대가 됐다."면서 "지나고 보면 제가 좋아하던 작품이 여러 장르물의 연속이었다."라고 말했다. 그가 감상한 장르물을 토대로 자신이 바라보고 경험하는 세상을 녹이고자 고민한 흔적들이 역력하다.

'B급 영화' 마니아를 자처하는 그의 작품 곳곳에는 서브컬처subculture적 요소가 드러난다. 〈지옥〉에서 새진리회를 추종하는 화살촉의 리더의 형체를 알아볼 수 없는 분장이 대표적이다. 연 감독은 피터 잭슨Peter Jackson 감독의 〈데드 얼라이브Dead Alive〉처럼 키치kitsch적이고 서브컬처적인 영화들을 보며 마이너 감성을 키웠다고 밝힌 바 있다. 물론 작품성에서는 웰메이드well-made를 지향하지만, 곳곳에 키치적이고 마이너한 감성을 배치한 것이 그만의 개성을 만든 셈이다.

1978년생인 그는 X세대답게 작품을 만드는 과정 자체를 즐긴다. 그는 20년 지기 대학(상명대) 동기 최규석과 함께 웹툰 〈지옥〉을 만들었다. 서양화과 출신 연상호는 스토리를, 만화학과 출신 최규석은 작화를 각각 맡았다. 학창 시절 하루에 통화를 3~4번씩 할 정도로 친했던 두 사람은 자주 볼 기회를 만들자는 생각에 공동 작업을 진행했다. 두 사람이 만화방에서 만나 만화를 읽으면서 구상한 것이 바로 〈지옥〉이다.

연 감독은 장르를 오가면서 활약하는 전천후 크리에이터이자 멀티플레이어다. 웹툰과 애니메이션, 드라마를 오가며 특유의 창의성을 발휘하는 콘텐츠를 만들었고, 작가와 감독의 자리를 오가면서 자신만의 세계를 펼쳐냈다.

연 감독은 드라마 작가 데뷔작 tvN 〈방법〉(2020) 각본을 쓰면서, 드라마 작가로서의 이력을 추가했는데 〈방법〉은 되살아난 시체 '재차의'에 의한 연쇄 살인 사건을 막기 위해 미스터리의 실체를 파헤치는 이야기다. 한국형 강시인 '재차의'는 '확장된 K-좀비'라는 평가를 받았다. 그런데 이 드라마는 스핀오프 spin-off 버전의 영화 〈방법: 재차의〉로도 만들어지면서 〈방법〉의 세계관은 드라마에서 영화로 확장됐다. 영화는 드라마의 3년 후 이야기를 그린다. 플랫폼에 따라 콘텐츠도 변화하는 만큼, 드라마와 영화 플랫폼에 맞는 새로운 즐거움과 재미를 추구한 것이다.

한편 〈지옥〉의 경우 웹툰과 드라마의 결말이 각기 달라 원작 팬들 사이에서 큰 화제를 불러일으켰다. 두 작품의 엔딩이 달랐던 이유는 웹툰 완결 전 넷플릭스에서 영상화가 결정됐기 때문이었다. 연 감독은 고심 끝에 웹툰에서는 드라마의 엔딩을 빼고 가는 것으로 결정했다. 웹툰과 영상의 크리에이터가 동일했기 때문에 콘텐츠의 유기적인 작업이 가능할 수 있었던 것이다.

한국형 좀비 영화의 시초인 〈부산행〉(2016)은 연상호의 만화적인 상상력과 마이너한 B급 감성으로 만들어졌다. 이 작품은 애니메이션을 주로 만들던 연상호의 첫 실사 영화이며 한국 최초의 좀비 블록버스터다.

좀비물은 한국에서 일부 마니아층이 즐기던 비주류 장르였지만 빠른 속도감과 액션, 촘촘한 캐릭터와 에피소드 구성, 사회적 비판 의식을 갖춘 한국형 K-좀비물의 원형은 〈부산행〉에서 시작됐다고 볼 수 있다. 〈부산행〉은 한국에서 1,156만 명의 관객을 동원하며 흥행에 성공했고, 칸영화제에 초청되며 해외 각국에서 수작으로 호평받았다. 이 작품은 한국형 좀비의 색다른 매력을 전 세계에 알리며, 할리우드에서 리메이크가 결정되기도 했다.

좀비 아포칼립스^{apocalypse}(종말)를 그린 〈부산행〉은 달리는 KTX에서 미확인 바이러스 감염자들이 발생한 아비규환의 상황 속에서 다양한 인간 군상을 그려낸다. 이 가운데 누군가는 다른 이를 위해서 희생하고 누군가는 자기만 살기 위해 발버둥 친다. 극한의 상황 속에서 인간의 이기심과 불신을 적나라하게 보여준다.

영화 〈부산행〉은 '연니버스'를 대표적으로 보여주는 작품이다. 연 감독은 좀비 블록버스터 〈부산행〉을 중심으로 프리퀄^{prequel}에 해당하는 애니메이션 〈서울역〉과 후속작 〈집으로〉를 만들어 자신의 좀비 아포칼립스 세계관을 조금씩 확장시켰다.

〈서울역〉에서는 〈부산행〉 KTX에 침투한 바이러스가 어디서 비롯된 것인지 원인이 간접적으로 밝혀진다. 어떤 노숙자가 목에 상처를 입으며 숨졌는데, 다시 살아나 다른 사람을 물면서 서울의 아비규환이 시작된 것. 개봉은 〈부산행〉이 한 달여 먼저 했지만, 〈서울역〉이 먼저 만들어졌다.

후속작 〈집으로〉는 좀비 바이러스가 지나간 뒤 텅 빈 도시에서 생필품을 조달하기 위해 제비뽑기로 선택된 20대 남자와 좀비 구역에 들어가기로 자처한 40대 남자의 이야기를 다룬다. 두 작품은 〈부산행〉만큼의 큰 주목을 받지는 못했지만 〈부산행〉 세계관으로 또 하나의 연니버스를 만들었다.

〈부산행〉의 후속작으로 주목받은 것은 바로 블록버스터 영화 〈반도〉(2020)다. 해외에서는 〈부산행 2〉로 홍보했지만, 두 작품의 스토리가 직접적으로 이어지지는 않고, 느슨한 고리로 연결되어 있다. 〈반도〉는 영화 〈부산행〉의 4년 후를 배경으로 한다. 좀비 안전지대였던 부산마저 좀비 바이러스가 퍼져 폐허의 땅이 되어버린 반도에서 탈출하는 이야기이다. 4년 전 나라 전체를 휩쓸었던 재난에서 가까스로 탈출한 정석(강동원)이 철저하게 고립된 반도에 다시 들어갈 수밖에 없는 상황에 놓인 것은 애니메이션 〈집으로〉의 설계와 비슷하다.

　정석은 폐허에서 유일하게 살아남은 민정(이정현) 가족과 제한 시간 내에 반도를 빠져나와야 하는 미션을 수행한다. 그 과정에서 인간성을 상실한 631부대와 4년 전보다 더욱 강력해진 대규모 좀비 무리와 사투를 벌인다. 포스트 아포칼립스를 그리고 있는 이 작품은 영화 〈매드 맥스〉를 방불케 하는 화려한 카체이싱 car chasing과 총기 액션으로 주목받았지만, 눈물을 강요하는 신파 코드가 등장해 평가는 다소 엇갈렸다.

　연 감독은 이후 〈반도〉의 프리퀄에 해당하는 만화 〈631〉을 통해 영화 〈부산행〉과 〈반도〉 사이에 벌어진 이야기를 소개했다. 작중 시기는 〈부산행〉 시점 3년 후이자 〈반도〉 시점의 1년 전을 배경으로 한다. 이 작품에서는 〈반도〉에서 잘 드러나지 않았던 주인공 가족과 631부대의 관계가 자세히 펼쳐졌다.

K-좀비물이 전 세계 감염시킨
결정적 이유

영화 〈부산행〉으로 그동안 서구권의 전유물이었던 좀비물의 대중적인 흥행력이 확인되면서 한국형 좀비, 즉 K-좀비물은 어느덧 한국 콘텐츠 시장의 주류로 안착했다.

넷플릭스 〈킹덤〉 시리즈(2019~2020), 영화 〈#살아있다〉와 〈반도〉(2020), 드라마 〈해피니스〉(2021)와 〈지금 우리 학교는〉(2022)은 K-좀비물의 계보를 잇는 작품들이다.

K-좀비물의 가장 큰 특징은 빠른 속도감이다. 한국형 좀비들은 서구형 좀비에 비해 역동적이고 민첩하게 움직인다. 〈부산행〉에서 주인공들을 향해 맹렬하게 달려오는 좀비 떼는 시각적인 충격을 주기에 충분했다. 서구형 좀비들이 '살아있는 시체'처럼 느릿하거나 비틀거리는 것과는 대조적이다. 해외에서 좀비들이 종종 CG로 표현되는 것과 달리 K-좀비들은 전문적인 안무가들이 직접 좀비를 연기를 하기 때문에 훨씬 더 생생하다.

목을 뒤로 젖히고 사지를 꺾고 경련을 일으키는 듯한 좀비들의 기괴하면서도 생동감 넘치는 동작들은 안무가들이 직접 만들었다. 물론 작품의 성격에 따라 좀비들의 움직임은 조금씩 달라진다. K-팝의 다양한 퍼포먼스를 통해 널리 알려진 화려하고 정교한 안무가 좀비 연기에도 적용된 셈이다. 〈지금 우리 학교는〉(이하 〈지우학〉)에서도 바이러스에 감염되는 과정, 감염 이후의 움직임 등이 안무에 가까운 역동적인 동작으로 표현됐다.

K-좀비물의 또 다른 특징은 제한적이고 익숙한 공간에서 펼쳐진다는 점이다. 〈부산행〉의 달리는 KTX 객실이나 〈#살아있다〉의 고립된 아파트, 〈킹덤〉의 조선시대 궁궐, 〈지우학〉의 교내 여러 공간 등이 대표적이다. 해외 좀비물이 주로 거대한 광야를 배경으로 펼쳐지는 것과 달리 K-좀비물은 한정된 공간을 활용해 치밀하게 계산된다. 좀비들의 추격을 피해 제한된 공간을 벗어나야 하는 이들의 사투는 공포감과 함께 몰입감을 높일 수밖에 없다.

또 하나 눈에 띄는 것은 장르물에 휴먼 드라마를 적절히 접목했다는 점이다. 서양 좀비물이 재난 영화를 기반으로 공포와 스릴러물에 방점이 찍혔다면, K-좀비물은 인물들의 캐릭터와 서사가 강조된 휴먼 드라마를 표방한다. 서양 좀비와 달리 한국의 좀비는 인간적인 감정이 투영된다.

〈부산행〉에서 상화(마동석)는 임신한 아내를 좀비들의 공격으로부터 지키기 위해 사투를 벌이다가 스스로 좀비가 되고, 〈지우학〉에서 미혼모가 된 학생은 좀비가 될 상황에서도 아이를 보호하기 위해 식당의 손잡이에 자기 손을 묶으며 죽음을 선택한다. 절반만 좀비인 '절비'는 생명체를 공격하지 않고 오히려 외부 좀비들의 공격을 막아준다.

이렇게 K-좀비물은 인류의 보편적 감성을 자극해 공감대를 확대하며 차별화되는 지점을 만들어냈다. 영화 평론가 윤성은은 "K-좀비물을 보면 액션이나 연기에 대한 호평도 있지만, 감동을 느끼고 삶의 교훈을 얻었다는 의견도 많다."면서 "차갑고 건조한 서양 좀비물과 달리 따뜻하고 인간적인 한국적인 정서를 적절히 녹여 한국형 좀비물을 만들어낸 것"이라고 말했다.

복합장르로 외연 확장한
K-좀비물

K-좀비물은 다양한 시공간에서 변주되며 복합장르로 외연을 점차 확장했다. 〈부산행〉 이후 K-좀비 신드롬을 이은 넷플릭스 오리지널 〈킹덤〉은 서양의 좀비물에 동양적인 사극을 접목한 일명 '좀비 사극'으로 신선함을 줬다.

2019년 공개된 드라마 〈킹덤〉 시즌 1은 반역자로 몰린 왕세자가 굶주림에 시달리다가 좀비가 되어버린 사람들의 비밀을 파헤치는 이야기를 그린 미스터리 스릴러다. 이 작품은 백성들의 굶주림에서 비롯된 역병과 권력에 굶주린 자들의 탐욕을 좀비를 통해 표현했다.

백성들의 고통을 해결하기 위해 나선 세자 이창(주지훈)의 고군분투와 개인의 영달을 위해 백성을 등한시하고 왕권을 노리는 가문의 이야기를 두고 미국 포브스를 비롯한 해외 언론에서는 〈왕좌의 게임〉에 비교하기도 했다. 정치적 음모와 드라마가 얽혀있기 때문이다.

"가장 한국적인 것을 만들고 싶었다."라는 김은희 작가의 의도대로 〈킹덤〉은 한국식 사극의 매력을 전 세계에 알렸다. 여기에 김성훈 감독의 스타일리시한 영상미가 더해져 좀비 사극의 완성도를 높였다. 해외 시청자들은 "모든 사람들이 끝내주는 모자를 쓰고 있다."면서 '갓'에 큰 관심을 보였다. 갓은 일명 '킹덤 모자', '조선시대 전통 모자'로 불리며 해외 온라인 쇼핑몰에서 팔리는가 하면, 갓과 도포가 핼러윈 의상으로 추천되기도 했다. 또한 한국의 아름다운 풍경과 조선시대의 다채로운 문화를 소개하는 계기가 됐다.

드라마 〈시그널〉과 〈싸인〉 등으로 한국 '장르물의 대가'로 불리는 김은희 작가는 〈킹덤〉 제작에 앞서 2014년 만화 〈신의 나라〉를 제작했고, 조선의 왕세자가 의문의 역병을 조사하는 과정에서 나라 전체를 위협하는 잔혹한 진실을 밝혀낸다는 만화의 주요 골자를 드라마에 그대로 가져왔다. 김 작가는 〈싸인〉 후반부를 쓰던 2011년부터 이 작품을 구상했고, "현대사회의 공포와 두려움을 조선시대라는 역사적 배경에 담고자 했다."라고 말했다. 그의 말처럼 〈킹덤〉에서 다뤄진 조선시대 역병은 코로나 팬데믹과 맞물리면서 전 세계에서 더 큰 공감대를 이끌어내는 데 성공했다.

넷플릭스는 2020년 죽은 자들이 다시 살아나 위기에 빠진 조선을 배경으로 왕권을 탐하는 일가의 탐욕과 왕세자 '창'의 피의 사투를 그린 〈킹덤〉 시즌 2를 공개했고, 2021년에는 영화 형태의 〈킹덤: 아신전〉을 공개했다. 전지현 주연의 〈아신전〉은 〈킹덤〉의 프리퀄이자 시즌 3의 교두보에 해당한다.

〈킹덤〉 시리즈는 대형 블록버스터 영화에 준하는 대규모 제작비가 투입됐고, 기존 한국 드라마에서 다루지 않았던 비주류 소재를 다뤘다. OTT를 타고 전 세계 시청자를 대상으로 했다는 점에서 〈오징어 게임〉 성공의 밑거름이 된 작품이기도 하다. 〈킹덤〉 시즌 2에는 총 제작비 200억 원, 회당 제작비 30억 원이 투입됐다.

김성훈 감독은 345만 명을 동원한 영화 〈끝까지 간다〉로 2015년 백상예술대상 감독상을 받았고, 2016넌에는 블록버스터 잉화 〈터널〉로 712만 명을 동원하며 흥행과 연출력을 동시에 인정받았다. 김성훈 감독의 첫 드라마 데뷔작인 〈킹덤〉의 국내외의 성공을 계기로 한국 영화감독들의 해외 OTT 드라마 연출은 더 활발해졌다.

한편 2020년 개봉한 영화 〈#살아있다〉는 디지털 시대를 배경으로 감각적인 K-좀비물을 완성했다. 원인을 알 수 없는 좀비 바이러스가 퍼져 통제 불능이 된 도시, 홀로 아파트에 고립된 사람들의 생존과 탈출에 관한 이야기를 그린 이 작품은 코로나 팬데믹으로 인한 공포감이 퍼지던 시기와 겹치며 적지 않은 공감대를 형성했다. 데이터, 와이파이, 문자, 전화 등 모든 통신 장비가 끊어진 상황은 디지털로 통하는 초연결 시대의 사회적 고립에 대한 화두를 던졌다. 특히 '살아남아야만 한다'라는 영화의 헤드카피는 코로나19 감염 사태로 인해 생존의 문제가 피부로 와닿은 사람들에게 큰 공감대를 형성했다.

이 영화는 디지털 시대에 고립된 두 명의 청춘이 '생존'이라는 목표를 위해 서로 소통하고 연대하는 모습을 보여주면서 젊고 감성적인 K-좀비물로서 존재감을 드러냈다. 주인공 준우(유아인)는 휴대폰 와이파이를 잡기 위해 아파트 난간에 매달리고, 드론을 띄워 음식물을 운반하거나 인터넷 방송을 통해 자신의 상태를 알린다. 최첨단 시대로 기기에 의존해서 살아가지만, 결국 지독한 외로움에 극단적 선택을 하려던 준우는 또 다른 생존자를 발견하면서 살아갈 희망을 얻는다. 결국 인간은 혼자서는 살아갈 수 없고 사회적인 소통과 연대가 필요하다는 메시지를 전한다.

tvN 드라마 〈해피니스〉(2021)는 〈#살아있다〉처럼 가장 한국적인 장소인 아파트라는 공간을 배경으로 좀비 장르에 코로나 시대의 생활상을 잘 녹여냈다. 멀쩡했던 사람이 사람을 물어뜯는 광인병 바이러스가 퍼지면서 봉쇄된 대도시 신축 아파트에 갇힌 이들의 이야기를 그렸다.

아울러 이 작품은 감염병이 일상화된 뉴노멀new normal 시대를 배경으로 대도시 신축 아파트에서 고층과 저층 간에 벌어지는 차별과 신경전을 통해 계층 간의 문제를 건드렸다. 한효주, 박형식 등 두 톱스타가 남녀 주연을 맡은 이 드라마는 코로나 이후 달라진 상황에서도 기존의 사회적 가치들이 계속 적용될 수 있을 것인지 질문을 던졌다.

신선함으로 승부하라
학원 좀비물의 등장

〈지금 우리 학교는〉(이하 〈지우학〉)은 〈오징어 게임〉과 〈지옥〉에 이어 넷플릭스 1위에 오른 세 번째 한국 드라마다. 2022년 1월 28일 공개된 〈지우학〉은 15일간 전 세계 1위를 차지하며 돌풍을 일으켰다. 이 작품은 11일 연속 1위를 차지한 〈지옥〉의 기록을 넘어 제2의 〈오징어 게임〉이라고 불리며 국내외에서 큰 주목을 받았다.

〈지우학〉은 좀비 바이러스가 퍼진 고등학교에 고립된 학생들이 극한의 상황 속에서 생존을 위해 사투를 벌이는 이야기로 학원물에 장르물을 결합한 일명 '학원 좀비물'로 신선함을 줬다.

기존의 학원물은 국내에서 대히트를 기록했던 KBS 드라마 〈꽃보다 남자〉, 〈공부의 신〉, 〈학교〉시리즈나 MBC 〈궁〉, 영화 〈여고괴담〉 등 10대들의 로맨스나 입시 관련 내용을 다루거나 공포물인 경우가 많았지만, 학원 좀비물은 기존에 없던 신선한 시도라는 평가가 지배적이었다.

영국 가디언은 이 작품에 대해 "한국의 좀비 쇼가 당신을 놀라게 할 것"이라며 "영화 〈부산행〉을 본 사람이라면 한국이 좀비물 이야기를 전하는 데 세계 최고라는 것을 알게 될 것"이라고 평가하기도 했다.

〈지우학〉은 'K-좀비물'의 흥행 공식을 영리하게 활용하면서도 이 작품만의 색깔을 구축했다. 앞서 언급한 바 있듯이 K-좀비물은 〈부산행〉을 시작으로 넷플릭스 드라마 〈킹덤〉 시리즈, 영화 〈#살아있다〉와 〈반도〉 등을 거치며 비주류에서 주류 장르로 떠올랐다. 여기에 더해 〈지우학〉은 한국 드라마 특유의 트렌디함을 덧입었다. 이 작품은 전 세계에 〈오징어 게임〉, 〈지옥〉에 이어 K-드라마의 흥행이 일시적인 현상이 아님을 입증했다.

〈지우학〉은 지극히 일상적인 공간에서 생존을 지키기 위한 인간의 사투를 빠른 전개로 보여주는 K-좀비물의 공식을 그대로 따라갔다.

이 작품은 교실을 비롯해 급식실, 과학실, 음악실, 교장실, 운동장, 방송실, 미술실, 옥상 등 학교 곳곳의 공간적 특성을 잘 살려 긴장감 있는 액션을 만들어냈다. 학교라는 공간이 자칫 지루하게 느껴질 수도 있지만, 다양한 공간에서 계속 상황을 바꿔가면서 그에 맞는 에피소드를 잘 풀어가면서 긴장감을 높였다.

생존이 걸린 급박한 상황에서 기존 사회의 난맥상을 드러내고 문제점을 부각시키는 것은 기존 K-좀비물의 공식이다. 〈지우학〉은 이 패턴을 잘 따라가면서 학교 폭력의 실상과 문제점을 적나라하게 드러냈다.

효산 고등학교에 퍼진 바이러스는 학교 폭력이 주된 원인이었다. 효산고 과학 교사 이병찬은 아들이 지속적으로 학교 폭력으로 인해 피해를 당하자 일명 요나스 바이러스를 개발한다. 아들이 집단 괴롭힘으로 자살까지 생각할 정도로 고통을 겪었지만, 학교 차원의 은폐가 계속되자 아들에게 공격적인 성향을 띠는 바이러스를 주입해 학교 폭력에 맞서게 했던 것이다. 비뚤어진 부성애였지만 이 작품은 모든 비극의 시작이 학교 폭력이었음을 은유한다. 이와 함께 드라마는 학교 내에서 버젓이 자행되는 성범죄의 심각성도 고발했다. 극 초반에 학교 폭력 가해 남학생이 여학생 은지(오혜수)의 교복을 벗기고 휴대전화로 촬영하는 장면은 적잖은 논란을 일으키기도 했다. 이 장면은 일명 사회적으로 큰 공분을 일으켰던 'N번방 사건'을 떠올리며 디지털 성범죄의 심각성을 일깨웠지만, 과도한 묘사라는 비난도 잇따랐다. 논란이 불거지자 이재규 감독은 "우리 사회에 일어나는 많은 비극을 단순히 보여주기 위함이지, 시청자들을 자극하기 위함이 아니다."
라고 해명하기도 했다.

극 중에서 은지는 자기가 당한 끔찍한 모습이 노출되는 것이 싫어
서 자신의 목숨을 걸고 자신이 찍힌 영상을 끝까지 없애려고 한다. 이
감독은 "자신이 죽는 한이 있더라도 없애려고 하는 모습을 통해 그 아
이에게 행한 행동이 얼마나 잔인한 것인지 표현하기 위해서 어느 정
도는 필요한 장면"이라고 설명했다.

K-웹툰의 토양 위에서 탄생한
〈지금 우리 학교는〉

〈오징어 게임〉과 〈지옥〉이 한국 영화의 자양분 위에서 탄생했다면,
〈지옥〉과 〈지우학〉은 K-웹툰이라는 공통분모가 있다. 〈지우학〉도 〈지
옥〉처럼 동명 웹툰을 원작으로 하고 있기 때문이다. 역대 넷플릭스 1
위에 오른 한국 드라마 3편 중 2편이 웹툰을 기반으로 하고 있어서
K-드라마의 핵심 근간을 이루는 K-웹툰은 국내외에서 큰 주목을 받
았다.

〈지우학〉은 2009~2011년에 인터넷 포털 사이트 네이버에서 연재
된 주동근 작가의 동명 웹툰을 원작으로 연재 종료 10여 년 만에 드라
마로 만들어졌다. 이 웹툰은 아마추어 창작 공간인 '도전 만화'를 통
해 발굴된 작품이다. 신인 작가의 웹툰이지만, '한국형 좀비 그래픽

노블(만화형 소설)'이라는 찬사를 받았다.

웹툰은 소재나 표현에 있어서 한계가 없고, 기발한 상상력을 기반으로 기존 드라마나 영화에서 시도하지 않은 새로운 스토리가 많다는 것이 가장 큰 장점으로 꼽힌다. 때문에 영화나 드라마 등 영상업계의 원천 이야기 소스로서 각광받고 있다.

드라마가 흥행함에 따라 원작의 조회수도 폭발적으로 증가했는데, 네이버 웹툰에 따르면 넷플릭스에 〈지우학〉 시리즈가 공개된 이후 원작 웹툰의 주간 조회수는 약 80배, 주간 거래액이 59배가 늘었다. 〈지옥〉의 원작 웹툰도 넷플릭스 공개 직후 주간 평균 조회수가 직전 대비 22배 증가했다. 지난해 국내 OTT 티빙과 tvN에서 방송된 드라마 〈유미의 세포들〉은 원작 웹툰의 조회수가 30배 늘었다.

특히 해외에서도 원작 웹툰에 대한 관심이 높아졌는데, 2021년 연재가 시작된 네이버 웹툰 영어 서비스 플랫폼의 원작 웹툰 주간 조회수가 21배 늘었고, 해외 웹툰 독자들 사이에서는 "넷플릭스 시리즈 때문에 원작을 다시 감상하고 싶어졌다.", "넷플릭스와 웹툰 모두 굉장하다." 등의 반응들이 나왔다.

〈지우학〉의 경우 원작 웹툰과 달리 드라마에서는 좀비 바이러스의 기원을 외계 생명체가 아닌 인간으로 바꾸고, 좀비에 감염되는 과정이나 각 인물 캐릭터에 조금씩 변화를 줬다. 특히 이 작품에는 좀비에게 물렸지만, 인지 능력은 살아 있는 '절비' 등 다양한 좀비의 형태가 등장하는데, 이는 시즌 2에도 확장 가능성이 있는 부분이기도 하다.

이재규 감독은 "코로나19 바이러스도 사람에 따라 반응 속도나 양상이 다르듯이 좀비 바이러스도 돌연변이가 있으리라는 발상에서 시작했다."면서 "여러 좀비가 등장하는 부분은 시즌 2로 충분히 확장될 수 있는 이야기"라고 말했다.

K-웹툰과 드라마가 시너지를 내면서 원작의 인기가 검증된 K-웹툰은 국내외 OTT에서 '귀하신 몸'이 됐다. K-웹툰 원작의 드라마 〈D.P.〉, 〈스위트홈〉 등으로 재미를 본 넷플릭스는 〈지우학〉을 비롯해 영화 〈모럴센스〉, 드라마 〈마스크걸〉, 〈안나라수마나라〉, 〈사냥개들〉 등 5편의 웹툰을 기반으로 한 작품을 기획 및 제작했다.

K-웹툰의 양대 산맥 카카오엔터테인먼트의 경우 2021년 〈안녕 엄마〉, 〈미완결〉, 〈살어리랏다〉, 〈악연〉 등 약 50여 개의 웹툰의 드라마, 영화, 애니메이션 제작을 확정했다. 이는 전년 대비 2배가량 증가한 수치로 20%는 해외 제작사에 판매됐다.

특히 카카오엔터는 웹소설에서 검증된 스토리를 다시 웹툰으로 만든 일명 '노블 코믹스'에서 강세를 보이고 있다. K-로맨스 사극의 대표주자로 높은 시청률을 기록했던 MBC 〈옷소매 붉은 끝동〉을 비롯해 tvN 〈김비서가 왜 그럴까〉와 〈그녀의 사생활〉 등이 대표적이다.

2022년에는 SBS에서 〈사내맞선〉, 〈어게인 마이 라이프〉도 이런 과정을 거쳐 만들어졌다. 1세대 웹툰 작가 강풀의 원작을 영상화한 〈무빙〉과 〈술꾼도시여자들〉 시즌 2 등은 디즈니 플러스와 티빙 등의 OTT에서 선보인다.

한국 로맨틱 코미디의 저력을 보여줬다는 평가를 받는 안효섭, 김세정 주연의 〈사내 맞선〉은 노블 코믹스의 대표적인 흥행작이다. 이 드라마는 6회 만에 시청률 10%를 돌파하고 넷플릭스 TV 프로그램 부문 전 세계 2위에 오르는 등 큰 인기를 모았다.

〈사내맞선〉은 '클리셰Cliché 범벅'이라고 불릴 만큼 로맨스물의 흥행 법칙을 한자리에 끌어모았다. 맞선 자리에 친구 대신 나갔다가 자신이 일하고 있는 회사의 대표와 사랑에 빠지는 평범한 여주인공의 이야기는 진부하게 보일 수도 있는 설정이다.

하지만 인기 웹소설을 웹툰으로, 이를 다시 드라마로 만든 만큼 불필요한 군더더기를 걷어 내고 빠른 속도감으로 극을 전개시킨 것이 주효했다. 만화책을 보는 듯한 통통 튀고 감각적인 화면 구성이 '유치하지만 중독성이 있다.'는 평가를 받으며 30~50대 여성 시청률도 배이상 증가했다.

세로로 스크롤을 내리는 형식으로 모바일에 최적화된 웹툰은 한국이 종주국으로, 모바일로 콘텐츠를 소비하는 방식이 확대되면서 주류 콘텐츠로 떠올랐다. K-웹툰이 국내외 콘텐츠 시장에서 각광받는 이유는 이미 흥행이 검증된 이야기에 별도의 콘티 작업이 필요 없어 영상화에 용이하기 때문이다. 또한 웹툰이나 웹소설은 큰 자본 없이도 도전할 수 있어 여타 콘텐츠에 비해 진입 장벽이 낮은데다 기존에 시도하지 않은 신선한 스토리가 많다. 국내외 OTT 진출 확대와 맞물려 K-웹툰의 영상화는 더욱 확대될 것으로 보인다.

'K-드라마' 내공·특성이
응축되어 표출

〈지우학〉은 10대들의 성장 드라마라는 큰 틀 아래서 그들의 우정과 사랑이라는 감정선을 섬세하게 따라가면서 좀비 아포칼립스를 배경으로 한 장르물의 쾌감을 적절히 결합시켰다. 이 작품은 본래 JTBC 편성을 목표로 16부작 드라마로 준비됐다가 각 회별로 러닝타임을 줄여 총 12부작으로 넷플릭스 시리즈로 만들어졌다.

〈지우학〉에는 수십 년간 쌓인 기존 한국 드라마의 내공이 숨겨져 있다. 이 작품은 한국 드라마계의 스타 PD로 불리는 이재규 감독의 첫 OTT 시리즈다. MBC 드라마국 PD 출신인 이 감독은 입봉작이었던 〈다모〉가 선풍적 인기를 끌며 방송계의 큰 주목을 받았고 〈베토벤 바이러스〉, 〈더킹 투하츠〉 등을 흥행시켰다.

당시 30대였던 이 감독은 방학기 만화를 원작으로 한 〈다모〉에서 기존의 사극의 틀을 깬 스타일리시한 영상으로 인기를 모았고, 수많은 '다모 폐인'을 양산했다. 각종 드라마에서 감각적인 영상과 짜임새 있는 연출로 인정받은 그는 이후 영화계에 진출해 영화 〈역린〉, 〈완벽한 타인〉 등을 만들었다.

각본을 쓴 천성일은 KBS 사극 드라마 〈추노〉(2010)로 인정받은 작가다. 〈추노〉는 뛰어난 영상미와 스토리로 40%에 육박하는 시청률을 기록해 한국 드라마계의 대표적인 흥행작으로 꼽힌다. 천 작가는 〈추노〉뿐만 아니라 〈도망자 플랜 B〉, 〈친애하는 판사님께〉 등 긴 호흡의

미니시리즈를 주로 집필했다.

천 작가는 특유의 재치는 물론 섬세한 감정선을 잘 살리는 작가다. 400만 관객을 동원한 영화 〈7급 공무원〉(2009)을 비롯해 〈해적: 바다로 간 산적〉(2014), 〈소수의견〉(2015) 등이 그의 대표작이다. 영화 제작사 프로듀서로 업계에 입문한 그는 회사 자본이 바닥나면서 직접 작가로 데뷔했다는 일화도 있다. 영화사 마케팅 및 제작부에서도 일을 한 그는 철저한 자료 조사와 퇴고를 많이 하는 것으로 유명하다.

이번 드라마에서도 'K-고딩'은 천 작가의 철저한 '현실 고증'을 통해 탄생했다. 그는 대본을 집필하기 전 학교 근처에 가서 학생들을 직접 관찰하면서 캐릭터를 만들었다. 드라마 초반부 온조(박지후)가 수혁(로몬)에게 이름표를 건네며 관심을 표현하는 장면은 요즘 고등학생들의 일상에서 비롯된 장면이다. 천 작가는 "일상적인 학생들의 대화를 많이 들으려 했는데 요즘 학생들의 대화 중 60%가 욕이더라."면서 집필과 관련한 에피소드를 털어놓기도 했다.

〈지우학〉은 한국 드라마의 가장 큰 장점 중 하나로 꼽히는 촘촘한 에피소드와 캐릭터 구성으로 몰입도를 높였다. 다음 회를 볼 수밖에 없게 만드는 한국 드라마 특유의 'K-엔딩'은 이 작품에서 빛을 발했다.

좀비 아포칼립스라는 비극적인 상황 속에서도 학생들의 끈끈한 관계는 빛났다. 어린 시절부터 친구인 주인공 청산(윤찬영)과 온조의 관계는 좀비들의 습격 속에서도 사랑과 우정 사이의 현실적이면서도 아슬아슬한 관계를 이어간다. 수혁은 좀비가 될 위기에 처한 여자친구 남라(조이현)에 대한 한결같은 믿음과 신뢰를 보여준다.

이 작품이 제2의 〈오징어 게임〉으로 불렸던 이유 중 하나는 〈오징어 게임〉이 첫 1위에 진입할 당시의 시청 시간을 뛰어넘은 이유도 있지만, 극한의 상황에서 더 극명하게 드러나는 인간의 본성에 대해 다뤘기 때문이다. 〈지우학〉에서는 학생들 간의 대립 관계가 적나라하게 표현된다.

극중 나연(이유미)은 이 작품의 빌런 중 한 명으로 계층 간 대립과 극단적인 이기주의를 대변하는 인물이다. 나연은 사사건건 이기적인 태도로 친구들과 대립한다. 금수저로 태어난 나연은 임대 아파트에 산다는 이유로 같은 반 친구인 경수(함성민)를 번번이 '기생수'(기초생활수급자)라며 멸시한다. 나연은 결국 경수를 좀비로 만들어 버리고, 나연을 구하러 온 담임 선생님마저 좀비들에게 희생당한다. 〈오징어 게임〉에서 새벽(정호연)을 위해 자신을 희생하던 지영 역을 맡았던 이유미는 〈지우학〉에서는 정반대의 캐릭터를 선보였다.

이 밖에도 이 드라마는 입체적인 캐릭터들이 에피소드를 변주해나간다. 대표적 인물이 효산시 국회의원 박은희(배해선)다. 박은희는 초반에는 위급한 상황에서 의전을 강요하는 이기적인 면도 있지만 현실적이고 책임감 있는 정치인으로서의 양면적인 모습을 보인다.

〈지우학〉은 주연들뿐만 아니라 조연 캐릭터에도 다양한 서사를 부여하면서 장편 드라마를 이끌어가는 풍부한 에피소드를 만들었다. 효산고 학생들 외에 양궁그룹에도 서사가 부여됐고 경찰 측 캐릭터는 원작에 비해 역할이 다소 줄어들었지만, 대신 드라마에는 계엄군 캐릭터가 새로 추가되면서 후반부의 서사를 강화했다. 계엄군은 경찰과

군의 역할을 이어받아 좀비들에 맞서 시민들을 구조하는 임무를 부여받지만 결국 효산시를 봉쇄해야 하는 딜레마에 빠지게 된다.

〈지우학〉의
한계와 가능성

〈지우학〉은 다양한 에피소드들이 다소 산만하게 흩어져 하나로 수렴하지 못하고, 여러 가지 사회 문제를 다루고 있지만 다소 깊이가 얕다는 지적도 나왔다. 12부작으로 만들다 보니 영화를 염두에 두고 6부작으로 압축적으로 만든 〈오징어 게임〉과 비교해 다소 긴 러닝타임 때문에 몰아보기(빈지 워치, Binge Watch)를 주로 하는 요즘 시청자들에게 마지막까지 집중력을 유지하기란 쉽지 않았을 수도 있다.

하지만 〈지우학〉이 거의 무명에 가까운 신인 배우들로 세계적으로 각광받는 히트 드라마를 만들었다는 점은 상당히 주목할 만한 부분이다. 좀비물에 신인 배우들을 주연으로 내세운 이 작품은 국내 방송사였다면 편성되기 어려웠을 것이다. 국내 방송사들은 다양한 연령대의 시청자들을 공략해야 하기 때문에 스타 캐스팅의 의존도가 높은 편이다. 이에 비해 OTT는 오리지널 시리즈일수록 작품의 개성과 창의성, 대본의 완성도 등을 더 중시한다. 또한 OTT는 5% 내외의 마니아층만 있어도 대본이 참신하다면 과감하게 투자한다. 창작물에 있어서 대중적인 안전함 보다 더 중요한 것은 신선한 도전이라는 점을 이 작품이 증명한 셈이다.

특히 〈지우학〉의 경우는 오히려 무명 배우들의 캐스팅이 학교 내에 발생한 좀비 아포칼립스를 표현하기에 더 적합했다는 긍정적인 평가도 있다. 감독은 특정 사건을 모티브로 삼지 않았다고 했지만 학생들이 생사기로에 놓인 비극적 상황을 놓고 세월호 참사를 떠올린다는 이들이 적지 않았다. 학생들이 부모에게 남기는 영상 편지, 세월호 참사 추모 리본을 연상하게 하는 표식들은 많은 이들에게 아픔을 안긴 세월호 사건을 떠올리기에 충분했다.

어른들의 무책임으로 인해 아이들의 희생이 벌어졌고 "어른들이 구하러 오겠지. 근데 난 어른들 안 믿어."라는 남라의 대사는 우리 사회에 만연한 부조리를 에둘러 표현한다. 우리 주변의 평범한 학생들을 연상시키는 신인 배우들의 연기는 한국 사회의 구조적인 모순과 잊혀지지 않는 아픔을 진성성 있게 전달한 것이다.

II.

팬덤 Fandom

'K-팝'과 팬더스트리 Fandustry

끊임없이 경쟁력을 시험하다

'당연히도 우리 사이 여태 안 변했네.'

2022년 3월 10일 서울 잠실종합운동장 주경기장. 한국에서 약 2년 반 만에 BTS의 대면 콘서트, 〈BTS 퍼미션 투 댄스 온 스테이지 Permission to Dance on Stage – 서울〉 공연이 열렸다. 이날 콘서트는 왜 그들이 이 시대의 아이콘인지와 함께 왜 K-팝이 세계 팝의 주류가 되었는지를 명확히 보여준 현장이었다.

아이돌 콘서트는 K-팝이 아시아 특정지역의 마이너 minor 하고 마니익 Maniac 한 음악으로 출발해 이렇게 빌보드 차트를 점령하고 그레미 어워드에서까지 주목하는 메이저 장르로 떠올랐는지를 드라마틱하고도 압도적으로 보여주는 현장이다. 특히 BTS의 콘서트라면 K-팝의 기술적·예술적 요소까지 총망라해 보여주는 정점, 클라이맥스인 셈이다.

코로나 팬데믹 2년간 온라인 콘서트를 통해 랜선으로만 팬들인 아미ARMY를 만났던 BTS는 2021년 11~12월 미국 로스앤젤레스에 이어 이듬해인 2022년 3월이 되어서야 본국인 한국에서 감격적인 첫 대면 콘서트를 펼쳤다.

2년의 시간은 더욱 진일보한 콘서트의 향연을 가능케 했다. 첨단 영상기술의 최대 격전지라 할 수 있는 K-팝 콘서트답게 LED 화면의 규모도 최대, 그 디자인도 확 달라졌다. 생동감을 살리기 위해 최대 크기를 유지하면서도 곡 별로 차별화된 장면을 구현할 수 있게 상하 전후 전환이 가능한 가변형 '이동식 LED'를 중앙에 설치해 다양한 볼거리를 제공했다.

무대 위 아티스트의 모습을 '쌀알 크기' 정도로 밖에 볼 수 없는 관객들을 위한 '클로즈업'의 역할에 충실했던 대형 LED 화면은 곡과 무대에 따라 시시각각 새로운 디자인을 쏟아내 관객들의 호불호를 나뉘게 하기도 했다. 그러나 공연 초반 과도한(?) 영상효과로 멤버들의 모습을 또렷이 볼 수 없어 불만을 제기했던 관객들도 시간이 흐르며 그 화려한 효과에 적응이 되면서 공연 후엔 "영상 보는 맛이 있었다.", "특별한 시각적 경험이었다." 등의 호평을 쏟아내기도 했다.

애초 K-팝의 특장점으로 꼽히는 칼군무로 대표되는 화려한 퍼포먼스, 무대를 넓게 쓰는 역동적 구성, 특별히 제작에 '힘을 준' 브리지 영상의 재미, 객석 가까이 다가가는 이벤트 등은 그 매력을 유감없이 발휘했다.

팬데믹의 끄트머리에 열린 BTS의 대면 콘서트는 K-팝이 오감을 만족시키는 '21세기의 첨단 종합예술'이라는 것을 러닝타임 내내 각인시켰다. 이 '종합'이라는 것에는 오랜 기간 시행착오를 거치며 여러 요소가 융합되고 새롭게 조합된 '시스템'도 포함된다.

'1996 그들이 지구를 지배했을 때' K-팝의 범상치 않은 시작

역사는 결과론적으로 후세에 조합된다. K-팝도 마찬가지다. H.O.T. 데뷔해인 1996년(공교롭게도 한국 대중음악사를 자신들의 출현 전과 후로 가른 '서태지와 아이들'이 은퇴한 해이기도 하다.)을 K-팝 태동의 원년으로 보는 시각이 일반적이다.

그런데 이 시발점의 획정은 그리 간단치가 않다. 지금의 '아이돌 그룹' 형태로 본다면 K-팝 1호 아이돌 그룹의 칭호는 H.O.T.에게 붙여지는 게 적절할 것이다. 그러나 지금 K-팝의 원류이자 원형은 서태지와 아이들이 만들었다고 보는 게 적확할 것 같다. 물론 '아이돌 시스템'으로 들어간다면 얘기는 달라진다. 서태지와 아이들이 현재의 아이돌 시스템, 디 정확히는 연습생 시스템, 아이돌 트레이닝 시스템 혹은 아이돌 그룹 제작 프로세스를 확립한 것은 아니기 때문이다.

서태지와 아이들이 K-팝의 원류이자 원형이 된 것은 이들이 지금 아이돌 그룹의 콘텐츠가 되는 음악 장르와 멤버 구성에 결정적 영향을 미쳤기 때문이다. 먼저 메인보컬·래퍼·댄서로 이루어진 그룹의 구성이다. 물론 이들의 경우는 리더 서태지에게 집중된 팀이었지만 만일 서태지가 '아이들' 없이 애초 계획대로 솔로로 데뷔했다면 아마 이 정도의 영향력을 미치지는 못했을 가능성이 크다. 그만큼 백댄서 이상의 역할을 담당했던 '아이들' 이주노와 양현석의 역할은 결코 적지 않았다. 서태지와 아이들이 들고 나와 한반도를 들썩이게 만들었던 희대의 데뷔곡 〈난 알아요〉가 바로 랩을 기반으로 한 댄스곡으로 지금 아이돌 그룹이 구현하는 주된 음악 장르이기 때문이다.

인트로에 맞춰 칼군무가 등장하고 메인보컬의 첫 소절이 시작된다. 이어 서브보컬들이 차례로 한두 소절씩 춤추며 노래한다. 다 같이 부르는 후렴구(음악계 은어로는 '싸비'라고 한다.)가 끝난 후 메인-서브래퍼의 랩타임이 이어진다. 다시 2절이 시작되고 비슷한 과정 후에 그룹 센터가 무대 전면에 나서며 곡이 끝난다.

물론 적절한 변형은 늘 존재한다. 그러나 '인트로, 메인-서브보컬, 떼창, 메인-서브래핑, 아우트로'의 구성은 순서가 약간 다를 뿐 큰 틀은 놀라우리만치 그대로다. 지금까지도 면면히 이어지는 이 같은 구성은 K-팝 트랙의 전형을 이룬다.

또 하나, 서태지와 아이들이 K-팝의 원형이 된 것은 충성도 높고 적극적으로 행동하는 '팬덤'의 형성과 관련이 있다. 여기서 키워드는 '충성도'와 '적극적 행동'이다. 이 둘은 유기적으로 연결되어 있다. 적극적 행동은 충성도를 기반으로 하기 때문이다.

서태지와 아이들 이전에도 '오빠부대'라는 이름의 팬덤은 존재했다. 그런데 서태지와 아이들 팬덤이 이전과 차별화되었던 것은 이들 팬덤의 중심이 10대였다는 것이다. 그때까지 10대는 팬덤의 중심에 선 적이 거의 없었다. 특히 대중음악인들의 팬덤은 20대 이상이 주류였다. 그러다 서태지와 아이들의 출현으로 10대들이 처음으로 대중문화계의 주류 소비자로 떠올랐으며 이는 이후 등장하는 아이돌 그룹 팬덤에 있어서 더욱 공고화된 특징이다.

서태지와 아이들 팬덤이 이전 '오빠부대'와 달랐던 점은 세상을 향해 처음으로 사회적 목소리를 내며 자신들의 존재를 드러냈다는 것이다. 이는 '내 가수 지키기'의 일환으로 시작되었으나 점차 대중음악계의 부조리, 더 나아가 엔터테인먼트 업계를 둘러싼 불합리한 시스템에 문제를 제기하고 이를 개선하기 위해 집단적 행동을 불사하는 중요한 대중문화 주체로 떠올랐다.

이처럼 남다른 충성심과 행동력, 소비력을 갖춘 이제까지와는 다른 팬덤의 탄생, 이것이야말로 '팬의 사랑을 먹고 크는', '팬이 없다면 존재할 수 없는' K-팝 아이돌 그룹의 필수불가결한 구성요소가 된 것이다.

전대미문의
연습생 시스템

앞서 서태지와 아이들을 언급했지만 아이돌 그룹의 시작으로는 이들의 이름이 더 자주 거론된다. '하이파이브 오브 틴에이저스High-five

Of Teenagers', 바로 H.O.T.다. 신기하게도 이 이름만으로 놓고 본다면 BTS와 묘하게 연결성이 있어 보인다. 10대들의 대변자 역할을 아예 그룹명에서부터 들고 나온 것이다.

'1세대 아이돌'의 대표격인 H.O.T.가 한국 아이돌 역사의 첫 줄에 놓이는 것, 즉 서태지와 아이들과의 가장 큰 차별점은 H.O.T.를 통해 K-팝 시스템의 중요한 축을 구성하는 연습생 시스템이 확립됐기 때문이다.

연습생 시스템, K-팝의 고유한 특징 중 하나다. 이 시스템은 일본의 대표적인 연예 기획사 쟈니스 프로덕션의 스타 양성 시스템인 '쟈니스 주니어'에서 영향을 받았다. 이는 '될성부른 떡잎'을 일찌감치 발굴해 체계적인 트레이닝을 통해 스타로 키워내는 것이다. 오디션이나 길거리 캐스팅을 통해 연습생을 발굴하고 노래와 춤, 연기 등을 집중적으로 훈련하고 정기적 테스트를 통해 훈련 상황을 점검하며 최종 데뷔까지 시키는 프로세스는 이미 일본의 기획사들이 오랜 기간 시행해 온 방식이다. 다만 '쟈니스 주니어'는 '연습생'이라기보다는 준 연예인에 가깝다는 특징이 있다. 정식으로 데뷔를 하지 않았을 뿐 방송, 잡지 등 미디어에 노출되고 연기자로서 활동하기도 한다.

K-팝의 연습생 시스템은 이 같은 일본 시스템의 영향을 받았지만 차별화된 특징으로 K-팝, 아이돌 그룹의 산실 역할을 확고히 수행해 왔다. 김완선의 사례 등 1990년대 이전에도 유사한 스타 양성의 방식은 존재했지만 '시스템'이라고 할 만큼 체계화된 틀을 갖춘 것은 SM 엔터테인먼트 소속 H.O.T.의 발굴과 데뷔를 통해서라고 할 수 있다.

그러나 캐스팅에서부터 고된 트레이닝과 피를 말리는 정기 평가, 데뷔에 이르는 지난한 과정까지 꼭 거쳐야 하는 독하디 독한 통과의 레인 연습생 시스템은 K-팝 만의 특장점을 만들어낸 '양날의 검', '동전의 양면'과도 같은 존재다.

아이돌에 뜻이 전혀 없다가 눈에 띄는 비주얼 때문에 길거리 캐스팅된 경우도 있지만 대다수 연습생들은 어릴 때부터 춤과 노래에 흥미와 재능을 보이다 스스로 기획사 오디션에 참여한 경우가 많다. 일찍이 춤과 노래, 랩 등에 본인의 적성과 재능을 발견한 사례들부터 생각지 못한 길거리 캐스팅으로 갑작스럽게 합류한 경우까지 여러 아이돌 지망생들이 뒤섞여 실력을 쌓고 생존법을 배우게 되는 것이 숙소 생활과 트레이닝이다. 이 속에서 엄청나게 치열한 경쟁과 평가를 통해 소위 '데뷔조'가 선발된다. 그러나 '끝날 때까지 끝난 게 아니다.'라는 말처럼 데뷔할 때까지 데뷔한 게 아니다. 이들은 최소 1년 이상 '피땀 눈물'이 가득한 연습에 연습을 거치고 숱한 준비작업 끝에 드디어 '데뷔'라는 것을 하게 된다. 딱 딱 각이 잡힌 칼군무도 이때 완성되는 것이다.

공감각을 활용하라
'K-퍼포먼스'

앞서 'K-팝은 첨단 종합예술이다.'라는 명제를 제시했다. '종합'이라는 것은 시청각을 만족시키는 다양한 요소의 총합이다. 특히 1981년 8월 미국의 MTV가 개국하며 첫 일성으로 버글스의 그 유명한 〈비디오 킬드 더 라디오 스타Video Killed the Radio Star〉를 방영한 순간부터 대중음악에서 시각적 요소의 중요성은 굳이 따로 강조할 필요 없이 막대해졌다.

K-팝은 비주얼적인 요소가 더욱 극대화된 음악이다. 이는 뮤직비디오 등 영상의 영향력뿐 아니라 무대 구성, 퍼포먼스가 음악을 수용하고 즐기는 데 있어서 결정적 역할을 한다는 의미이기도 하다.

기본적으로 K-팝이라는 장르는 주로 전자음으로 구성된 댄스뮤직이 주류를 이루고 있어 이에 수반되는 안무, 퍼포먼스가 필수 요소다. 이는 단순히 '경쾌한 댄스뮤직이니 안무가 있어야 한다.'의 차원이 아닌, 음악을 더욱 입체적으로 구현하고 효과적으로 표현하는 매력적인 도구인 것이다. 여기에는 의상부터 헤어, 메이크업까지 망라하는 비주얼 요소가 모두 포함된다. 이것들이 음악을 표현하는 요소들로 어우러져 시너지 효과를 낼 때 비로소 '종합예술' K-팝이 제대로 구현될 수 있는 것이다.

이 중에서 안무, 퍼포먼스가 차지하는 비중이나 역할은 매우 크다. 'K-팝' 하면 세계인들이 가장 먼저 떠올리는 것은 아이돌 그룹들의 현란한 무대일 것이다. 이는 '칼군무' 혹은 'SMP SM Performance'라는 용어로 대표될 만하다. 실은 SMP는 안무에 국한된 용어라기보다는 오히려 음악 장르로 내세운 'SM의 고유한 음악 스타일' 정도로 이해할 수 있는 기획사의 대표 브랜드라 할 수 있다.

'칼군무'는 확실히 직관적인 단어다. H.O.T.부터, 아니 더 나아가 서태지와 아이들부터 댄스는 곡의 양념을 넘어 중요한 축으로 격상했다. 댄스, 안무가 중요하지 않은 그룹은 없었다. 그럼에도 이 '칼군무'라는 용어가 본격적으로, 누구나 쓰는 일반 용어로 등장한 것은 2세대 아이돌 그룹 '인피니트'부터라고 할 수 있다. 물론 빅뱅처럼 아예 자유로운 콘셉트로 등장한 그룹을 제외한다면, 타 그룹들 역시 칼같이 각이 잡히고 동작이 딱딱 맞는 군무는 퍼포먼스의 기본 요소다. 실은 빅뱅도 예외는 아니었다.

'칼군무'를 넘어서서 퍼포먼스의 위력을 가장 드라마틱하게 보여준 팀은 3세대 아이돌 BTS다. 〈쩔어〉의 그 폭발적 안무로 글로벌 팬들에게 눈도장을 찍은 이들은 〈아이 니드 유〉, 〈런〉, 〈불타오르네〉, 〈피 땀 눈물〉, 〈낫 투데이〉 등 강렬한 퍼포먼스의 곡들을 잇달아 발표하며 'K-팝 퍼포먼스 최강자'로서의 자리를 굳혔다. 이전의 많은 팀들이 연달아 '센' 안무의 곡들보다는 중독성 있는 멜로디와 쉬운 동작의 포인트 안무로 임팩트를 줬다면 이들은 시종일관 강렬한 퍼포먼스로 글로벌 팬들의 눈을 사로잡았다.

'집단 지성의 힘'
혁신적인 '송 캠프'

송 캠프 Song Camp.

여러 작곡가들이 각각의 공간에 헤쳐모여 신곡을 창작하는 행위 혹은 그 행위가 일어나는 현장이다. 이 송 캠프의 원류가 K-팝은 아니지만 이를 가장 효과적으로 잘 활용하고 있는 지역 혹은 음악 장르는 다름 아닌 K-팝이다.

이 송 캠프 개념을 국내에 처음 소개한 것은 아이돌의 역사를 열어젖힌 K-팝 왕국 SM엔터테인먼트(이하 SM)다. SM이 K-팝에 끼친 영향력은 이 책 한 권을 다 할애해도 모자랄 정도로 방대하다.

송 캠프 역시 SM의 대표적인 산물이다. SM 송 캠프의 출발은 잘 알려진 대로 1999년 S.E.S의 〈드림스 컴 트루Dreams Come True〉다. 이전까지 SM은 소속 뮤지션이자 작곡가였던 유영진을 필두로 한 국내 음악인들의 곡을 주로 받아 발표했는데 핀란드 출신의 작곡가 리스토의 곡인 〈드림스 컴 트루〉를 시작으로 해외 작곡가들의 곡을 적극 활용하게 되었다.

1990년대 후반은 SM을 중심으로 아이돌 그룹들이 쏟아져 나온 시기였고 이들의 음악은 기존 가요들과는 차별화된 구성을 필요로 했기에 국내 작곡가들의 곡만으로는 한계가 있었다. 이에 SM은 스웨덴, 핀란드 등 송 캠프 방식이 일반화되어 있던 해외 곳곳을 다니며 적합한 곡들을 수집했고 이러한 SM의 시도가 알려지며 거꾸로 SM에 데모곡을 보내는 해외 창작자들도 늘어났다.

이렇게 해외 송 캠프를 찾아다니거나 혹은 해외 작곡가들의 데모곡 속에서 '진주'를 발견하곤 했던 SM은 2000년대 후반부터는 직접 송 캠프를 개최하기도 했다. 실제 2014년에 열린 SM 송 캠프에는 100명이 넘는 국내외 작곡가가 참여해 성황을 이루기도 했다.

송 캠프가 열리면 보통 한 공간(작업실)에 2~3명의 창작자들이 배정되어 '따로 또 같이' 작업을 하게 된다. 이들은 한 팀이 되어 유기적 소통과 협업 속에 곡을 만든다. 우연히 혹은 쥐어짜듯 떠오른 영감을 붙들고 치열하게 몰입하는 처절하리만치 고독한 작업은 점점 옛말이 되어가고 있다. 단 한 마디, 한 음절이라도 수정을 허용치 않는 예술가의 고집도 옛말이다. K-팝의 작법은 이처럼 여러 사람들이 모여서 혹은 모이지 않고 따로 작업하더라도 서로 작업 파일을 공유하며 끊임없는 첨삭과 수정을 거쳐 이루어지는 것이다. 여기에 A&R^{Artists and repertoire}부서의 평가와 의견, 더 나아가 회사 수뇌부의 최종 컨펌^{confirm} 과정까지, 처음 만들어진 곡은 '원곡'이라는 개념이 희미해질 만큼 겹겹의 작업과정을 통해 아예 다른 곡으로 변모하기도 한다.

이 같은 작업과정은 송 캠프 도입 초기에 국내 대중음악 관계자들과 팬들에게 낯설게 다가왔다. 국내에 소개된 초기 송 캠프의 모습은 보통 2~3일간 2~3명의 작업자들이 한 팀이 되어 한 공간에서 집중 작업을 통해 결과물을 만들어내는 형식이었다. 이제는 너무도 일반화된 작법들이 당시엔 생경하게 인식될 수밖에 없었고 그만큼 적잖은 충격으로 디기오기도 했다.

특히 SM 송 캠프는 이벤트성 행사였기에 이렇게 한정된 시공간 속에서 이뤄질 수밖에 없었는데 이를 통해 송 캠프의 특성을 획일적으로 인식하거나 선입견을 갖는 것은 적절하지 않다. 2~3일의 이벤트성 송 캠프라 해도 여기에 참여하는 창작자들이 이 한정된 시간에 뚝

딱 음악을 만드는 것은 아니고 이미 상당한 수준의 완성도를 갖춘 작업물 A를 타 창작자와의 적극적 소통과 협업을 통해 AA+ 혹은 AB를 만드는 과정이기 때문이다.

K-팝이 글로벌한 인기를 누리면서 국내 기획사엔 다양한 해외 창작자들의 데모곡들이 밀려온다. 실제 한국의 음악 평론가나 음악 관계자들에게 DM Direct Message을 보내는 창작자들도 적지 않다. 이들은 어떻게든 자신의 곡이 한국 기획사에 채택되어 K-팝 아티스트들과 작업하게 되는 그날을 기다리고 꿈꾸는 것이다.

'세계관'이
뭐길래?

"세계관? 이건 게임 캐릭터에나 부여되는 가상의 현실 아냐?"

세계관의 일반적인 의미는 세계를 바라보는, 세계를 인식하는 관점이다. 다분히 형이상학적이고 거창한 뉘앙스를 풍기는 이 용어는 위의 질문처럼 특히 게임업계에서 활발히 쓰인다. '서사', '배경이 되는 스토리'로 해석하면 좀 더 쉽게 이해할 수 있을 것이다.

대다수 아이돌 그룹들은 거의 예외 없이 이 세계관을 보유하고 있다. 그 세계의 규모가 방대하든 그렇지 않든. 누구에게나 각자의 소우주가 있듯이 각각의 아이돌에겐 고유의 세계관이 존재한다. 이는 '퍼포먼스'나 '관계성'만큼이나 아이돌에겐 필수불가결한 요소다.

물론 아이돌, K-팝의 열혈 팬들 중에서도 세계관에까지는 관심을 기울이지 않는 이들도 있다. 이것까지 받아들이기엔 소위 '항마력'이 떨어지기도 하고 태생적으로 가상 세계에 흥미가 생기지 않는 지극히 현실적(?)인 팬들도 있기 마련이다.

그렇다고 아이돌의 세계관이 만만한 것은 아니다. 아이돌 세계의 프런티어이자 표준을 만들었던 SM은 이 분야에 있어서도 개척자다. SMCU SM Culture Universe는 SM 세계관의 바탕이자 정점이다.

아이돌 세계관의 출발로는 흔히 '엑소EXO'가 꼽히지만, 심지어 1세대 아이돌인 H.O.T.와 2세대 동방신기 역시 SM 출신답게 '세계관'이라는 거창한 용어에 적합한 수준은 아닐지라도 나름의 독특한 콘셉트를 구축하고 있었다. H.O.T.는 각각의 멤버별로 고유의 숫자와 컬러를 부여했고, 동방신기는 각 멤버 이름 앞에 두 글자의 예명을 추가해 그룹 이름과 유사한 형태의 사자조어를 만들었다. 이전에 찾아보기 어려운 시도였다.

그리고 그 초기 단계의 세계관이 정교화된 것이 '엑소플래닛Exoplanet'이다. 엑소플래닛은 '태양계 외 행성'을 뜻하며 엑소 멤버들은 바로 이 외계 행성의 '생명의 나무'에서 탄생한 초능력 소년들이다. 생명의 나무는 둘로 갈라져 EXO-K와 EXO-M으로 나뉘게 되었으며 두 팀은 전혀 다른 평행 세계에 존재해 서로 만날 수 없다. 이들은 일식이나 월식에만 만날 수 있으며 두 그룹이 하나가 될 때 비로소 EXO가 완성된다.

아이돌 세계관을 완성시킨 결정판은 다름 아닌 'BU BTS Universe'다.

BU는 따로 '공부'가 필요할 만큼 그 내용도 방대하고 참고할 만한 자료도 많다. 놀라운 것은 데뷔부터 지금까지 BTS의 음악들이 하나의 서사, 일관된 세계관으로 연결되어 있다는 것이다.

BU의 시작은 2017년 8월, SNS에 게재된 멤버 진의 셀카와 '스메랄도Smeraldo'라는 단어의 등장으로 본격화되었다. 이후 가상의 꽃 '스메랄도' 블로그가 만들어지고 몇 개의 포스팅이 업로드되었다. 이 스메랄도의 서사는 이후 〈페이크 러브〉 뮤직비디오와 〈전하지 못한 진심〉의 가사에 담기기도 했다. '전하지 못한 진심'은 바로 스메랄도의 꽃말이기도 하다. BTS는《Love Yourself》음반 시리즈에 얇은 책자로 된 〈더 노트〉를 동봉해 세계관의 서사를 공개했는데 이후 〈화양연화 더 노트〉는 2권의 단행본으로 발행되기도 했다.

BU는 BTS의 음악과 뮤직비디오에 다양한 은유와 상징으로 녹아들어가 있고 이를 찾아 해석하고 연결하는 것은 아미들의 행복한 숙제이자 놀이가 됐다. BU의 서사들은 〈세이브 미Save me Pt.0〉라는 웹툰으로, 노래 제목을 딴 그림책으로, 'BTS 월드'라는 게임으로 출시되며 끊임없이 확장되고 있다.

다양한 콘텐츠로 확장, 확산되는 'BTS 유니버스'에 이어 메타버스Metaverse, 3차원 가상공간와 연결된 4세대 아이돌들의 세계관도 시사하는 바가 크다. 2021년 최고의 신인으로 떠오른 SM의 미래 '에스파'는 아예 멤버 4명과 가상의 아바타 멤버 4명이 함께 존재할 정도다. 또한 루나버스LOONAverse로 불리는 '이달의 소녀'의 세계관은 각 멤버별로 상징 컬러와 동물, 과일들이 따로 존재할 정도로 복잡하고 정교해 '학술논문급'이라는 평가가 나올 정도다.

메시지, 진심, 진정성이라는 것

'메시지'라 쓰고 사회비판, 반항이라고 읽는다. 대한민국 아이돌 그룹의 거의 모든 데뷔곡 가사는 모순된 현 상황에 대한 반항, 사회비판적 내용을 담고 있다. 이는 K-팝의 원류로 꼽혔던 서태지와 아이들의 파급효과, 그 엄청난 영향력에 대한 학습효과 때문이기도 하다. 이들의 〈교실 이데아〉, 〈컴백홈〉, 〈시대유감〉 등은 사회적으로도 엄청난 반향을 일으켰고 서태지는 지금도 '1990년대 문화 대통령'으로 회자된다.

1세대 아이돌 H.O.T.와 젝스키스는 각각 〈전사의 후예〉, 〈학원별곡〉으로 데뷔했고 2,3세대 아이돌들 역시 데뷔곡이 아니더라도 등장 초기에 이 같은 사회비판 가사를 필수적으로 선보였다. K-팝의 대표 주자 방탄소년단은 아예 그룹명에서부터 '10대들에 대한 편견과 억압을 마치 총알을 튕겨내는 방탄처럼 막아 내겠다.'고 못 박았으니 살벌하고 척박한 학원 현실이나 어른들의 억압(?)을 가사에 담는 건 자연스러운 수순이었다.

사회 비판 가사의 표본으로 후대 아이돌 그룹들에게 영향을 미친 서태지와 아이들의 〈교실 이데아〉는 가수가 자신의 메인 팬덤 연령대

(당시 10대가 처음으로 대중문화의 주요 주체자-소비자로 떠올랐다.)에 눈높이를 맞춰 그들이 처한 척박한 상황과 고민을 담은 첫 사례다. 이후 H.O.T. 〈전사의 후예〉, 젝스키스 〈학원별곡〉 같은 곡을 거쳐 이를 본격화한 것은 BTS의 학원 3부작이다.

1~2기 아이돌 시대에는 메시지라는 것이 주로 사회비판, 억압에 대한 반항 등으로 오히려 클리셰화 되는 경향이 자주 눈에 띄었다. '비판을 위한 비판', '강렬한 첫인상 전략', '센 콘셉트를 위한 반항 이미지 차용' 등으로 오히려 몰개성, 천편일률로 보이는 경우도 꽤 있었다.

이 메시지의 진화는 K-팝의 글로벌화에 엄청난 역할을 수행한 BTS에 의해 주도적으로 이루어졌다. 이들은 초기 '학원 3부작'에서 굉장히 강렬하고 과격한 언어로 자신들의 메시지를 전달했다. 이어 '화양연화' 시리즈에서는 치열한 10대를 지나 찬란하지만 고단한 20대를 맞은 이들의 삶과 고뇌, 방황과 환희를 예민하게 포착해 섬세하게 그려냈다.

'멤버들이 직접 작사·작곡에 참여' 혹은 '자신들의 이야기, 목소리를 직접 가사에 담는…'이라는 설명은 기시감이 들 정도다. '셀프-프로듀싱 아이돌'은 2세대 아이돌인 빅뱅의 지드래곤 G-Dragon부터 본격화된 아이돌 그룹의 차별된 마케팅 포인트이기도 했다. 지드래곤의 경우 그룹 리더이자 타이틀곡의 작사·작곡가, 메인 프로듀서로까지 활동했기에 확실한 임팩트를 제공했지만 이후 수많은 '셀프-프로듀싱 아이돌'은 그만큼의 각광을 받지 못했다. 초기의 화제성이 사라졌기 때문에 이제 아이돌의 작사-작곡, 셀프 프로듀싱은 그 자체보다는 그 결과물이 과연 어떠한가에 초점이 맞춰진 지 오래다.

자신들의 이야기를 직접 쓴다는 것 자체만으로도 충분히 의미는 있다. 그러나 핵심은 그 이야기, 목소리에 얼마나 많은 사람들이 귀 기울이고 공감하느냐는 것이다. BTS의 작법이 대단히 새로운 방식은 아닐 수 있고, 심지어 '러브 유어셀프 Love Yourself'라는 타이틀에 '그렇게 특별한 이야기는 아닌 것 같은데?'라고 느낄 수도 있지만 신기한 건 '그 새로울 것 없는 작법과 메시지'가 "어, 뭔가 다른데?" 혹은 "완전 내 얘기네" 같은 공감을 불러일으켰다는 것이다.

이전 가사들은 대체로 사랑과 이별, 특히 막 연애를 시작했을 때의 설렘이나 이별 후 실연의 아픔 등이 주류를 이뤘다. 물론 시대적 울분이나 고뇌가 더해진 시절도 있었다. 그런데 BTS는 요즘 10대 후반 ~20대 초반의 불안정감, 흔들림, 벅참과 상실감 등의 현실을 고스란히 가사에 담아 이들 세대의 무거운 마음을 다독여준다. 대한민국을 벗어난 글로벌 아티스트가 된 이후에는 출구가 보이지 않는 어두운 긴 터널 같기만 한 팬데믹을 버티고 견디는 세계인들까지 위로하는 '큰 존재'가 된 그들이다.

아이돌의 가사와 메시지는 BTS 이전과 이후로 나뉠 수 있을 만큼 BTS의 영향력은 지대하다. 만약 그 이전 발표된 노래 기사 몇 곡을 무작위로 뽑아 BTS의 가사와 비교해 본다면 그 '다른' 공기와 분위기가 바로 감지될 수 있을 것이다. 각도 0.1도만 움직여도 방향은 완전히 달라진다. '작은 다름'이 '큰 차이'를 만든다.

○○ 없이
아이돌 없다

아이돌 음반 판매량 인플레이션. 이 몇 마디에 아이돌 산업의 현주소가 함축되어 있다. 음원을 담은 매체로서의 음반의 기능은 더 이상 원활히 작동하지 않는다. 특히 아이돌 그룹의 음반이라면 더더욱 그렇다. 음원을 듣는 건 온라인 음원 사이트 스트리밍으로 충분하다. 오히려 시디CD, Compact Disc로 음악을 들으려면 플레이어가 있어야 하는데 요즘 시대에 이를 갖춘 음악팬은 많지 않다. 플레이어가 있다 하더라도 음원 사이트를 이용하는 편이 훨씬 편리하다.

그렇다면 오늘날 음반의 기능은 무엇일까? 아이돌 그룹 음반의 기능은 주로 '굿즈Goods'(사전적 의미는 상품, 물품을 뜻하지만 주로 음반, 브로마이드, 포토카드, 각종 캐릭터 제품 등 연예인 관련 상품을 뜻한다.)로서의 효용성이다. 혹은 팬덤에서 '내 아이돌' 성공의 바로미터, 눈금을 올리는 도구로서 활용하는 '내 아이돌의 자존심과 지속가능성을 높여주는 구매활동의 대상'으로 작동할 수도 있다.

여기서 연역적 주장 한 줄. '○○ 없이 아이돌 없다'의 ○○은 다름 아닌 팬덤이다. 아이돌이 아니더라도 엔터테이너는 기본적으로 팬이 없다면 '먹고사니즘' 면에서 지속가능성이 낮아지지만 소위 '대중적 인지도', '대중성'이 있다면 직접적으로 팬덤에 생계를 의존하지 않을 수도 있을 것이다.

아이돌도 2기까지는 '대중형' vs '팬덤형' 혹은 드물게 '융합형'(대표적으로 빅뱅) 등의 구분이 가능했다. 그러나 그 이후엔 오롯이 '팬덤형'만이 존재하기 때문에 '좋든 싫든' 모든 것을 팬덤에 기댈 수밖에 없다. 그리고 이 선택지에 '싫든'은 사실상 존재하지 않는 시대가 됐다.

"충성도 높은 팬 5,000명만 있어도 팀을 유지할 수 있다."는 말이 공공연히 떠돌 만큼 아이돌의 지속가능성에서 팬덤의 존재, 이들의 충성도 여부는 결정적Critical 요소이다. K-팝(아이돌) 산업 규모는 대략 6조 원 수준이다. 여기에는 음반/음원 판매, 공연 매출, 기타 수입(저작권 및 초상권, 각종 광고 수입 등) 등이 다 포함된다. 한국국제문화교류진흥원의 2020년 통계에 따르면, 국내 아이돌의 MD Merchandise 산업 규모는 2018년에 이미 1조 원을 돌파했다. 여기서 MD라 하면 쉽게 '굿즈'라고 표현할 수 있다.

공식 산업 규모나 통계에 포함되지 않은 소위 지하경제(?)도 있다. 당장 각종 팬덤 활동이 활발히 이뤄지고 있는 트위터를 잠깐만 들여다봐도 이 규모가 상당할 것이라는 예상을 쉽게 할 수 있다.

아이돌의 굿즈는 소속사에서 직·간접적으로 제작하는 '공식'제품이 있고 이와 대비되는 '비공식' 제품이 있다. 속칭 '대포여신'이 찍은 사진, 영상들과 2차 가공물들, 비공식 포토나 '직찍'을 활용해 만들어진 각종 제품들이 비공식 굿즈에 해당될 것이다. 이는 아티스트와 소속사의 허락을 취득하지 않은 제품들인 셈이다.

그럼에도 불구하고 각 아이돌별 팬들이 찍은 사진 및 영상과 이를 활용한 2차 가공물 등은 트위터를 통해 활발히 거래된다. 일부 팬들은 공식 굿즈의 대표 상품과도 같은 '시즌즈 그리팅스'(일명 '시그', 주로 연말연시에 판매되는 해당 아이돌 굿즈의 종합선물세트 형태의 제품) 굿즈도 제작해 판매한다.

비공식 굿즈는 철저히 개인 대 개인 사이에 현금으로 거래되기 때문에 판매액이 공식적인 수치로 잡히지 않고 거래 특성상 그 규모를 추산하기도 어렵다.

그래도 팬들 사이에 이뤄지는 거래(?)는 소속사 입장에선 대놓고 장려하진 못해도 고소까지 하진 않을 정도로, 알면서도 넓은 의미의 홍보라 여기며 눈감아주는 경우가 많다. 그러나 초상권을 위반하며 품질도 담보하지 않은 채 무분별하게 불법 굿즈를 제작해 이윤을 챙기는 업자들의 경우 소속사 입장에선 어떻게든 근절시키고자 노력하지만 사실상 불가능에 가깝다. 당장 명동, 인사동만 나가봐도 관광객 대상 기념품 숍 한켠에 K-팝 스타들은 말할 것도 없고, '한류배우'와 트로트 스타들의 포토카드와 브로마이드, 굿즈 등을 쉽게 발견할 수 있다.

20년 아이돌 산업의 결정체 BTS

외교의
황금 열쇠

BTS 보유국.

K-팝의 위상과 파급효과를 언급할 때 이보다 간명한 표현이 또 있을까? 그렇다. 대한민국은 'BTS 보유국'이다.

BTS의 성공 서사, 전 세계적 영향력은 이제 더 이상 센세이셔널한 이야깃거리가 아닐 수 있다. '언감생심', 우리 세대에 이룰 수 있을까 싶었던 '빌보드 핫 100 1위'도 으레 BTS 앞에 붙는 수식어처럼 되었다. 더 이상 엄청나게 새로울 것 없는 '당연지사'. 그러나 조금만 더 생각을 해본다면 이는 여전히 놀랍고 대단한 일이다. 당연한 성취가 아니다.

2020년 〈다이너마이트 Dynamite〉로 빌보드 핫 100 첫 핫샷 1위 이후 〈라이프 고즈 온 Life Goes On〉으로 첫 한국어 가사곡 핫 100 1위, 그리고 2021년 여름을 강타한 〈버터 Butter〉의 핫 100 7주 연속 1위, 여기에 BTS가 BTS를 밀어낸 〈퍼미션 투 댄스 Permission to Dance〉의 1위 자리바꿈과 〈버터〉의 1위 재탈환, 〈버터〉의 통산 10주 1위 위엄, 그리고 2주 연속 자신들의 또 다른 노래로 1위를 갈아치운 세계 최초의 그룹이다.

이 엄청난 기록의 향연 속에서 BTS는 그들의 영향력이 얼마나 대단한지, 특히 'BTS 보유국'이 외교적으로 어떤 영향을 미칠 수 있는지 보여줬다.

BTS는 2021년 9월 20일 미국 뉴욕에서 열린 제76차 유엔총회에 참석했다. '지속가능발전목표 SDG 모멘트' 개회 세션에서 연설과 함께 퍼포먼스를 보여줬다.

이들이 유엔총회에 참여해 연설을 한 건 이번이 세 번째였다. 첫 번째는 2018년 9월 24일 뉴욕 유엔본부 신탁통치이사회 회의장에서 열린 유니세프 UNICEF, 유엔아동기금 청년 어젠다 '제너레이션 언리미티드 Generation unlimited' 행사에서였다. 안토니우 구테흐스 유엔 사무총장이 이끄는 '청년 Youth 2030' 프로그램 중 교육 부문 파트너십을 홍보하기 위한 자리로 BTS는 청년세대를 대표해 약 7분간의 감동적인 스피치를 들려줬다. 그리고 두 번째는 2020년 제75차 유엔총회였으나 코로나19의 영향으로 국내에서 촬영해 온라인으로 진행되었다. 그러나 세 번째엔 대통령 특별사절 자격으로 당시 문재인 대통령과 함께 다시 뉴욕으로 날아가 유엔총회에 직접 참석했다.

이 세 번의 유엔 연설은 여러 흥미로운 포인트를 가지고 있는데 그 중에서도 메시지를 전달한 언어 면에서 눈길을 끈다. 2018년 첫 연설에서는 뛰어난 영어실력으로 해외 무대에서 스피치를 전담해온 리더 RM이 약 7분간 영어로 연설했다. 2020년 두 번째 온라인 연설에서는 여섯 멤버들은 한국어로, 리더 RM은 영어로 이야기했다. 그리고 세 번째 유엔 연설은 일곱 멤버들이 돌아가면서 한국어로 메시지를 전했다.

코로나로 잃은 것들을 애도하는 '너와 나의 목소리'

7분의 감동.

2018년, 사실 잘 기억이 나지 않는 코로나19 이전의 시대. 혹시라도 RM의 유창한 영어가 단번에 이해되지 않아 번역문을 찾아 읽었더라도, '러브 마이셀프Love Myself'라는 문구만으로도 울림이 있는 메시지였다. '유엔 유니세프와 함께 하는 러브 마이셀프 캠페인.' 솔직히 제목만으로는 그리 인상적이지 않았다. 아래와 같은 RM의 이야기를 듣기 전까지는.

"(…)저는 나 자신의 목소리를 내는 것을 멈췄고, 다른 사람들의 목소리를 듣기 시작했습니다. 누구도 제 이름을 불러주지 않았고, 저조차도 제 이름을 부르지 않았습니다. 제 심장은 멈췄고, 제 눈은 감겼습니다. 이런 것들이 우리와 다른 사람들에게 일어나고 있습니다. 우리는 유령이 됐습니다. 이때 음악이 작은 소리로 '일어나서 너 자신의 목소리를 들어.'라고 이야기했습니다. 하지만 음악이 저의 진짜 이름을 부르는 소릴 듣기까지 꽤 오랜 시간이 걸렸습니다."

"어제 저는 실수를 했을지도 모릅니다. 하지만 어제의 저도 여전히 저입니다. 오늘의 저는 과거의 실수들이 모여서 만들어졌습니다. 내일, 저는 지금보다 조금 더 현명할지도 모릅니다. 이 또한 저입니다. 그 실수들은 제가 누구인지를 얘기해 주며, 제 인생의 우주를 가장 밝게 빛내는 별자리입니다. 내가 누구인지, 내가 누구였는지, 내가 누구이고 싶은지를 모두 포함해 나를 사랑하세요."

"여러분의 이름은 무엇인가요? 여러분의 심장을 뛰게 하는 것은 무엇인가요? 여러분의 이야기를 들려주세요. 여러분의 목소리와 신념을 듣고 싶습니다."

"많은 사람처럼 저는 제 인생에서 수많은 실수를 저질렀습니다. 저는 많은 단점을 가지고 있고, 더 많은 두려움도 가지고 있습니다. 하지만 저는 제가 할 수 있는 만큼 저 자신을 북돋고 있습니다. 조금씩 더 스스로를 사랑하고 있습니다. 여러분의 이름은 무엇인가요? 스스로에게 이야기하세요."

그리고 팬데믹의 한복판에 있었던 2020년 가을, BTS의 두 번째 유엔 연설의 메시지는 간명하고도 강렬했다. "삶은 계속될 것입니다. 우리 같이 살아냅시다!"

모든 게 무너진 것만 같은 절망적인 상황에서, 상상하는 것조차 힘들어지고 불확실하며 어둡고 괴롭고 힘든 상황 속에서 그들은 조금씩 스스로의 얼굴을 잊지 않고 마주하면서 필사적으로 자신을 사랑하고 미래를 상상하기 위해 노력하자고 이야기했다.

그리고 '위드 코로나 시대'에 직면한 2021년 가을, '잃어버린 것'이 아닌 '다시 만날 것'에 대한 메시지를 전했다. 이때 BTS는 '그동안 당연하다고 여겼던 순간순간의 소중함', '기후변화의 문제', '멈출 줄 알았는데 조금씩 앞으로 나아가고 있는 새롭게 시작되는 세상'에 대해 말하며 모두에게 인사를 전했다. "웰컴!"

유엔 '데뷔' 연설은 7명의 생각과 이야기를 담아 RM이 홀로 영어로 말했다. 뉴욕에서 열린 유엔총회이므로 해외 언론과의 영어 인터뷰를 전담하는 RM의 연설이 당연하게 보였다.

한국에서 촬영한 온라인 영상으로 공개된 두 번째 유엔 연설은 한층 자연스러운 분위기 속에서 일곱 멤버가 돌아가면서 팬데믹 세상 속 희망을 이야기했다. 프롤로그와 에필로그를 담당한 RM만 영어로, 다른 여섯 멤버들은 한국어로 세계인들에게 위로를 전했다.

그리고 세 번째 유엔총회 연설, 이번엔 일곱 멤버 모두 한국어였다.

"국제기구가 만들어지고 나서 대한민국 아티스트가 전 세계 청년을 대표해 연설을 한 건 처음이다. 유엔의 그 어떤 행사보다 많은 세계인들이 지켜봤다. (문 대통령에 이어 BTS까지) 유엔총회장에서 우리말이 계속 나오니까 이게 현실인가 싶었고 믿기지 않았다.(⋯) 그렇게 연설이 끝나고 유엔 측의 인터뷰 요청으로 사무총장이 직접 인터뷰어가 되는 진풍경이 연출됐다."

탁현민 당시 청와대 의전비서관이 한 인터넷 방송에 출연해 밝힌 내용이다. 그의 표현대로라면 특히 유엔총회 같은 큰 외교행사에서 대한민국이 이전에 비해 눈에 띄게 관심을 받을 수 있었던 데에는 BTS의 역할이 컸다. 유엔 사무총장과의 인터뷰에는 사무총장과 문재인 대통령, 그리고 BTS만 참석할 예정이었으나 막상 인터뷰 현장엔 유명 해외 정상이 구경을 왔을 정도였다고 한다.

메트로폴리탄 미술관 방문도 화제였다. 유엔총회 방문에 맞춰 한국 전시관에 미술작품 기증, 융숭한 응대와 루프가든 행사까지, 그 원활한 전개를 가능케 한 외교의 '만능열쇠'는 이번에도 BTS였다.

빌보드 기록이
말해주지 않는 것들

팬데믹 시대, BTS 음악의 힘은 더욱 강해졌다. 코로나19가 본격적으로 불어닥치기 전 BTS는 이미 2018년부터 앨범을 낼 때마다 빌보드 앨범 차트인 빌보드 200에서 1위를 차지했다. 문제(?)는 싱글 차트인 빌보드 핫 100 이었다.

판매량으로 좌우되는 앨범 차트는 BTS 외에 다른 K-팝 아이돌 그룹들도 마케팅 전략이나 팬덤의 힘으로 상대적으로 수월하게 공략할 수 있는 차트였다. 그러나 흔히 '대중성의 지표'로 인식되는 싱글 차트는 팬덤이나 전략만으로는 한계가 있었다. 물론 팬덤의 '총공'을 통해 음원 스트리밍과 다운로드 실적을 올릴 수는 있지만 순위 산정에 비중이 큰 각 지역 방송국의 방송횟수 점수를 획득하는 것은 흡사 '계란으로 바위 치기' 혹은 '맨땅에 헤딩하기'에 비견될 만한 일이었다.

그도 그럴 것이 아무리 글로벌한 팬덤 '아미'라 할지라도 미국 각 지역에 분포되어 있는 크고 작은 수많은 방송국의 플레이리스트에 BTS의 신곡을 포함시킬 수 있는 영향력까지 발휘하는 것은 무리였기 때문이다. 전통적으로 '드넓은 아메리카 대륙을 달리는 운전자들이 차 안에서 주로 듣는 라디오 방송에서 흘러나오는 음악'이라는 이미지가 강했던 라디오 플레이리스트는 그만큼 보수적인 색채가 강해 새로운 트렌드의 음악, 더군다나 영어가 아닌 타 언어 가사의 곡이 그 장벽을 넘기엔 '그들만의 리그'이자 철옹성이었다.

2017년 빌보드뮤직어워드 '톱 소셜 아티스트' 수상을 기점으로 '세계에서 가장 인기 있는 보이밴드The Biggest Boy Band in the World'로 부상한 BTS는 거대 팬덤 '아미'의 전폭적인 지원에 따라 명실상부한 '21세기의 비틀스'로서 새로운 역사를 써나갔다. 그 화룡점정으로 여겨졌던 게 바로 빌보드 핫 100 1위 그리고 그래미 어워드 수상이다.

결과적으로 빌보드 싱글 차트 1위 등극은 앨범 차트 1위 후 약 2년을 더 기다려야 했지만 '놀라운 현실'로 다가왔고 이는 또 다른 신기록 역사의 시작이었다. 2017년 〈DNA〉-67위로 시작된 빌보드 핫 100 랭크의 역사는, 〈마이크 드롭〉-28위, 〈아이돌〉-11위, 〈페이크 러브〉

-10위, 〈작은 것들을 위한 시〉-8위, 〈온〉-4위 등으로 점점 진입 순위를 높이더니 2020년 9월 영어 가사 곡인 〈다이너마이트〉로 마침내 한국 가수 최초로 빌보드 핫 100 1위에 올랐다.

차트 정상 등극에 발목을 잡았던 철옹성 같던 라디오 방송 횟수는 〈다이너마이트〉라는 매력적인 영어 곡과 거대 팬덤 '아미'의 지속적인 지역 방송국 공략으로 마침내 뚫렸다. 마치 한국 팬덤이 라디오 프로그램에 집중 신청 사연을 보내는 것처럼 미국 각지의 아미들은 자신의 지역 방송국에 꾸준하고 줄기차게 BTS 신곡을 신청했고 이에 응답해 곡을 소개한 DJ들에게 보답 선물을 보내는 등의 특별한 노력을 기울였다.

결국 미국 내 160여 개 라디오 방송국 방송횟수를 토대로 집계되는 '팝 송스 차트'에서 〈다이너마이트〉는 역대 최고 순위인 20위를 기록했고 에어플레이 횟수가 1,160만에 달했다. 〈다이너마이트〉는 발매일을 포함한 3일간의 라디오 방송 횟수로 빌보드 에어플레이 차트 30위에 진입했다. 음원 스트리밍·다운로드 횟수, 유튜브 조회수 등에선 이미 타의 추종을 불허하던 그들이었기에 라디오 방송 횟수의 선전에 힘입어 최초의 빌보드 핫 100 1위에 오른 것이다.

〈다이너마이트〉는 새장을 여는 시작이었다. 두 달 후인 11월엔 앨범 《BE》와 타이틀곡 〈라이프 고즈 온〉이 빌보드 200과 핫 100 차트 1위를 동시에 석권했다. 〈라이프 고즈 온〉은 한국어 곡 최초로 빌보드 싱글 차트 정상에 오른 곡이 됐다.

팬데믹이 해를 넘긴 2021년에는 더 놀라운 기록의 행진이 기다리고 있었다. 6월 영어 싱글 〈버터〉가 빌보드 핫 100 1위로 진입했다. 벌써 세 번째 1위 곡, 세 번째 핫샷 데뷔곡(발매 첫 주 1위 진입곡)이었다.

〈버터〉는 7주 연속 1위, 총 10주 1위라는 대기록을 세웠다. 8주 차에 BTS의 또 다른 영어 싱글 〈퍼미션 투 댄스〉가 〈버터〉를 밀어내고 1주간 1위에 올랐다가 다시 〈버터〉가 정상을 탈환하는 이색 기록도 세웠다. 핫샷 데뷔곡이 7주 연속 1위를 한 것은 역사상 여덟 번째이며, 한 가수의 두 곡이 연달아 1위를 차지한 것은 비틀스 이후 다섯 번째 기록이다.

〈다이너마이트〉, 〈라이프 고즈 온〉, 〈버터〉, 〈퍼미션 투 댄스〉 등 '핫샷 데뷔' 4곡은 차트 1위 이상의 의미를 지닌다. '팬데믹 감성백신', '코로나 블루 극복 행복 다이너마이트'. 처음 〈다이너마이트〉가 발표되었을 때 SNS와 기사에서 눈에 띈 구절이다.

한국 가수 최초의 빌보드 핫 100 1위 곡이라는 역사를 새로 쓴 〈다이너마이트〉는 코로나19가 전 세계적으로 확산된 그 시점에 세상에 나왔다. 경쾌한 디스코 리듬에 다양한 일상을 즐기는 BTS 멤버들의 모습, 그리고 희망적인 메시지. 4분이 채 되지 않은 시간이지만 이 곡의 뮤직비디오를 보고 음악을 즐기면 팬데믹의 시름을 잠시 떨치고 새로운 에너지를 얻게 된다. 이는 '이미' 한정 백신이 아니다. 이는 세대나 부담 없이 즐길 수 있는 디스코라는 장르, 그리고 BTS의 안무 속에서 발견되는 팝·로큰롤의 황제 마이클 잭슨과 엘비스 프레슬리의 시그니처 포즈까지, 〈다이너마이트〉의 뮤직비디오를 보고 있노라면 저절로 입가에 엷은 미소가 지어지며 흥겨운 리듬에 조금씩 어깨가 들썩여진다.

〈다이너마이트〉가 유쾌·상쾌·통쾌 '깜짝' 에너지 드링크 같았다면 〈라이프 고즈 온〉은 어깨를 토닥이고 마음을 다독여주는 말 그대로의 힐링송이다. 이 곡의 가사에서 BTS는 '끝이 보이지 않아' 답답하고 '출구가 있긴 할까' 절망하면서 '발이 떼지질 않는' 상황에서 '오늘과 내일을 또 함께 이어 보자'고, '빛은 또 떠오르니깐', '어둠에 숨지 말 자'고 손을 내밀며 세계인들에게 큰 위로를 선사했다.

'팬데믹 감성 백신'의 마지막 한 방과도 같은 〈퍼미션 투 댄스〉는 아예 드러내놓고 '코로나 극복송'이다. '걱정 따윈 필요 없어, 추락하더 라도 우린 어떻게 착륙하는지 알잖아. / 춤추는데 허락은 필요 없어. / 항상 방해물은 있지만 두려워하지 않는다면 어떻게 이겨내는지 알게 될 거야. 그 어떤 것도 우릴 막지 못해.'

뮤직비디오 안무에는 '즐겁다, 춤추다, 평화롭다'라는 뜻의 세 가지 국제수어도 등장해 눈길을 끌었다.

방탄소년단이 막아내고 어루만진 것은 10대들을 향한 편견과 억압, 또 이들이 20대가 되어서 겪는 갈등과 고민, 성장통 만이 아니었다. 그들은 전대미문 인류의 대재앙에 맞닥뜨려 고통을 겪는 세계인들의 코로나 블루를 잠시나마 잊게 해주었다.

평범한 '협업'은
없다

"BTS의 경력은 8년이지만 우리보다 많은 음악 활동을 통해 더 많은 앨범을 소유하고 있고 우리보다 훨씬 많은 경험을 했다. 그 누구보다 음악을 열심히 한다."

세계적인 록그룹 콜드플레이 Coldplay의 프론트맨 크리스 마틴 Chris Martin이 독일의 한 방송 인터뷰에서 한 말이다. 오랫동안 빌보드 차트와 인연이 없던 콜드플레이는 BTS와 협업한 〈마이 유니버스 My Universe〉로 빌보드 핫 100 1위에 올랐다. 〈비바 라 비다 Viva La Vida〉 이후 13년 만의 쾌거다.

위에 언급한 인터뷰 내용은 '25년 경력의 베테랑 그룹 콜드플레이가 상대적으로 음악 경력이 짧은 BTS와 협업한 이유'를 묻는 질문에 대한 답변이었다. 방송 현장에서 크리스 마틴은 이 질문을 한 앵커에게 "그런 당신의 경력은?"이라고 되묻기까지 했다.

크리스 마틴은 BTS에 대한 각별한 애정과 존경을 수시로 표현했다. 그는 방송에 출연해 〈마이 유니버스〉 한국어 가사 부분을 부르는가 하면, BTS 멤버들이 손글씨로 쓴 한국어 가사를 공연 무대 영상으로 쓰기도 했다. BTS 멤버들이 선물로 준 개량 한복을 자주 착용하며 한국 문화에 대한 관심도 드러냈다. 콜드플레이 25년 역사에서 가장 기억에 남는 순간을 BTS와의 협업이라고 얘기했을 정도다.

BTS는 타 가수와의 협업(컬래버레이션, 피처링)에서도 황금 열쇠의 위력을 유감없이 발휘했다.

2020년 10월 피처링에 참여한 제이슨 데룰로의 〈새비지 러브Savage Love〉 BTS 리믹스는 빌보드 핫 100 1위에 직행했다. 〈새비지 러브〉는 뉴질랜드 출신 프로듀서 조시 685가 만든 〈랙스드Laxed〉에 데룰로의 보컬이 더해진 곡으로 같은 해 6월에 발매되어 빌보드 핫 100 7위에 랭크되며 많은 사랑을 받았던 곡이다. 여기에 BTS의 피처링이 더해진 리믹스가 3개월 후에 발표되어 싱글 차트 정상에 오른 것이다. 빌보드의 경우 리믹스 버전의 실적을 별도로 산정하지 않고 기존 곡에 합산하여 집계하지만 이 주의 경우 BTS 리믹스 버전의 실적이 더 커서 빌보드 핫 100 1위 가수에 BTS 이름을 올리게 된 것이다.

당시 차트 2위가 BTS의 또 다른 곡 〈다이너마이트〉였기 때문에 BTS 곡이 1, 2위에 나란히 오르는 기염을 토하기도 했다. 빌보드에 따르면 핫 100 1, 2위를 동시에 차지한 그룹은 비틀스, 비지스 등 역대 다섯 팀에 불과하다.

2021년을 통틀어 가장 큰 사랑을 받은 빌보드 핫 100 연간 최장(10주) 1위 곡 〈버터〉의 리믹스 버전에 참여한 미국의 유명 가수 메건 디스탤리언Megan Thee Stallion의 사례도 흥미롭다. 그래미 어워드 '올해의 신인'에 빛나는 대세 래퍼 메건이 참여한 〈버터〉 리믹스는 그해 8월 발매가 실현될 때까지 우여곡절을 겪었다. 메건은 소속사가 'BTS와의 협업은 음악 경력에 도움이 되지 않는다'는 이유로 발매를 막으려고 한다며 텍사스주 법원에 긴급 구제를 신청했다. 당시 메건 측은 "글로벌 팬덤을 가진 BTS와의 협업이 해외 시장 진출에 도움이 될 것이며,

만일 리믹스곡이 예정 일시에 발매되지 않는다면 음악 경력에 심각한 손해를 입을 것이고, 이 곡을 기다린 팬들 그리고 다른 아티스트와의 관계에도 큰 영향을 미칠 것이다."라고 주장한 바 있다. 결국 법원이 메건의 손을 들어주며 〈버터〉 리믹스는 예정된 날짜에 발매될 수 있었다.

이 같은 소식을 접한 아미들은 #LetMeganReleaseHerMusic, #RELEASETHEREMIX 등의 해시태그를 트위터 실시간 트렌드에 올리며 메건을 응원했고 그녀도 팬의 트윗에 '좋아요'를 누르며 화답했다. 메건의 예상과 주장대로 〈버터〉 리믹스는 팬들의 지지를 받으며 빌보드 핫 100 정상 재탈환에 기여했다.

'대면'이 막히면
'비대면'으로 뚫어라

'2년 만에 열리는 BTS의 첫 오프라인 콘서트 암표 가격 2,000만 원 훌쩍!'

지구촌을 강타한 코로나19의 영향으로 2년여간 열리지 못했던 BTS의 오프라인 콘서트 〈BTS 퍼미션 투 댄스 온 스테이지 - LA〉가 2021년 11월 27~28일, 12월 1~2일 미국 LA 소파이 스타디움에서 열렸다. 앞서 한 리세일(재판매) 티켓 사이트에서는 첫날 공연의 'VIP 패키지 티켓-사운드 체크 패키지'가 수수료 포함 1만 8,323달러(약 2,160만

원)에 판매되고 있어 놀라움을 자아냈다. 이 콘서트 티켓의 원래 가격이 최소 75달러에서 최대 450달러라는 것을 고려하면 입이 다물어지지 않는 가격이다.

팬데믹 전 BTS의 마지막 오프라인 공연은 2019년 10월 26~27일, 29일 서울 올림픽주경기장에서 열린 〈2019 BTS 월드 투어 러브 유어셀프: 스피크 유어셀프 더 파이널WORLD TOUR LOVE YOURSELF: SPEAK YOURSELF THE FINAL〉이었다.

세계인의 일상을 송두리째 바꿔놓은 코로나19의 확산으로 공연업계도 치명적 타격을 입었다. 2020년에 계획되었던 〈맵 오브 더 소울 투어MAP OF THE SOUL TOUR〉는 아예 열리지 못했다. 2월 28일 서울 공연의 취소를 시작으로 예정된 북미 투어, 유럽 투어 등이 전부 취소됐다. 코로나19 진행 상황에 따라 그해 9월 오프라인 공연이 준비되기도 했지만 결국은 모두 열리지 못했다.

BTS는 코로나19 발생 전해인 2019년에 이미 유력 전문매체 '폴스타'가 발표한 순위에서 월드 투어 매출 6위에 오르며 세계적인 티켓 파워를 증명한 바 있다. 비즈니스 측면에서 이렇듯 세계적인 거대 팬덤 그룹이 2년간 공연을 하지 못한다는 것은 국가적으로도 손실이 될 정도이지만, 가수와 관객이 한자리에서 함께 소통하는 공연의 특성상, 특히 전 세계 곳곳에 거대한 규모의 아미가 존재하는 BTS에게도 세계 투어의 의미는 각별했다.

대규모 글로벌 투어 취소는 아티스트에게도 또 팬들에게도 굉장히 아쉬운 사건이었다. 그러나 인류의 대재앙이 가져온 불가항력적 사태를 BTS는 '온택트'로 돌파했다. 아직은 오프라인 콘서트 개최에 대한 일말의 희망이 있던 2020년 6월 14일 온라인 콘서트 〈방방콘: 더 라이브〉가 열렸다. 유료 콘서트였음에도 전 세계 107개국에서 75만 명이 동시 접속하는 기록을 달성했다. 전 세계 팬들은 각자의 공간에서 멀티캠 6개로 생중계되는 라이브 콘서트를 즐겼다. 채팅창에 4개 국어의 응원글이 쉴 새 없이 올라오고 '아미밤' 버튼 숫자(히트)가 끝없이 갱신됐다. 90분간 거둬들인 공연 수익은 260억 원이 넘는 것으로 추산됐다.

이후 같은 해 10월 10~11일 〈맵 오브 더 소울 MAP OF THE SOUL ON:E〉는 온-오프라인 콘서트가 동시에 진행되는 것으로 계획되었으나 팬데믹은 이를 허락지 않았고 온라인으로만 펼쳐졌다. 멀티뷰, 채팅, 아미밤 히트, 여기에 증강현실 AR, 확장현실 XR 등 최첨단 기술을 통해 관객들의 함성을 실시간으로 듣고 얼굴을 볼 수 있는 '아미 온 에어'를 도입, 팬들과 소통하는 콘서트를 구현해 '혼자만의 공간에서 접속했지만 혼자가 아닌 기분으로 즐기는' 공연 분위기를 끌어냈다. 191개 국가의 팬들이 함께 했다.

그리고 2021년, 팬데믹의 여파는 계속됐다. 오프라인 콘서트 개최에 대한 기대가 점점 커져가는 가운데 〈퍼미션 투 댄스 온 스테이지〉는 10월 24일 온라인 라이브 스트리밍으로 선보였다. 안타까운 것은 공연 전날 리허설 도중 종아리 근육 통증을 호소한 멤버 뷔가 이 공연에서 안무와 퍼포먼스를 소화하지 못한 채 대부분의 무대를 의자에 앉아 진행했다는 것이다. 비록 관객과 함께 하진 못했지만 올림픽 주

경기장에서 개최함으로써 무대의 스케일은 더 커졌다. 실제 공연장에서만 볼 수 있는 LED 효과를 온라인 송출 화면으로 옮긴 '비주얼 이펙트 뷰Visual Effect View, VEV' 기술로 더욱 생생한 효과와 장면을 구현했다. 이번에는 197개국 팬들이 관람했으며, 1회 공연에 100만 명이 접속했다.

팬데믹 2년간의 기다림 끝에 드디어 오프라인 콘서트 개최 소식이 전해졌다. 〈BTS 퍼미션 투 댄스 온 스테이지 – LA〉 공연이 11월 27~28일과 12월 1~2일 미식축구 경기장이자 세계에서 대관료가 가장 비싼 경기장으로 알려져 있는 소파이SoFi 스타디움에서 열렸다. 이곳에서 콘서트를 개최한 것은 BTS가 최초였다.

오프라인 콘서트가 막혀 팬들을 직접 만나기 어려웠던 팬데믹 2년간 BTS는 총 세 차례의 유료 온라인 콘서트를 개최했다. 아무리 첨단 기술의 효과를 활용하더라도 오프라인 콘서트의 현장감을 구현하거나 상호작용의 생생함을 느끼기 어려운 한계는 있지만 한편으론 오프라인과 비교할 수 없을 정도로 참여 관객의 규모를 확장시켰다는 점에서 의미가 크다. 매회 200개국 가까운 나라의 팬들 70~100만 명이 접속해 즐겼다는 것도 어마어마한 기록이다.

유료 온라인 콘서트 사이사이에 무료로 즐길 수 있는 콘텐츠는 훨씬 더 많았다. 원래 BTS의 성공 비결 중 하나로 꼽혔던 SNS를 통한 소통과 지속적인 자체 온라인 콘텐츠 창출 등은 그들이 이미 월드 스타의 자리에 올라선 후에도 변함없이 이어졌으며, 오히려 팬데믹 상황에서 더욱 빛을 발했다.

2020년 6월 처음으로 선보였던 온라인 콘서트 〈방방콘〉을 잇는 2021년 4월의 〈방방콘 21〉은 '방에서 즐기는 방탄소년단 콘서트 21'이라는 이름답게 팬데믹 시대에 이들이 세계 팬들을 위해 준비한 특별 선물이었다. 첫 〈방방콘〉이 유료 콘서트였다면 〈방방콘 21〉은 기존 콘서트와 팬미팅 실황을 무료로 즐길 수 있는 온라인 스트리밍 축제로 최대 동시 접속자 수 270만 명이라는 놀라운 기록을 세웠다.

BTS와 전 세계 아미들은 팬데믹을 함께 영리하게 돌파하며 더욱 단단한 연결과 연대를 만들었다. 〈버터〉의 "Got ARMY right behind…"라는 가사처럼 BTS 바로 뒤에는 항상 아미가 있었다.

한편 한국문화관광연구원이 2022년 3월 발표한 자료에 따르면, BTS의 콘서트는 회당 생산 유발효과 최대 1조 2,207억 원, 소비 창출액 최대 7,422억 원, 부가가치 유발효과 최대 5,706억 원, 고용 유발효과 최대 1만 815명인 것으로 나타났다.

그래미 수상이
중요하지 않은 이유

BTS는 2021년 미국의 3대 음악 시상식 중 하나인 아메리칸 뮤직 어워드AMA에서 대상격인 '올해의 아티스트Artist of the Year'를 비롯해 3관왕을 차지했다. 아시아 가수 최초의 영예다.

자연스럽게 시선은 그래미 어워드에 쏠렸다. "이제 그래미만 남았다."는 얘기가 숱하게 언급됐다. 이미 BTS는 '그래미 시상식 무대에 오르고 싶다. 후보에 올라 수상을 하고 싶다.'는 소망을 밝혔었고 이 중 '수상'만 빼고 다 이루어졌다.

미국, 유럽, 남미가 아닌 아시아 출신으로 그래미 어워드 노미네이트, 단독 공연의 기록만으로도 이미 엄청난 장벽을 뛰어넘은 성과다. 다만 2021년 열린 제63회 시상식에 이어 2022년 제64회 시상식에 2년 연속 후보에 올랐지만, 두 번 모두 '베스트 팝 듀오/그룹 퍼포먼스' 부문에 노미네이트, 본상 부문 후보에 오르지는 못했다. 63회 시상식이야 그래미 첫 노미네이트에 무대에까지 올라 그 자체로 의미가 부여됐지만, 이듬해 4월 열린 64회 시상식은 〈버터〉의 빌보드 핫 100 통산 10주 1위 등 어마어마한 성공이 있었기에 '본상 노미네이트'라는 기대를 모았다. 결과는 전년도와 같은 부문인 '베스트 팝 듀오/그룹 퍼포먼스'에 후보로 오른 것에 그쳤다.

여기서 '그쳤다'는 표현을 썼지만 이는 놀라운 활약을 펼친 BTS를 끝내 '본상' 후보에 올려놓지 않은 그래미의 안목과 선택에 대한 아쉬움의 표현일 뿐이다. 64회 시상식 후보가 발표되었을 때 아미를 비롯해 수많은 세계 음악팬들이 그래미의 보수성에 깊은 탄식을 보낸 것도 같은 맥락이다.

2년 연속 '베스트 팝 듀오/그룹 퍼포먼스'에 노미네이트된 BTS는 안타깝게 고배를 마셨던 전년도와 달리 수상 확률이 꽤 높을 것으로 예상됐지만 그래미의 장벽은 높았다.

그러나 여기서 짚고 넘어갈 것은 그래미 수상이 BTS의 세계적 성공의 화룡점정은 아니라는 것이다. 그들은 그래미의 인정(?)을 필요로 하는 수준을 이미 넘어섰다. 64회 그래미 시상식에서 보여준 BTS의 놀라운 퍼포먼스가 이를 증명하고도 남는다.

'아직' 수상을 하지 못했다고, 또 본상에 노미네이트되지 못했다고 해서 그래미를 '신포도' 취급하는 것은 아니다. 그래미는 그래미다. 여전히 세계 팝의 중심, 미국의 가장 권위 있는 음악 시상식이다. 그런데 '아카데미는 로컬 시상식'이라고 했던 봉준호 감독의 언급처럼 그래미 역시 미국의 로컬 시상식이다. 이 로컬 시상식이 팝의 중심, 주류 트렌드가 된 BTS를 평가하는 잣대가 되기에 BTS의 위상과 영향력은 이를 뛰어넘을 정도로 훨씬 더 커진 것이다.

자 이제 '뉴 챕터' 시작, 더 우리답게

'BTS 단체 활동 중단… 하이브 주가 폭락'
'BTS 쇼크… 하이브 주식 급락'

2022년 6월 14일 방탄소년단 공식 유튜브 채널에 올라온 영상 한 편의 충격파는 엄청났다. 그도 그럴 것이 '찐 방탄 회식'이라는 제목에 #2022BTSFESTA 태그가 달린 이 영상에서 BTS 7명의 멤버는 각자 좋아하는 술을 함께 하며 편안한 분위기 속에서 데뷔 9년의 소회와 챕터 1의 종식 그리고 '단체 활동 잠정 중단＋본격적인 솔로 활동'

계획을 밝히며 눈물을 보였기 때문이다. 새 앨범 《프루프Proof》의 발매와 함께 2년여 만의 국내 음악방송 출연을 코앞에 둔 상황이었다.

영상이 공개되자마자 언론들은 일제히 'BTS 활동 중단'을 대서특필하며 향후 멤버들의 순차적 군 입대를 염두에 둔 것이라는 분석을 내놓기도 했다. 그야말로 세계가 들썩이는 가운데 하이브는 주가가 20% 이상 급락하며 하루 새 시가총액 2조 원 증발 사태를 맞기도 했다.

유튜브 영상에서 리더 RM은 "〈On〉, 〈다이너마이트〉까지는 우리 팀이 내 손 위에 있는 느낌이었는데 〈버터〉, 〈퍼미션 투 댄스〉부터는 우리가 어떤 팀인지 잘 모르겠더라. 나는 어떤 얘기를 하고 어떤 메시지를 던지느냐가 되게 중요한 사람이고 살아가는 의미인데 그런 게 없어진 것 같다. 무슨 얘기를 해야 할지 모르겠다. K-팝, 아이돌 시스템이 사람을 숙성하게 만드는 것 같지 않다. 성장할 시간이 없다. 생각할 틈을 주지 않는다."라고 토로했다.

지민은 "우리가 팬들에게 어떤 가수로 남고 싶은지, 정체성을 이제야 찾아가는 시기인 것 같다. 그래서 좀 지치는 게 있고 시간이 좀 걸리는 게 아닌가 한다."라고 했다.

슈가는 "제일 어려운 게 가사 쓰는 거다. (가사가) 안 나오고 할 말이 없다. 내가 느끼고 이야기하고 싶은 걸 해야 하는데 억지로 쥐어 짜내고 있는 거다. 작업은 늘 힘들지만 7~8년 전엔 하고 싶었던 말은 있는데 스킬적으로 부족해 쥐어 짜낸 느낌이었다면 지금은 진짜 할 말이 없다. 무슨 말을 해야 할지 모르겠다."라고 털어놨다.

제이홉은 "이제까지 해왔던 기조가 많이 변화될 것 같고 그게 필요한 시점인 것 같다. 방탄소년단의 챕터 2로 가는데 중요한 부분이라는 생각이다"라고 했고, 뷔는 제이홉의 말을 빌려 "이번에 개인으로 다 활동을 하고 다시 단체로 모였을 때 그 시너지는 예전과 다를 것"이라고 언급했다.

RM은 "지금 방향성을 잃었고 멈춰서 생각을 하고 다시 돌아오고 싶은데 이런 걸 얘기하면 되게 무례한 것 같고 팬들의 기대를 저버리는 것 같다. 지쳤다고 말하는 것 자체가 팬들에게 죄짓는 것 같다."라고 거듭 미안한 마음을 드러내며 "아미가 BTS의 본질이다. 방탄소년단을 오래 하고 싶다. 오래 하려면 내가 나로서 남아 있어야 한다. 정말 오래오래 방탄의 RM으로 있고 싶다."라며 울먹였다.

다소 무거운 분위기 속에서도 멤버들은 '해체'가 아님을 분명히 했고 〈달려라 방탄〉 등 온라인 콘텐츠 제작은 계속 함께 할 것이라고 밝혔다. '활동 중단 선언'의 여파가 계속되자 급기야 막내 정국은 개인 SNS 라이브 방송을 통해 "개인 활동을 하는 것이지 그룹 활동을 안 한다고 한 게 아니다. 방탄소년단은 영원하다. 해체 안 한다. 활동 중단 아니다. 기를 모으는 기 충전의 시간이고 우리들의 새로운 플랜이 만들어졌다고 보면 된다."라고 기듭 강조했다.

현재 시점 자신들이 하고 싶은 이야기를 다 담았다는 〈옛 투 컴 Yet to Come〉에서 BTS는 '자 이제 시작이야, 최고의 순간은 아직 오지 않았어… 그날을 향해 더 우리답게'라고 노래한다.

챕터 1과 2 사이 혹은 뉴 챕터의 시작은 멤버들의 '본격적인' 솔로 활동으로 채워질 예정이다. 특별히 '본격적인'을 강조한 것은 방탄소년단이 지난 9년간 특이하리만치 멤버들의 개인 활동을 최소한으로 하고 전적으로 그룹 활동에 몰두해왔기 때문이다. 개인 활동의 첫 테이프는 첫 솔로 음반을 발표하고 세계적인 음악 페스티벌 '롤라팔루자Lollapalooza'의 메인 스테이지 헤드라이너로 출격한 제이홉이 끊었다.

'아.포.방.포.' 아미 포레버, 방탄 포레버의 줄임말이다. 정국이 처음 만들어낸 조어로 아미들과 BTS 사이에선 주문 같은 은어다. '찐 방탄 회식'과 정국의 개인 SNS 라이브 방송, 두 영상 엔딩에 모두 등장했다.

3

아이콘을 넘어서라

'BTS 그 후'

BTS의 후배 그룹들, 4세대 아이돌의 최대 화두이자 현재 시점 K-팝의 가장 중요한 질문이다. 이미 글로벌 최정상에 올랐으나 곧 '병역의 의무' 수행 등으로 활동 공백이 불가피할 것으로 예상되는 BTS의 후계자(?)는 누가 될 것인가. 여기서 후계자라는 표현이 적절치 않을 수 있으나 피할 수 없는 관심사이긴 하다.

K-팝의
'신메뉴'

'비욘드 BTS'의 기준이 전적으로 빌보드 차트 성적이어야 할 필요는 없으나 중요한 참고 기준이 될 수는 있다. BTS, 슈퍼엠^{SuperM}에 이어 빌보드 차트 1위라는 그 어려운 일을 해낸 팀이 있다. 바로 '스트레이 키즈^{Stray Kids}'다. 2022년 4월 2일 자 메인 앨범 차트인 빌보드 200 1위에 오른 것이다. 스트레이 키즈는 데뷔 4년 만에 미니앨범《오디너리^{Oddinary}》로 빌보드 차트에 첫 진입해 정상에 오르는 쾌거를 이뤘다.

BTS야 이제는 40대 이상 기성세대들마저 일곱 멤버의 이름을 읊을 수 있을 만큼 K-팝의 상징이 된 팀이다. 또 슈퍼엠은 'SM의 어벤저스 군단'이라 할 만큼 각 팀의 에이스로 꾸려진 아이돌 슈퍼 팀이다.

그렇다면 스트레이 키즈는 어떤 그룹일까? 데뷔 연차가 길지는 않지만 그와 상관없이 이들은 해외에서의 인기에 비해 국내에서의 인지도는 상대적으로 아쉬운 팀이었다. 스트레이 키즈는 데뷔 후 지금까지 우직하게 자신들의 색깔을 더욱 깊고 진하게 표현해왔던 팀이다. 손에 잡히기 어려운 대중성을 지향하기보다는 '팬덤 저격'이라는 콘셉트에 충실하게 강렬한 퍼포먼스와 음악적 색깔로 반 발자국 앞서 트렌드를 만들고 이끌어 나가면서 글로벌 팬들의 지지를 받았다.

스트레이 키즈는 하나의 이미지로 규정하기 어려운 팀이다. 음악역시 다양한 장르를 선보이며 넓은 스펙트럼을 보여주고 있다. 장르의 경계를 넘나들며 자신들의 히트곡 제목대로 '신메뉴'를 선사하는 K-팝 차세대 셰프다.

4세대 아이돌의
새로운 표준

'S.E.S-소녀시대-천상지희-에프엑스-레드벨벳' SM의 걸그룹 계보를 이름만 나열해 보아도 저절로 탄성이 나온다. 그 면면만으로도 화려하기 그지없고 한 팀 한 팀 각기 다른 개성과 빛깔로 가히 '레전드'에 등극했다 해도 과언이 아니다.

흔히 '걸그룹의 명가'로는 JYP가 꼽히지만 SM의 '걸그룹력'도 어마어마하다. 그리고 이 전통에 걸맞은 역대급 신인 걸그룹이 탄생해 '아이돌 명가' SM의 명성을 더욱 빛내고 있다. 바로 '에스파^{aespa}'다.

2020년 11월 데뷔한 다국적 걸그룹 '에스파'는 그룹명 자체가 '아바타×익스피리언스'의 앞 글자와 '애스펙트^{Aspect}'의 합성어인 만큼 현실 멤버 4명과 이들의 AI 아바타 4명으로 구성됐다. 이들은 정교한 세계관과 함께 SMP$^{SM\,Performance}$를 정통으로 계승하는 듯한 음악과 퍼포먼스, 여기에 〈넥스트 레벨〉이라는 역대급 히트곡으로 4세대 아이돌의 중심으로 떠올랐다.

'SM이 오랜만에 선보인 걸그룹'이라는 프리미엄과 관심도를 훌쩍 뛰어넘는 성과와 화제를 보아 데뷔 1년 만에 음악 시상식에서 신인상과 대상을 동시에 수상하는 쾌거를 이루기도 했다.

그간 '투모로우 바이 투게더', '엔하이픈'을 필두로, 더 앞선 시기에는 '스트레이 키즈', '에이티즈', '원어스' 등 4세대라 불리는 보이 그룹들이 숱하게 나왔으나 이들은 시기적 요건을 빼면 '4세대를 열었다.' 혹은 '이게 4세대다.'라는 느낌을 강렬히 전달하기에는 2% 부족해 보였다. 그러나 에스파는 달랐다. 이들은 출현과 동시에 '4세대 아이돌이란 이런 것'이라는 것을 유감없이 보여주며 단번에 화제의 중심으로 떠올랐다.

에스파는 대중적 성공뿐 아니라 '한국의 그래미'라 불리는 한국대중음악상 본상과 K-팝 장르 부문 최우수 싱글에 선정되는 등 평단의 호평도 이끌어 냈다. 아이돌 4세대의 완벽한 출발이었다.

비욘드
BTS

BTS의 세계적 성공 이후 '도대체 4세대 아이돌 시대는 (누구에 의해 어떻게) 언제 열릴 것인가?', 혹은 '4세대 구분을 어떻게 할 것인가?' 하는 질문은 더욱 많아졌지만, 이미 열린 4세대의 문은 에스파를 통해 더욱 활짝 젖혀졌다.

그리고 본격적으로 엑소를 기점으로 B.A.P 등을 거쳐 BTS에 이르러 그 체계가 완성된 아이돌 그룹의 세계관은 에스파로 새로운 차원을 맞았다. 이후 등장하는 아이돌들은 저마다 특색 있는 고유의 세계관으로 무장하고 있다.

신인 그룹 '킹덤'은 '7개의 왕국에서 온 7명의 왕'이라는 세계관을 선보였다. 그룹 데뷔 1년 전 '블라인드' 선판매로 화제를 모았던 JYP

의 신인 걸그룹 '엔믹스'도 믹스토피아로 대표되는 서사(스토리), 콘셉트로 관심을 받았다.

'서사'가 중요해진 건 특히 BTS 이후에 등장한 4세대 아이돌의 공통적 특징이기도 하다. 또한 이들은 BTS를 비롯한 선배 그룹들의 눈부신 활약으로 글로벌 토대가 마련된 가운데 활동을 시작했기에 '빌보드 차트가 마치 국내 음원차트인 것처럼' 이미 글로벌 팬덤을 확보한 상태에서 출발한다.

BTS, 에이티즈, 청하 등의 사례를 잇는 '중소 기획사의 성공 신화'는 더 적극적으로 가능해졌다. 주요 활동 무대와 홍보마케팅의 도구가 유튜브, 트위터, 틱톡 등 온라인 채널이 된 만큼 기회의 땅은 더 넓어진 것이다.

특히 4세대 아이돌 중에는 에스파를 비롯해 걸출한 신인 걸그룹들이 속속 등장해 빼어난 활약을 보이고 있어 기대감을 높이고 있다. '이제 대세는 걸그룹인가?'하는 생각마저 들 정도로 신인 걸그룹들의 활약은 눈부시다. 그중 '아이즈원' 멤버들이 각각 2명씩 포진해 있는 '아이브IVE'와 '르세라핌LE SSERAFIM'의 행보는 단연 두드러진다. 특히 '르세라핌'은 '하이브(소속 레이블 쏘스 뮤직) 최초의 걸그룹'으로 데뷔와 함께 이슈의 중심으로 떠오르며 스포드라이드를 빋있다. 이들은 데뷔 음반으로 초동 판매 30만장을 넘긴 최초의 걸그룹에 등극했다.

그러나 곧 이 기록을 갱신한 루키가 나타났으니 르세라핌과 같은 하이브 지붕아래 있는 '뉴진스New Jeans'가 그 주인공이다. SM, 하이브의 크리에이티브 디렉터 출신 민희진 대표가 이끄는 레이블 '어도

어Ador' 소속인 5인조 걸그룹 뉴진스는 2022년 7월 22일 공식 데뷔, 르세라핌의 기록을 깨며 초동판매 신기록(31만장)을 세웠다.

전방위적으로
소통하라

대중문화계는 코로나 시국에 2년 가까이 각종 인터뷰와 기자회견, 제작발표회 등이 비대면으로 진행됐다. 대면 인터뷰가 사라지면서 취재의 한계를 호소하는 언론사 기자들도 많았다. 각종 공연도 무관중, 온라인 공연이 대세가 되면서 K-팝 시장에서도 가상 캐릭터에 주목하기 시작했다. 비대면이 뉴노멀이 된 분위기 속에서 가상현실에 대한 심리적 장벽이 낮아지고 상상력을 더욱 발휘할 수 있으며 시공간의 제약이 없다는 점은 매력적으로 다가왔다.

특히 증강현실, 가상현실 등 IT 기술을 접목해 좀 더 색다른 콘셉트의 콘서트를 선보이기도 했다. SM엔터테인먼트가 선보인 '비욘드 라이브'가 대표적이다. '비욘드 라이브'는 AR 기술과 다중 화상 연결을 통해 팬들과의 인터랙티브Interactive 소통 등을 접목시킨 세계 최초 온라인 유료 콘서트다. SM 소속인 샤이니의 키, 엑소의 카이, NCT127 등이 '비욘드 라이브'를 진행했고 이는 극장 멀티플렉스 CGV에서 상영되기도 했다.

2021년은 하이브, SM, YG, JYP엔터테인먼트 등 국내 대형 엔터테인먼트사들이 메타버스 시대에 본격적으로 뛰어든 해로 기록될 것이다. 코로나19라는 전 세계적인 재앙에 부딪힌 이들은 매출의 상당 부분을 차지하던 월드 투어와 대형 콘서트가 사실상 불가해지면서 새로운 시장에 눈독을 들이기 시작했고, 그것이 바로 메타버스였다. 메타버스는 가상을 뜻하는 메타meta와 현실 세계를 가리키는 유니버스universe의 합성어로 현실을 초월한 가상의 세계를 뜻한다.

특히 세계관을 바탕으로 한 아이돌 그룹에게 메타버스는 또 다른 기회의 땅으로 다가왔다. 특히 이제 국내가 아닌 전 세계 팬들을 대상으로 하는 대형 엔터테인먼트사들은 IT 기업과 손잡으면서 K-팝의 청사진을 그리고 있다. 이 시장에 가장 적극적으로 뛰어든 회사는 SM 엔터테인먼트였다.

SM이 내놓은 걸그룹 에스파는 4명의 멤버와 멤버별로 아이ae라고 불리는 각각의 가상의 아바타가 있다. 실제 멤버(4명)와 가상 세계에 있는 아바타 멤버(æ)가 서로 교감한다는 세계관을 펼쳐 보였다. 아바타 멤버들은 가상현실 공간인 '광야'의 플랫FLAT에서 살지만, 실제 멤버와 현실에서 공연을 펼치기도 한다. 아티스트 IP를 활용한 가상 캐릭터를 만들어 부가 가치를 창출한 것이다. SM은 자사 아티스트를 모두 연결하는 통합 세계관 가상 세계에서 'SM 컬처 유니버스SMCU'를 만들고 만화, 애니메이션 웹툰, 모션 그래픽, 아바타, 소설을 결합한 혼합 콘텐츠로 자사 아티스트 IP를 가상공간으로 확장했다.

네이버가 개발한 AR 기반의 3차원3D 아바타 앱 '제페토'에서는 팬과 가수가 아바타를 통해 팬미팅을 한다. 블랙핑크가 2021년 9월 제페토에서 개최한 팬 사인회에는 전 세계에서 무려 4,600만 명이 모였다. BTS가 제페토 아바타로 춤추는 영상을 만들어 SNS에 공유했고, 레드벨벳과 블랙핑크의 뮤직비디오를 기반으로 제작된 아바타와 가상 아이템들이 출시돼 1020세대에게 좋은 반응을 얻었다. 이들에게 가상 세계에서의 교류는 낯선 광경이 아니라 새로운 경험인 것이다. 제페토에 하이브는 70억 원, JYP와 YG엔터테인먼트는 각각 50억 원을 투자하는 등 국내 K-팝 회사들이 대거 투자에 나섰다.

선풍적인 인기를 끈 제페토는 2019년 8월 출시 이후 누적 가입자 수가 2022년 3월 기준 무려 3억 명을 돌파했다. 이 가운데 해외 이용자 비율이 90%를 넘고, 10대 비중이 약 80% 수준으로 전 세계 젊은 층의 반응과 참여가 뜨겁다.

코로나 장기화로 인해 국내 엔터테인먼트 업계에서도 가상 AI 제작이 활발히 이루어졌다. 애니메이션 이미지와 결합한 AI 가수 '아뽀키'는 유튜브 구독자가 29만 명에 이르고 틱톡 팔로워는 300만 명이 훌쩍 넘는다. 이에 앞서 게임 제작사 라이엇 게임즈는 게임 캐릭터를 활용해 만든 여성 그룹 K/DA를 선보인 바 있다. 가상 걸그룹 '이터니티'는 한 AI 스타트업이 만든 그룹이다. 딥리얼 AI 기술로 탄생한 이터니티는 세계관을 활용해 뮤직비디오를 공개했으며, 애니메이션 시리즈도 순차적으로 공개했다.

K-팝 시장에서 가상 엔터테이너들은 시공간의 제약 없이 활동할 수 있으며 애니메이션과 게임 등 다른 콘텐츠와의 결합도 자유롭기 때문에 잠재력이 무궁무진하다는 것이 업계의 분석이다. 물론 1990

년대 사이버 가수 '아담'처럼 엔터계에서 가상 캐릭터를 활용한 예는 있었으나 최근의 가상 캐릭터 열풍은 MZ세대가 메타버스 공간에 익숙하고, 가상 캐릭터에 대한 거부감이 적기 때문에 이전과는 다른 양상을 보일 것으로 전망된다.

K-팝 팬덤 기반 플랫폼에서도 가상 캐릭터를 통한 소통이 활발하다. 하이브의 자회사 위버스컴퍼니의 '위버스', SM의 자회사 디어유가 운영하는 '리슨 버블', 엔씨소프트의 자회사 클랩의 '유니버스' 등 주요 K-팝 팬덤 플랫폼에서도 연예인 IP를 활용한 다양한 서비스를 선보이고 있다. 이용자는 약 1,000만 명 안팎으로 추산된다.

2021년 4분기 위버스의 MAU^{Monthly Active Users, 월간 활성 이용자}는 680만 명으로 전년 동기 대비 45% 성장한 것으로 나타났다. 위버스는 MAU 3,000만 명에 달하는 네이버 브이라이브와의 통합 플랫폼 출범으로 2022년 안에 월 이용자 규모가 4,500만 명에 이를 것으로 전망된다.

III.

트렌드 Trend

'K-예능' 유쾌하고 치열하게 금기를 깨다

궁금증을 유발하고 반전을 꾀하라

세계 속에서 K-콘텐츠의 위상을 높이고 있는 것은 비단 K-팝, K-드라마, K-무비뿐만이 아니다. K-예능의 활약도 잘 분석하고 정리해 'K-크리에이티브'의 근원을 꼼꼼히 살펴볼 필요가 있다.

'방영권 판매'를 통해 각 나라 채널에서 오리지널 콘텐츠가 그대로 방영되는 드라마에 비해 예능 프로그램은 포맷 수출이 활발하다. 예능은 그야말로 아이디어와 포맷 싸움이기 때문에 제작 노하우를 '구매'해 각 나라 특성에 맞게 재조합하고 변형하는 것이 드라마 리메이크에 비해 훨씬 용이한 측면이 있다.

영국의 유력한 미디어 컨설팅 회사인 K7미디어가 2021년 발간한 연간 리포트에 따르면, 2020년 한국은 포맷 산업이 가장 활발했던 '올해의 국가 Territory of the Year'로 뽑혔다. 한국은 포맷 수출 계약 누적 건수 및 매출로만 전 세계 3위를 기록할 정도로 영국, 네덜란드, 미국과 어깨를 나란히 하는 '포맷 산업' 선진국 대열에 오른 것이다.

독창적 포맷으로
승부하라

SBS의 간판 예능 〈런닝맨〉은 최초의 '한류 예능'으로 불리며 세계로 뻗어가는 'K-예능'의 물꼬를 텄다. 2010년 7월 첫 방송을 시작한 〈런닝맨〉은 2022년 5월 1일 600회를 맞으며 단일 시즌 최다 회차를 기록한 최장수 버라이어티 예능 프로그램이다.

〈런닝맨〉은 '박진감 넘치는 추격전과 이름표 떼기'라는 전매특허 포맷과 함께 MC 유재석을 비롯한 고정 멤버들의 확실한 캐릭터와 예능감, 의외의 케미스트리 그리고 매회 예능에서 보기 힘든 게스트들의 참여, 충돌과 화합의 시너지로 오랜 기간 시청자들의 큰 사랑을 받고 있다. 특히 방영 초기부터 초등학생들 사이에서 폭발적인 인기를 모았으며 해외에서 돌풍을 일으키며 거대한 해외 팬덤을 이끌었다.

이 같은 인기에 힘입어 〈런닝맨〉은 2014년 첫 해외 포맷 수출과 현지 공동제작 계약을 체결했다. 포맷 수출은 기존 방영권 판매에서 진일보한 형태로 해당 프로그램이 해외에서 현지 시청자들의 구미에 맞게 제작·방영될 수 있도록 제작 노하우를 수출하는 것으로 부가가치가 훨씬 높다. 〈런닝맨〉은 중국 저장위성 TV와 정식 계약을 맺고 중국판인 〈달려라 형제〉를 공동제작 형태로 선보여 현지에서 큰 반향을 일으켰다. 이어 베트남, 인도네시아, 필리핀 등에 잇따라 포맷 수출에 성공해 명실상부한 '한류 예능' 개척자로 자리매김했다.

〈런닝맨〉은 포맷 수출로 인한 현지화 프로그램의 인기도 인기지만 무엇보다 오리지널 프로그램 자체의 해외 팬이 많은 것으로 유명하다. 고정 멤버인 이광수에게 드라마가 아닌 예능으로 '아시아 프린스'라는 수식어를 안겨줬고 유료 해외 팬미팅이 20회 이상 열리며 연회 매진을 기록하는 등 아시아 여러 나라에서 센세이셔널한 인기를 누렸다.

2015년 4월 방영을 시작한 MBC의 음악 예능 〈미스터리 음악쇼 복면가왕〉(이하 〈복면가왕〉)은 세계 54개국에 포맷을 수출한 대표적인 K-예능이다.

〈복면가왕〉은 방영 이듬해인 2016년 태국을 시작으로 인도네시아, 미국, 호주, 불가리아, 프랑스, 독일, 미얀마, 네덜란드, 영국, 러시아, 아르헨티나, 남아프리카 등 대륙을 넘나들며 진출했다. 대표적으로 미국 폭스Fox TV의 〈더 마스크드 싱어 The Masked Singer〉처럼 현지화 프로그램에 성공, 시즌을 거듭하며 제작·방영되고 있다.

그 가운데 독일·미국·호주판은 역대 최고 시청률을 기록하는 대성공을 거뒀으며, 프랑스와 영국에서도 압도적 시청률로 인기몰이에 성공했다. 그런가 하면 다소 늦은 2021년에 제작된 일본판은 9월부터 아마존 프라임 비디오를 통해 방영되며 한국 예능 포맷의 해외 리메이크 작으로는 처음으로 글로벌 OTT를 통해 공개됐다.

이처럼 전 세계를 휩쓴 〈복면가왕〉의 성공 비결은 뭐니 뭐니 해도 시청자들의 흥미와 궁금증을 자아내는 독특한 프로그램 포맷에서 찾을 수 있다. 각자 개성과 정체성을 담은 특수 제작 가면을 쓰고 등장한 스타들이 노래 경연을 펼치는데 승자는 여전히 가면을 쓴 채 다음 라운드에 올라가고 패자는 가면을 벗고 얼굴을 깜짝 공개한다. 승자가 우승 끝에 가왕에 오르면 그 자리에서 내려올 때까지 끝내 정체를 알 수 없고 가면을 벗은 패자는 정체가 밝혀지며 '의외성'을 선사한다. 이 과정들이 궁금증 증폭과 반전의 연속으로 시청자들에게 재미를 제공한다.

이 같은 포맷의 독창성은 글로벌 시상식에서도 인정을 받았다. 〈복면가왕〉의 기획자로 알려진 박원우 ㈜디턴 대표가 2022년 4월 5일 프랑스 칸에서 열린 국제포맷어워즈IEA에서 아시아권 최초로 대상 수상의 영예를 안았다. 이미 2016년 미국 휴스턴영화제에서 TV예능부분 동상, 2019년 영국 K7미디어 선정 올해의 포맷상, 2020년 국제포맷어워즈 베스트 리터닝 포맷상을 수상한 데 이은 쾌거다.

한국 음악 예능이
불패하는 이유

〈런닝맨〉과 〈복면가왕〉을 대표적으로 언급했지만 예능 포맷 수출 사례는 이외에도 너무나 많다. 그런데 장르적으로 크게 분류를 해보자면 〈복면가왕〉 류의 '음악(경연) 예능'과 〈아빠 어디가〉, 〈꽃보다 할배)와 같은 '관찰 예능'으로 구분해 볼 수 있을 것이다.

우선 우리나라의 음악 예능이 해외에서도 인기를 끄는 요인은 만국 공용어로서의 음악의 힘에서 먼저 그 근원을 찾을 수 있겠으나 포맷 수출에 성공한 〈히든 싱어〉, 〈나는 가수다〉, 〈너의 목소리가 보여〉, 〈프로듀스 101〉, 〈K-팝 스타〉, 〈불후의 명곡〉, 〈슈퍼스타K〉, 〈쇼미더머니〉 등이 모두 치열한 경연(서바이벌)의 형태를 띠고 있다는 점을 주목해 볼 필요가 있다. 그리고 마지막에 가서야 가수의 정체가 밝혀지는 미스터리한 요소, 의외성과 반전이 속출하는 진행과정 등이 시청자들을 잡아끄는 매력 요소라 할 수 있다.

이 중 〈복면가왕〉에 이어 포맷 수출에 크게 성공한 음악 예능 〈너의 목소리가 보여〉(이하 〈너목보〉)는 음소거 상태의 노래 영상, 립싱크 영상, 말하는 목소리 등을 통해 일반인 출연자 중 음치와 실력자를 가리는 형식으로 2015년 2월에 첫 방송된 이후 시즌 9까지 방영되었다. CJ ENM에 따르면, 미국, 영국, 프랑스, 독일, 네덜란드, 스페인 등 25개국에 판매되어 현재 각국의 지상파 혹은 최대 케이블 채널에서 방영을 하거나 편성이 확정된 상태다. 특히 미국, 영국, 독일의 경우 폭스TV, BBC, RTL 등 유명 지상파에서 방영, 회당 500만 명에 육박하는 압도적인 시청자 수와 시청 점유율을 기록하며 시즌을 늘려가고 있다.

이렇듯 포맷 수출에 있어서 음악 예능의 활약이 두드러져 보이지만 〈런닝맨〉, 〈1박2일〉, 〈무한도전〉을 비롯한 버라이어티 예능과 〈아빠 어디가〉, 〈꽃보다 할배〉 등으로 대표되는 관찰 예능의 선전도 빼놓을 수 없다. 이들 외에도 〈냉장고를 부탁해〉, 〈진짜 사나이〉, 〈미운우리새끼〉, 〈슈퍼맨이 돌아왔다〉, 〈꽃보다 누나〉, 〈우리 결혼했어요〉, 〈정글의 법칙〉, 〈개그콘서트〉 등 다양한 프로그램들이 포맷 수출에 성공했다.

이 중 MBC의 〈아빠 어디가〉는 2013년 1월 첫 방송을 시작해 그해 방송연예대상을 수상할 정도로 센세이션을 일으켰다. 이 프로그램으로 인해 아이들이 등장하는 '성장 예능'이 대세로 떠오르며 예능 트렌드를 바꿔놓기도 했다. 〈아빠 어디가〉는 방영 초기에 상당히 발 빠르게 포맷 수출 계약이 성사되어 2013년 9월부터 홍콩 TVB 굿쇼 채널, 10월 중국 후난위성 TV에서 방영을 시작해 인기몰이에 성공했다. 이후 러시아, 베트남에도 포맷이 수출됐다.

tvN 〈꽃보다 할배〉는 한국 예능 사상 최초로 미국 지상파 방송사에 수출된 기록을 남긴 작품이다. 2013년 7월 첫 방영된 〈꽃보다 할배〉는 2016년 세계 최대 콘텐츠 시장인 미국의 유력 방송사 NBC에 포맷을 수출, 2018년 1월 미국판 〈꽃할배〉가 〈베터 레이트 댄 네버Better Late than Never〉란 제목으로 방영되어 동시간대 시청률 1위에 올랐다. 이후 이탈리아, 터키, 이스라엘, 폴란드, 프랑스 등 10개 이상의 국가에 수출되며 큰 인기를 끌었다.

〈유 퀴즈 온 더 블럭〉이
쏘아 올린 작은 공

'일반인 예능' 카테고리에 속하는 숱한 프로그램이 있었지만 〈유 퀴즈 온 더 블럭〉(이하 〈유퀴즈〉)의 위치는 꽤 특별하다. 2018년 8월 시작해 시즌 3를 맞은 〈유퀴즈〉는 지금의 포맷을 갖추기까지 적지 않은 변화를 겪었다. 시즌 3가 시작된 지도 만 2년이 넘었으며 3개월 휴식을 거쳐 2022년 가을 새 시즌으로 돌아올 예정이다.

출발 당시 〈유퀴즈〉는 '일반 대중 속으로' 뛰어들어 이들과의 자연스러운 소통을 표방한 프로그램이었다. '퀴즈'를 전면에 내세웠지만 〈유퀴즈〉의 정체성은 토크쇼이다. 그런 만큼 대화를 이끌어가는 두 MC, 특히 메인 MC 유재석의 역할과 비중이 크다. '일반인 예능'의 모범 사례라고 하지만 역시 MC의 프로그램 진행력이 결정적으로 중요하다.

야외 길거리로 나서 연출 없이 시민들과 소통하던 〈유퀴즈〉는 코로나19 확산 이후 실내로 자리를 옮겨 콘셉트에 따라 미리 섭외한 출연자(일반인＋유명인)들과 토크를 나누고 퀴즈를 푸는 방식으로 포맷이 변화됐다. 물론 현장으로 나가는 방식도 일부 포함되나 '사전 (장소 및 인물) 섭외'가 기본이 됐다.

그야말로 '퀴즈는 거들 뿐' 사실 대단히 특별할 것 없는 포맷인 이 프로그램은 누구나 무난히 즐길 수 있는 '스테디셀러 포맷'의 전형일 수 있다. 특급 MC의 진행력과 기본에 충실한 이 프로그램은 일반인 출연자들의 예상치 못한 반전 재미로 '연예인들의 신변잡기식 토크쇼'와는 또 다른 신선한 감흥을 선사했다. 여기에 야외에서 출연자와 인터뷰를 할 때 예상치 못한 주변(환경)의 돌발 상황도 〈유퀴즈〉 시청자들의 '끌림' 포인트다.

한 회에 여러 게스트들이 등장한다는 것도 〈유퀴즈〉의 장점이다. 한 사람을 심층 인터뷰하는 것도 깊이와 재미를 줄 수 있지만 이처럼 '치고 빠지는' 통통 튀는 팝콘 스타일이 '유튜브 클립' 시대에 더 잘 맞을 수 있다. '이 짧은 시간 안에 들을 만한 이야기를 끌어낼 수 있어?' 싶지만 '유튜브 클립 10분'은 의외로 긴 시간이다. 흥미로운 이야기를 알차게 끄집어내기에 충분하다.

팬데믹은 방송 트렌드도 확 바꿔놓았다. 재택이 늘고 식당의 영업시간제한이 꽤 오래 지속되다 보니 꾸준히 하락 곡선을 그리던 지상파 프로그램의 시청률도 올랐다. 특히 사람들 사이에서 '팬데믹 시국에 다른 사람들은 무슨 생각을 하며 어떤 패턴으로 살아갈까?' 하는 궁금증이 증대되는 상황에서 〈유퀴즈〉는 그에 대한 예능다운 해답을 내놓으며 각광받았다.

일반인
연애 리얼리티의 변주

우리는 왜 이렇게 남의 연애에 관심이 많을까? '연애 리얼리티', '연에 관찰 예능'의 계보를 따라 올라가면 1990년대 방영된 〈사랑의 스튜디오〉에 닿는다. 이후 2000년대 들어 〈강호동의 천생연분〉, 〈리얼로망스 연애편지〉, 〈산장미팅–장미의 전쟁〉, 〈아찔한 소개팅〉, 〈우리 결혼했어요〉가 뒤를 잇는다. 대체로 인기와 화제성 둘 다를 잡았던 프로그램들이다.

2010년대에 이르러 '연애 리얼리티'는 본격적인 변화를 겪는다. 사실 이전까지의 프로그램은 '연애 리얼리티'라는 말이 무색할 정도로 다소 인위적인 '커플 만들기' 혹은 연예인(혹은 지망생)들의 가상 연애(혹은 결혼) 체험기 정도였다. 여기에 '리얼리티'를 붙이기엔 2% 아니 20% 부족했다.

그러다 2011년 '연애 다큐'라는 포맷으로 불린 SBS의 시사교양 프로그램 〈짝〉 이후 트렌드가 급격히 변화했다. 프로그램을 통해 얼굴과 이름을 알리고자 하는 연예인 지망생 출연자들의 '가상 연애'를 보여주던 것에서 벗어나 일반인의 '다큐 연애'를 보여주는 포맷으로 바뀐 것이다. 식상한 말이지만 진정성과 절실함, 간절함이 출연자들의 덕목이 된 것이다. 그 와중에 누가 봐도 개성이 확실하고 자연스럽게 캐릭터가 구축되는 매력적인 출연자의 존재, 출연자들끼리의 독특한 케미스트리 chemistry 등은 프로그램의 화제성을 높였다.

〈짝〉 이후 한동안 찾아보기 힘들던 연애 예능, 연애 리얼리티가 2017년 〈하트시그널〉로 화려하게 부활했다. 그리고 2021년엔 〈환승연애〉, 〈체인지데이즈〉, 〈돌싱글즈〉, 〈나는 솔로〉, 〈솔로지옥〉 등 많은 프로그램이 쏟아졌다. 2022년에도 〈에덴〉, 〈다시 첫사랑〉, 〈남의 연애〉

등이 새롭게 선보이며 관심을 끌고 있다.

이렇게까지 폭발한 이유는 무엇일까. 이는 팬데믹의 도래와 무관하지 않아 보인다. 그 이전 몇 년 간 이렇다 할 프로그램이 없던 연애 리얼리티 예능이 2021년에만 5개 이상 론칭되었다.

그 옛날 IMF 시대부터 밀레니얼 세대, 88만 원 세대를 거쳐 지금의 Z세대에 이르기까지 '현실 연애'가 쉬웠던 때는 없었다. 취직이 어렵고 비정규직의 확산으로 임금이 낮아 '결혼이 힘든 세대', '연애도 사치인 세대'라는 표현이 과장이 아닌 시대가 됐다. 가뜩이나 경제적·심리적 상황도 어려운데 코로나19의 확산으로 물리적 상황마저 힘들어졌던 것이다.

그런데 그럴 상황도 마음도 없어서 연애를 안(못) 하는 것과 물리적 만남이 아예 원천 차단된 상황과 맞닥뜨리는 것은 차원이 다르다. 그럴수록 마음만은 더 간절해질 수 있다. 대리만족이라도 하고픈 마음, 설레는 연애 감정을 간접 체험이라도 하고픈 마음이 더 생겨날 수 있다. 대부분의 사람들은 '연애'에 관심이 많다. 자신의 연애만큼이나 남의 연애에도 관심이 지대하다. 누군가 만날 수 없는, 만나기 힘든 시대에 연애에 대한 환상은 더 커질 수 있다. 이 같은 상황은 '연애 리얼리티'의 폭발적 성장과 무관하지 않아 보인다.

게다가 요즘 시청자들의 눈은 매섭다. TV 예능이라는 것을 감안하면서도 진정성을 따진다. 더군다나 그 콘셉트가 '연애 리얼리티'라면 더더욱 그럴 수밖에 없다. 물론 '예능'이니 어느 정도의 연출은 감안한다 하더라도 사람 관계를 가지고 장난을 치는 수준이라면 시청자도 단번에 알아차리게 된다.

그 많은 프로그램들 중에서도 〈환승연애〉는 다소 특별한 지점에 있다. 제목부터 설정까지 매우 자극적인데 비해 잔잔하고 감성적인 연출로 출연자들의 미묘하고 복잡한 감정을 다소 긴 호흡으로 섬세하게 포착해 그려냈다. 설정 자체가 불편할 수 있으나 심각한 논란은 상대적으로 적었던 프로그램이다. 시즌 1의 인기에 힘입어 1년 만에 돌아온 시즌 2 역시 큰 주목을 받았다.

〈짝〉의 뒤를 이은 〈나는 솔로〉는 많은 화제와 논란을 일으킨 프로그램이다. 넷플릭스 오리지널 〈솔로지옥〉은 글로벌한 관심을 받으며 예능계의 〈오징어 게임〉으로 떠오르기도 했다.

특정 포맷의 예능 프로그램이 화제가 되었을 때 비슷한 포맷의 프로그램이 타 채널을 통해 발 빠르게 선보이게 되는 경우는 흔하다. 그럼에도 어떤 식으로든 새롭고 자극적인 요소가 가미된 변주가 이뤄진다. 이 '연애 리얼리티' 포맷이야말로 지난 20~30년간, 아니 그렇게 멀리 갈 것도 없이 한 5년 사이에 획기적으로 달라졌다. 이는 시대가, 우리의 예측을 불허하는 방향으로 시시각각 달라졌기 때문이기도 하다. 하루가 다르게 변화하는 시대에 따라 시청자들의 눈높이에 적응하는 혹은 이들의 시선을 유혹하는 '연애 리얼리티' 예능의 팬데믹 그 후의 변신을 기대해 본다.

관점을 바꾸고
틀을 깨라

"꼬리가 몸통을 흔든다!"

웹 예능과 TV 예능 얘기다. 냉정하게 웹 예능이 TV 예능을 쥐고 흔들 정도는 아직 아니지만 자극을 주기에는 충분하다. 단적으로 TV 예능도 유튜브 클립 등 웹을 통해 소비-재생산되는 측면이 확대되긴 했다. 아직 '몸통'을 좌지우지할 정도는 아니라 해도 신트렌드로서 웹 예능의 영향력은 꽤나 전방위적이다.

웹 예능의 효시로는 2015년 20부작으로 제작되어 올레 tv와 네이버 TV를 통해 공개된 김수로의 〈별을 쏘다〉가 꼽힌다. 다큐멘터리와 리얼리티 예능이 결합된 이 프로그램은 웹 예능이라는 장르를 구축한 최초의 웹 콘텐츠로 평가받는다.

이후 '웹 예능'이라는 용어를 대중화시킨 프로그램은 '예능 미다스의 손'으로 불리는 스타 PD 나영석 사단의 〈신서유기〉이다. 2015년 시작 당시만 해도 〈신서유기〉는 네이버 TV를 통해 방송되던 웹 예능이었지만 시즌 2부터 TV 방송이 가능하도록 재편집해 인터넷판과 별도로 tvN에 정규 편성되어 방영됐다. 시즌 3부터는 아예 TV 정규 편성으로만 방송되어 인터넷에는 하이라이트 영상이나 미공개 영상이 공개된다.

김태호 PD의 〈놀면 뭐하니〉도 〈신서유기〉와 일맥상통하는 지점이 있다. '본격 웹 예능'이라고 보긴 어렵지만 웹 예능과 상호보완적인 작용을 했다. 2019년 7월 첫 방송 전 유튜브 채널을 통해 실험적인 영상을 선공개하고 이를 TV 버전으로 활용하기도 했다. 깜짝 라이브 방송으로 시청자와 실시간 소통을 시도하기도 했다.

〈신서유기〉와 '채널 십오야'의 〈출장 십오야〉는 모두 웹 예능에서 출발해 자연스럽게 TV와 연계된 사례다. '채널 십오야'의 전신 채널 '나나나'가 개설된 것은 2019년 5월이며 첫 영상은 〈강식당〉의 주제곡 〈쓰담쓰담〉이었다. 이후 9월에 첫 라이브 방송을 열었고 〈신서유기 외전: 삼시세끼-아이슬란드 간 세끼〉를 공개했으며 같은 해 11월 구독자 수 100만 명을 돌파했다.

'채널 십오야'의 대표적인 콘텐츠로는 2021년 3월에 론칭한 〈슬기로운 캠핑생활〉과 〈출장 십오야〉가 있다. 이중 〈출장 십오야〉는 주로 엔터 기획사나 드라마·영화 제작 현장에 다니며 소속 스타들과 단체로 인터뷰나 게임을 하는 포맷으로 시즌 2까지 선보였다.

결과적으로 TV와 연계되었다 할지라도 출발이 웹 예능인 것은 기존 TV와 다른 차별화된 형식이다. 영상의 시간과 길이를 자유롭게 조절할 수 있는 만큼 창의성을 발휘할 수 있는 여지는 더 커지고 자막이나 효과음 활용에도 자유로워 새로운 시도가 가능해진 것이다.

"펭하~"

2019~2020년 한국은 온통 '펭수 신드롬'으로 뒤덮였다. 아이들이나 청소년을 넘어 성인들 사이에서도 단체 문자 대화창은 하루 종일 펭수 이모티콘이 휩쓸 정도로 펭수 열풍은 뜨거웠다.

〈자이언트 펭 tv〉는 2019년 4월 시작된 EBS의 어린이 교양 예능 프로그램으로 유튜브를 겨냥하여 제작, 웹 예능을 표방한 최초의 TV 프로그램이다. 이에 걸맞게 2미터가 넘는 장신의 자이언트 펭귄, 펭수 캐릭터의 설정 또한 EBS 최초의 연습생이자 유튜브 크리에이터이다.

'어린이들만 보는 예능이 아닌, 부모님도 함께 재미있게 볼 수 있는 예능을 만들고 싶었다.'는 이슬예나 PD의 의도처럼 〈자이언트 펭 tv〉는 밝은 캐릭터에 동요만 부르고 교훈적인 내용을 일방적으로 주입하는 기존 방식에서 완전히 탈피해 요즘 아이들의 눈높이에 맞는 현실적이고 트렌디한 캐릭터를 선보이며 성인층에서까지 폭발적인 인기를 누렸다. 신드롬급 인기에 힘입어 유튜브 구독자는 2020년 1월에 이미 200만 명을 돌파했으며, 2019년 11월부터 약 9개월간 100억이 넘는 매출을 올린 것으로 알려졌다. 2020년 백상예술대상에서는 TV 부문 교양 작품상을 수상하는 영예도 안았다.

2

'B급 놀이터'를 창조하다

가짜인 듯 진짜 같은
'가상 세계관'

코로나19는 한국 엔터테인먼트 무대를 가상으로 확장시켰다. 비대면 시대는 사람 간 이동과 접촉을 줄였지만, 대신 가상현실 세계에서는 소통이 더욱 활발해졌다. 비록 가상이지만, 캐릭터들이 선사하는 세계관 속에서 많은 사람들이 울고 웃었다.

팬클럽 회원만 60억 명이리는 2인조 아이돌 그룹 '매드몬스터', 에티오피아 유학파 '카페사장 최준', 미국 시카고 출신의 음반 제작자 '유야호'와 세계적인 예능 제작자 '카놀라유', 예능인 김신영의 '둘째 이모 김다비' 등 가상으로 만들어진 부캐릭터(이후 부캐)는 실제 예능계와 가요계에서 맹활약했다.

2020년 탄생한 '부캐 열풍'은 2021년 뉴미디어와 IT 기술이 만나 정점을 찍었다. 단순히 프로그램을 구성하는 하나의 부가적인 캐릭터였던 '부캐'는 프로그램을 이끄는 주인공으로 당당히 대접받기에 이르렀다. 부캐는 이제 K-콘텐츠의 또 다른 얼굴이 된 것이다.

코로나19로 인한 사회적 거리두기와 비대면 문화가 확대되면서 상상력에 기반한 '부캐'는 자연스럽게 일상 속으로 파고들었다. 특히 IT 기술과의 결합으로 메타버스가 엔터테인먼트 산업의 키워드로 전면에 떠올랐다. 인터넷 속도와 보급률에서 세계 최상위권인 한국에서 코로나19는 가상현실 세계를 5년 이상 앞당겼다.

부캐에서 가장 중요한 것은 바로 '세계관'이다. MZ세대들은 본체가 누구인지 굳이 알려고 하지 않는다. 그들은 부캐가 만든 세계관에서 함께 즐기기를 원한다. 세계관은 상당히 섬세하고 촘촘하게 짜여 있고 현실을 비틀어 B급 정서로 웃음을 준다.

부캐는 코로나 장기화에 지친 사람들이 함께 웃고 즐기는 'B급 놀이터'였다. 누구도 그 놀이터가 없어지는 것을 원하지 않기 때문에 알면서도 속아준다. 때문에 누구나 본캐와 부캐를 별개의 존재로 인식하며, 부캐가 세계관 속에서 만들어가는 스토리에 더 관심을 기울인다.

'대안의 땅'
새 영토를 찾아라

가상 아이돌 그룹 매드몬스터는 기존 K-팝 아이돌 그룹처럼 상당히 정교한 세계관을 가지고 있다. 예능인 곽범, 이창호가 결성한 2인조 아이돌 그룹인 매드몬스터는 AR 카메라 보정 앱을 활용한 비현실적 외모와 오토튠처럼 들리는 복막 창법을 구사한다. 2017년 가수로 데뷔한 이들에게는 '월드클래스 아이돌'이라는 수식어가 붙는다. 일부 팬들은 '천년돌'이라고도 부른다. 천년에 한번 나와야지, 더 자주 나오면 안 된다는 뜻에서다.

이들은 국내 아이돌들이 설 자리를 뺏기 싫다며 해외에서 주로 활동하다가 2021년 7월에 4집 디지털 싱글 〈내 루돌프〉로 국내 무대에 복귀했다. 이후 시간차를 두고 휴식과 컴백을 이어가고 있다. 유튜브에는 몇 년 전 이들의 뉴욕과 일본 공연 영상도 나돈다.(물론 다른 그룹의 영상에 CG를 입힌 것이다.) 팬들이 이들의 얼굴에 가끔씩 두 개그맨이 비친다며 '악귀설'을 제기하자 곽범과 이창호는 모든 혐의를 시인하고 사과하는 영상을 올리기도 한다.

가상 캐릭터들은 종종 현실 세계에 등장하면서 팬덤을 확장한다. 매드몬스터는 인기 가수들의 컴백 무대인 〈엠 카운트다운〉을 비롯해 〈유희열의 스케치북〉에 가수로서 출연했다. 이들이 발표한 곡은 음원차트에 오르고, BTS가 있는 팬 커뮤니티에서 팬클럽 회원을 모집하는 등 기존 아이돌 그룹의 행태를 그대로 모방한다. 매드몬스터는 각종 제품의 광고 모델로 발탁되고 아이돌 광고의 성지인 지하철 광고판을 점령하기에 이른다. 지하철 광고판에 응원 메시지를 남기고 개인 SNS에 인증샷을 남기는 등 팬들의 반응은 K-팝 아이돌 그룹 팬덤에 못지않다.

부캐의 핵심은
탄탄한 스토리텔링

MBC 〈놀면 뭐하니〉는 유재석의 가상 캐릭터를 통한 세계관을 프로그램 구성에 적극 활용했다. MSG워너비의 프로듀서를 맡았던 '유야호'는 신박기획의 대표이자 환불원정대의 제작자인 '지미유'의 동생이라는 설정으로 또 하나의 스토리를 만들었다. 유야호는 즉, "쌍둥이 형인 지미유가 만든 '환불원정대'는 화려한 라인업으로 성공했다."면서 지미유는 '톱100 귀'지만, 나는 '톱10 귀'라고 형을 디스하기도 한다.

2000년대를 풍미했던 보컬 그룹인 SG워너비를 오마주해서 만들어진 8인조 보컬 그룹 MSG워너비에는 맏형 별루지(지석진), 김정수(김정민) 등 일부 멤버들도 역시 부캐로 참여했다. 국내 정상급 가수인 브라운아이드소울의 영준과 나얼, SG워너비의 히트곡을 작곡한 박근태 등이 작사 작곡에 참여해 수준 높은 곡을 완성했다. MSG워너비의 유닛 'M.O.M'이 부른 〈바라만 본다〉는 당대 인기 아이돌의 신곡을 제치고 멜론차트 3주 연속 1위, 가온차트 5관왕을 차지하며 가요계 관계자들을 놀라게 했다. 2022년에는 WSG워너비 프로젝트로 더욱 판이 커졌다.

이후 부캐는 훨씬 다양해지고 견고해졌다. 〈놀면 뭐하니〉의 유재석은 트로트 가수 유산슬, 치킨요리사 닭터유, 싹쓰리의 멤버 유두래곤, 환불원정대의 제작자 지미유, 할리우드 캐스팅 디렉터 출신의 예능투자 전문가 카놀라유, MSG워너비의 프로듀서이자 지미유의 쌍둥이 동생인 유야호, 그리고 지미유─유야호 형제와 먼 친척인 WSG워너비의 제작자 유팔봉 등 가상의 캐릭터에 스토리를 붙여 새로운 콘텐츠들을 생산해냈다. 부캐를 활용하면 구성을 다르게 하고 작은 디테일에 스토리를 부여해 같은 내용이라도 새롭게 보일 수 있기에 예능계에서는 더없이 좋은 소재로 활용됐다.

2020년 〈주라주라〉로 선풍적 인기를 끌었던 다비 이모(김신영)는 유명 작곡팀 '알고보니 혼수상태'가 작곡한 2집 〈오르자〉로 컴백해 활동을 이어갔다. 직장인들의 애환을 대변하고자 근로자의 날에 〈주라주라〉를 발표했던 둘째이모 김다비는 이듬해 5월에 직장인들의 연봉과 성과급이 오르기를 기원했다. 〈오르자〉 뮤직비디오에는 역시 부캐로 인기를 모은 흰사랑 산악회 회원들이 대거 출연했다. 빠른 1945년생인 다비 이모는 산악회 회원들을 압도하며 환상적인 호흡을 선보였다. 둘째 이모 김다비는 걸그룹 '있지ITZY'와 뭉쳐 '다비있지'를 결성하고 〈얼음깨〉라는 신곡을 발표하기도 했다. 예능인 정준하 역시 〈무한도전〉에서 만들어낸 부캐 'MC 민지'로 신곡을 내고 신인가수로서 가요계 문을 두드렸다.

예능인들이
유튜브로 간 까닭은?

유튜브 등 뉴미디어에서는 더 다양한 부캐가 탄생했다. 특히 KBS 〈개그콘서트〉 등 지상파 방송사에서 공개 코미디 프로그램이 폐지되고, 코로나19의 확산으로 설 무대를 잃은 예능인들이 대거 유튜브 채널로 몰려오면서 다양한 부캐가 양산됐다. 2019년 예능인들이 만든 유튜브 채널 '피식대학'과 2020년 개설된 '빵송국'은 가상 캐릭터의 산실로 떠올랐다.

유튜브 채널 '피식대학'에서 활약 중인 김민수, 이용주, 정재형 등은 모두 KBS와 SBS 공채 개그맨 출신이다. 이들은 〈한사랑 산악회〉, 〈B대면 데이트〉 등에서 디테일한 연기로 1인 다역을 소화하며 존재감을 발휘하고 있다. 〈빵송국〉의 이창호와 곽범도 KBS 〈개그콘서트〉 출신으로 이들은 스탠드 업 코미디 〈시뮬레이션〉에서 호흡을 맞춘 바 있다. 이들은 당시에도 회사 면접을 앞둔 취업 준비생과 면접의 신으로 등장하는 등 다양한 캐릭터 연기를 선보인 바 있다.

MZ세대와
소통하기

또한 요즘은 부캐 하나로는 만족하기 어렵다. 특히 멀티 페르소나에 익숙한 MZ세대와 서너 개의 다양한 얼굴로 팬들과 소통한다.

〈피식대학〉에서 활약 중인 예능인 김해준은 '카페 사장 최준'과 동대문 옷 장사 '쿨제이'라는 두 가지 부캐로 활약했다. 이중 카페 사장 최준은 독특한 캐릭터로 선풍적인 인기를 끌며 지상파 방송에도 '역수출' 됐다.

카페 사장 최준은 에티오피아 출신으로 정확한 유학 기간은 밝히지 않는다. 〈B대면 데이트〉에서 '예쁘다'를 남발하고 '철이 없었죠…', '○○하기로 약속' 등 느끼하고 중독성 있는 말투와 몸짓으로 화제를 모았다. 팬들은 그의 이름을 따서 '준며든다'면서 열광했고 그가 데이트 도중 노래하는 콘셉트를 살려 〈니곡내곡〉이라는 또 하나의 유튜브 콘텐츠로 개발시켰다. 출연했다 하면 수백만의 조회수가 나오는 〈니곡내곡〉은 2PM 준호, 악뮤 이수현, 배우 이성경 등 인기스타들이 선호하는 '신곡 홍보의 장'이 됐다.

예능인 이창호는 대표적인 부캐만 세 개나 된다. 아이돌 그룹 매드몬스터의 멤버 '제이호', 재벌 3세 김갑생할머니김의 '이호창 본부장', 한사랑 산악회의 영등포상가번영회장 '이택조'를 동시다발적으로 선보인다. 프레젠테이션에서 단호한 말투로 리더십을 보여주는 이호창 본부장은 김갑생할머니김의 실제 모델이 되기도 했고, 댓글에는 "본부장님의 매력 때문에 지금 다니는 직장을 때려치우고 입사하고 싶다."는 댓글이 줄을 잇는다. 이택조 회장은 50대 등산족 아재들의 말투와 특성, 팝송을 부르는 형태 등을 특징을 잘 잡아내 인기를 끌었다.

예능인 김대희는 유튜브 채널 '꼰대희'를 개설하고 자신이 〈개그콘서트〉에서 출연하는 〈밥묵자〉를 유튜브에서 부활시켜 높은 조회수를 기록했다. 〈밥묵자〉에는 예능인, 가수, 배우 등 다양한 장르를 넘나드는 연예인들이 대거 출연했다. 예능인 강유미 역시 '좋아서 하는 채널'을 통해 초심 잃은 아이돌, 흥가 체험 동호회, 여배우 CF 현장, 결혼식 하객 아르바이트 등 다양한 상황 속의 캐릭터에 빙의하며 웃음을 주고 있다.

많은 관계자들 사이에서 공개 코미디 폐지는 수직적인 기수 문화와 연출진의 검열 등 폐쇄적인 분위기가 작용했다는 의견이 나왔다. 때문에 유튜브에서 스스로 기획하고 출연하는 예능인들은 지상파 방송에 비해 훨씬 더 표현이 자유롭고 방송 심의도 없기 때문에 눈치를 보지 않아도 되는 것을 가장 큰 장점으로 꼽는다.

이처럼 예능인들의 '부캐'가 흥행할 수 있었던 것은 그동안 코미디 무대에서 갈고닦은 연기력과 내공이 새로운 미디어와 결합되면서 한몫했다는 평가를 받고 있다. 〈코미디 빅리그〉의 남경모 PD는 "'피식대학'과 〈코미디 빅리그〉에서 활약 중인 김해준·이은지씨의 '부캐'는 연습실에서 했던 수많은 캐릭터에서 출발한 것"이라며 "코미디에서의 경험과 아이디어를 구체화해 자신의 것을 보여주는 결과로 이어지고 있다."라고 전했다.

'승자독식' 제로섬 게임의 실패와 성공

'오디션 공화국'

순위를 매기고 경쟁하는 프로그램을 이렇게까지 좋아하는 민족이 또 있을까 싶을 정도로 한국인의 '서바이벌 오디션'에 대한 사랑은 남다르다. 하나의 포맷이 화제를 모으면 금세 우후죽순 유사 프로그램이 생성되어 눈살을 찌푸리게도 했지만 현명한 한국 시청자들은 '아류'를 바로 판별해 내며 결과적으로 이들을 퇴출시켰다.

'아이돌 그룹 만들기'
포맷이 견인

짧은 지면에 오디션 예능 프로그램의 역사와 진행 과정을 다 거론

하기는 어려운 일이다. 그렇지만 그 과정들과 그 사이에 명멸했던 수많은 프로그램들을 떠올릴 때 큰 흐름으로 '아이돌 그룹 만들기' 포맷의 견인을 들 수 있다.

밀레니엄 출범과 함께 시작된 MBC 아이돌 오디션 프로그램 〈악동클럽〉은 이미 20년 전 방영됐지만 현재의 오디션 포맷의 전형을 제시한 프로그램이다. 이후 '제2의 신화' 발굴 프로젝트인 〈렛츠 코크플레이 배틀신화〉, 빅뱅을 탄생시킨 10부작 다큐멘터리 〈빅뱅〉, 트와이스 멤버를 선발한 〈식스틴〉 등 아이돌 그룹 론칭을 위한 오디션 프로그램이 등장했다.

이 중 빅뱅 다큐멘터리로 화제 몰이에 성공한 YG엔터테인먼트는 빅뱅의 동생 그룹인 '위너' 데뷔 역시 서바이벌 프로그램인 엠넷 〈WIN: Who Is Next?〉(이하 〈WIN〉)를 통해 감행하게 된다. 이 〈WIN〉은 '아이돌 그룹 만들기' 포맷 오디션의 분기점이 된 프로그램이다.

2013년 방영된 〈WIN〉은 케이블TV와 인터넷 포털사이트 동시 생방송으로 진행되었으며 기획사의 필요에 의한 주문 제작방식 프로그램이었다는 게 이채롭다. 또 하나 눈에 띄는 점은 경연을 하는 동안, 즉 방송이 진행되는 동안 확고하게 생성된 팬덤이 이후 위너가 데뷔했을 때 확실한 기반이 되어주었다는 것이다. 이 프로그램은 A팀 vs B팀의 '벼랑 끝'(승자는 데뷔, 패자는 데뷔 기약 없는 해체) 팀 대결이었기에 팬덤의 응집력은 이전의 그 어떤(주로 각각의 멤버 선발→그룹 결성) 서바이벌 프로그램보다 절실하고 강력했다.

서바이벌 오디션으로 2연타 장내홈런을 친 YG엔터테인먼트는 이후 〈WIN〉에서 탈락한 B팀을 주축으로 한 또 다른 아이돌 그룹 '아이콘'을 론칭할 때도 또 다시 이 포맷을 활용했다. 결과적으로 보면 빅뱅, 위너 론칭까지는 신선했으나 3번째 시도는 무리수인 측면이 컸다.

그 사이 '아이돌 그룹 론칭' 서바이벌 오디션은 시행착오를 거듭하며 역사를 쌓아나갔고 여기에 한 획을 그은 엠넷mnet 〈프로듀스 101〉(이하 〈프듀〉) 시리즈가 드디어 선을 보였다. 〈프듀〉 시리즈는 오디션 프로그램, 특히 아이돌 그룹 선발 서바이벌 프로그램의 대표적인 '승자독식' 사례다.

시즌 1부터 심장을 쫄깃하게 하는 프로그램 포맷과 그룹 '아이오아이'로 돌풍을 일으킨 〈프듀〉 시리즈는 시즌 2에서 이른바 포텐을 폭발시킨다. 2017년 〈프듀〉 시즌 2의 인기는 최종 순위 1위 강다니엘 신드롬과 함께 모든 아이돌의 이슈와 팬덤을 블랙홀처럼 빨아들였다. '워너원'은 당시 글로벌 포텐을 터뜨리기 시작한 BTS, 그리고 그때까지 아이돌 그룹 원톱이었던 엑소의 국내 인기를 넘어설 정도로 신드롬급 돌풍을 일으켰다.

시즌 2를 기점으로 〈프듀〉 시리즈는 기존 아이돌 생태계를 파괴하는 '황소개구리'가 될 정도로 이슈가 됐다. 오죽하면 워너원 출범 당시인 2017년 여름 즈음에 데뷔한 유력 기획사 소속 신인 그룹들이 거의 스포트라이트를 받지 못하고 존재감 제로에 수렴할 정도였다. 〈프듀〉 시리즈가 탄생시킨 워너원은 한마디로 아이돌 판의 모든 화제성을 집어삼키는 위력을 발휘했다.

이 〈프듀〉 시리즈와 워너원의 화제성을 목격한 방송계와 엔터테인먼트 업계는 분주히 움직였다. 그 해가 채 끝나기도 전에 공영방송인 KBS는 〈아이돌 리부팅 프로젝트: 더 유닛〉을, YG엔터테인먼트는 〈프듀〉 시리즈를 기획한 한동철 프로듀서를 영입해 〈믹스나인〉을 선보였다. 그러나 이 프로그램들은 〈프듀〉 시리즈에 비해 미미한 반응에 그쳤다.

이른바 〈프듀〉 시리즈의 '악마의 편집'은 '욕하면서 본다'는 막장 드라마처럼 팬덤을 쥐락펴락했다. 실제 아이돌 그룹 선발 오디션 프로그램 중 성공한 것은 〈프듀〉 시리즈가 유일하다. 그것도 아이돌판 자체의 판도를 바꿀 만한 어마어마한 위력이었으니 '승자독식' 제로섬 게임의 룰 체인저Rule Changer였던 셈이다.

'악마의 편집'의
반면교사

성공한 서바이벌 오디션 예능을 보면 피할 수 없는 공통점이 있다. 소위 '악마의 편집'이다. 서바이벌 오디션의 MSG라 할 정도로 '악마의 편집'은 오디션 예능의 필수 요소처럼 여겨지기도 했다.

초창기 성공 오디션의 모델이 된 〈슈퍼스타K〉 시리즈부터 시즌 10까지 끝낸 장수 프로그램 〈쇼미더머니〉까지 '악마의 편집'은 숱한 시청자들의 심장박동을 빠르게 하며 그들의 마음을 쥐락펴락했다.

이 '악마의 편집'이 가장 큰 파동을 일으킨 건 참가자들의 평균 연령이 가장 낮은 〈프듀〉 시리즈일 것이다. 제작진의 의도가 가장 잘 '먹히고', 제작진에 의해 좌지우지되기 쉬운 출연자들의 정제되지 않은 멘트와 행동은 프로그램 특유의 편집으로 이들의 순위까지 요동치게 했으며 조금 과장되게 표현해 운명을 바꿔놓았다.

대표적으로 '악마의 편집'을 예로 들었지만 이는 시청자들의 심장을 '쫄깃'하게 하는 프로그램의 '재미'와 연결되어 있다. 뉴스도 다큐도 아니고 그렇다고 일반 음악 프로그램도 아닌 '예능'프로그램인 만큼 서바이벌 오디션의 미덕과 성공 비결은 다름 아닌 '재미'이다. 회차가 쌓일수록 탈락자도 쌓이는 포맷 상 재미의 기본 요소인 긴장과 스릴이 이미 내재되어 있는 서바이벌 오디션이라 하더라도 특별한 흥미요소는 프로그램의 성공과 실패를 가른다.

성공한 시리즈인 〈슈퍼스타K〉, 〈프듀〉, 〈쇼미더머니〉 등은 '논란'도 견디며 써낸 '드라마틱한 성장기＋참가자와 멘토의 케미-〈슈퍼스타K〉', '참가자의 성장·성공을 일체화 시키는 서포터(시청자, 팬덤)의 대거 양산-〈프듀〉', '아류를 허락지 않은 압도적 브랜딩＋야생의 서바이벌-〈쇼미더머니〉'라는 각각의 강력한 색채와 개성을 가지고 있었다. 그리고 이것이야말로 아류 프로그램들과 차별화하는 요소였다.

결국 문제는
'콘텐츠'

결국 프런티어가 시장의 포식자가 되는 상황. 제로섬 게임에서 승자가 되는 길은 신선한 '발상의 전환'이다. 잠재적 수요가 포진하고 있는 새 장르와 형식, 콘텐츠를 갖춘 새로운 프로그램의 론칭. 물론 그렇다 해도 반드시 성공한다는 보장이 있는 것은 아니다.

이 대목에서 〈내일은 미스트롯〉(이하 〈미스트롯〉)의 성공은 복기할 만하다. 대성공을 거둔 〈미스트롯〉은 누구도 생각지 못한 트로트 가수 오디션인데다 연령층이 높은 방송사의 시청자 특성과 맞물려 새로운 서바이벌 오디션의 블루오션을 개척했다. 이어진 시리즈 〈미스터트롯〉은 방송사 자체 기획·제작으로 진행되었는데 마치 〈프듀〉 시리즈가 시즌 2에서 폭발했던 것처럼 〈미스트롯〉보다 훨씬 더 큰 화제를 불러일으켰다. 과장해서 표현한다면 〈미스트롯〉의 성공이 때로 잊힐 만큼의 어마어마한 반향이었다.

〈미스터트롯〉의 성공은 여전히 현재진행형이다. 입상자들의 파급력이 지속되고 있기 때문이다. 특히 임영웅 팬덤의 파워는 놀랍다. 내 스타에게 '돈쭐 낼' 준비가 이미 다 되어있던 층을 움직여 거대 팬덤으로 뭉치게 했고 이들의 스타 사랑은 각별하다. 50~60대 팬들이 기존 아이돌 팬들이 하던 방식을 벤치마킹해 음원 스트리밍 및 다운로드로 이른바 '총공'을 펼치는가 하면 선물 공세도 어마어마하다.

〈미스터트롯〉이 끝나고 방송사와 계약이 묶여 있는 기간 동안 솔로 음반을 내지 못했던 임영웅은 '계약 기간이 끝난 후 첫 솔로 음반이 발매되었을 때 팬들의 화력은 과연 어느 정도가 될 것인가?'가 가요계 초미의 관심사가 될 정도로 팬덤의 규모와 그 충성도가 엄청났다. 한터차트에 따르면, 2022년 5월 2일 공개된 임영웅의 첫 정규 1집 《IM HERO》는 발매 3일 만에 100만 장을 돌파하는 괴력을 발휘하며 엑소 백현이 보유하고 있던 역대 솔로가수 초동판매 1위의 기록을 갈아치웠다.

임영웅이 주로 30~50대 팬들을 중심으로 '영웅시대'를 구가하고 있다면, 영화 〈파파로티〉의 실존 모델로 유명한 '트바로티' 김호중은 주로 50대 이상이 팬덤을 이끄는 것으로 알려졌다. '김호중 팬덤이 보여주는 5070 여성의 저력'이라는 제목의 기사가 나올 정도다. 그는 영화의 모티브가 될 정도의 드라마틱한 인생 궤적과 화려한 이력, 성악전공자로서의 압도적 성량과 무대 장악력 등 스타성과 함께 팬 결집력까지 갖췄다. 김호중의 팬덤 '아리스'의 충성도와 행동력은 일찌감치 정평이 나 있다. 연령대가 높은 만큼 이들은 논란이나 외부 상황에 쉽게 일희일비하며 흔들리거나 중심을 잃지 않고 끝까지 자신의 스타를 지키고 보호하려는 마음을 적극적 행동으로 표현한다.

〈미스터트롯〉 톱 7 중 가장 먼저 솔로 활동에 돌입한 김호중은 2020년 9월 사회복무요원 소집 직전 발표한 첫 정규앨범 《우리家》로 53만 장의 판매고를 기록했고, 같은 해 12월 공개한 두 버전의 클래식 앨범까지 합쳐 한 해 동안 총 105만 장에 달하는 판매고를 올렸다. 이 모두가 덕질도, 팬 커뮤니티 가입도, 음원 스트리밍과 다운로드도 처음이라 알음알음 배워 온라인 앨범 구매부터 시작한 5070 팬들이 주축이 되어 일군 성과다. 이들은 내 스타를 각종 인기 순위 정상에 올려놓을 수 있는 방법에 능통한 온라인 '광클'의 달인으로 거듭났다.

〈미스(터)트롯〉이 기존 오디션 프로그램 〈프듀＋슈퍼스타K〉의 형식을 빌려 여기에 트로트라는 새 장르를 얹었다면, 〈싱어게인-무명가수전〉(이하 〈싱어게인〉)은 좀 더 큰 폭으로 발상의 전환을 이뤘다. 참가자를 '무명'가수로 한정했으나 여기에 묘한 간극이 있었다. 조금만 들여다보면 '무늬만 무명'인 베테랑 실력파가 한가득이다. 그렇기에 이 프로그램이 쏟아내는 무대는 신선한 충격으로 시청자들에게 다가왔다. '악마의 편집'이나 편집의 기술이 아닌 콘텐츠(음악/무대) 그 자체로 보는 이들에게 울림을 선사한 것이다. 때로 자신들보다 훨씬 더 경력이 많은 베테랑 뮤지션들을 심사해야 하는 주니어 멘토 등 다소 무리스러운 설정이나 멘토들의 심사와 평가를 통한 라운드 통과라는 평범한 형식에도 〈싱어게인〉은 보기 좋게 성공을 거두며 '착한 오디션도 시청자들의 관심을 끌 수 있다.'는 표본을 보여줬다.

'낭중지추'
오디션의 발견

"잘 봐! 언니들 싸움이다."
최고의 스트리트 댄스 크루를 뽑는 서바이벌 오디션 〈스트릿 우먼

파이터〉(이하 〈스우파〉)를 상징하는 명언으로 숱하게 패러디된, 우승팀 리더 허니제이의 일성이다. 이 센 언니들의 '싸움'은 이들의 새로운 '시작'으로 멋지게 마무리됐다.

〈슈퍼밴드〉 시리즈나 〈싱어게인〉 등이 '착한' 오디션이었다면 〈스우파〉는 '매운맛' 오디션이었다. 더 정확히는 제작진의 어설픈 '악마의 편집'이 통하지 않았던 통쾌하게 독한 오디션이었다.

〈스우파〉의 센 언니들에게 제작진의 의도가 뻔히 보이는 '악마의 편집'은 통하지 않았다. 오히려 그 속에서 출연자들은 스스로의 드라마를 만들어냈다.

〈스우파〉는 '잔기술'을 부리지 않고 출연자들이 뿜어내는 오라^{aura}와 콘텐츠의 진심으로 시청자들에게 다가간 프로그램이다. 이전에도 댄스나 댄서를 소재로 한 오디션 예능이 몇 차례 기획되었으나 크게 주목을 받진 못했다. 〈스우파〉 역시 '스트리트 댄스'라는 다소 생소한 분야, 무명의 출연자들 그리고 편성의 불리함 등 방영 초기에 시선을 끌만한 요소는 부족한 듯했다. 그러나 회를 거듭할수록 그들이 만들어내는 레전드 무대, 출연자들의 당당하고 거침없는 애티튜드, 껄끄러운 사이에서도 보이는 서로에 대한 리스펙트 등이 쌓여가며 매력을 폭발시켰다. 프로그램의 화제성은 곧 출연자들 그리고 그들이 선보인 스트리트 댄스에 대한 관심으로 이어졌다. 광고계 러브콜도 쏟아졌다.

그러나 열정적이면서도 쿨하고 시크한 〈스우파〉가 과연 오디션 예능의 또 다른 물꼬를 텄는지를 확인하기까지는 약간의 시간이 더 필요할 듯하다. 일단 발 빠르게 기획된 스핀오프인 〈스트릿 걸스 파이터〉는 기대만큼 화제를 끌지 못했다. 아마 진검승부는 〈스우파〉의 남자 편인 〈스트릿 맨 파이터〉가 될 것이다. 〈프듀〉도 〈미스트롯〉도 남자 버전인 시즌 2, 〈미스터트롯〉의 반향이 훨씬 컸기 때문에 〈스트릿 맨 파이터〉에도 각별한 기대가 쏠린다.

IV.
'K-크리에이티브'의
5가지 흥행 코드

'한국형 리얼리즘'의 힘
'K-디스토피아'를 만들다

전 세계에서 각광받은 K-장르물은 디스토피아적 세계관을 보여주고 있다는 공통점이 있다. 드라마 〈오징어 게임〉, 〈킹덤〉, 〈지옥〉, 〈스위트홈〉, 〈지금 우리 학교는〉 등은 현대사회의 암울하고 희망 없는 비관적 서사를 바탕으로 한다.

불행한 상황이 닥쳤을 때 인간의 밑바닥이 더 잘 드러나는 것처럼 한국 장르물에서 그린 'K-디스토피아'는 비극적 상황에서 사회의 구조적 모순과 인간성 말살이라는 사회의 민낯을 더 명확하게 보여준다. K-디스토피아는 한국 사회의 문제점을 지적한 한국형 리얼리즘과 그 속에서 피어나는 가족애, 희생과 헌신 등을 기반으로 한 'K-신파'가 버무려져 완성됐다.

현실에 발붙인
공감대

　코로나19라는 전 지구적인 재앙은 K-디스토피아가 세계적으로 더욱 공감을 얻게 한 중요한 원인 중 하나였다. 코로나19 바이러스로 인해 생존의 문제가 화두로 떠올랐고, 코로나 장기화로 발생한 양극화는 많은 사람들을 생과 사의 갈림길에 직면하게 했다.

　평범한 일상에 불어닥친 감염 공포는 일상적인 공간에서 벌어지는 공포감을 다룬 K-디스토피아를 현실적으로 와닿게 만들었다. 달리는 KTX나 평소 거주하는 아파트, 매일 등교하는 학교 등 평범한 일상을 하루아침에 바꾼 K-디스토피아는 현실과 크게 다름이 없었기 때문이다.

　전혀 예상치 못한 코로나19 바이러스의 공격으로 인한 이동의 제약과 사회적인 불신 등 각종 비극적인 상황이 장기화되면서 시청자들은 K-디스토피아의 극적인 상황에 더 쉽게 몰입했다. 〈오징어 게임〉의 데스 게임, 〈지옥〉의 지옥에서 온 사자의 고지, 〈지우학〉의 학교를 덮친 좀비 등 평소라면 다소 황당하게 느껴질 수 있는 설정에도 깊이 있는 현실감이 부여된 것이다.

　특히 사회적 거리두기로 인간관계가 끊어지면서 '코로나 블루'를 호소하는 이들이 늘었고, 이동의 제한이 생기면서 많은 이들이 정신적 불안과 우울증에 시달렸다. 경제적으로는 영업시간 제한으로 자영업자와 소상공인은 극심한 불황에 빠졌고, 그 터널의 끝이 보이지 않는다는 것이 이들을 더 절망하게 만들었다.

그에 따라 부익부 빈익빈은 더욱 심각해졌고 양극화로 인한 경제적 불평등은 더욱 극명하게 드러났다. 이것을 드라마로 보여준 것이 자본주의의 처절한 '을들의 게임'을 고발한 〈오징어 게임〉이었다.

〈오징어 게임〉에서 매 게임마다 실패가 확인된 참가자는 그 자리에서 목숨을 잃고, '○번 탈락!'이라는 멘트가 나온다. 잔인한 이 장면은 사회 안전망의 도움을 받지 못하고 실패하는 순간 바로 나락으로 떨어지는 개인의 비극을 상징한다.

또한 사람을 게임의 '말'로 생각하고 잔인한 게임을 즐기는 VIP 계층을 통해 인간이 돈 앞에서 얼마나 추악해질 수 있는지 자본주의의 이면을 고발했다.

코로나19라는 전대미문의 사태로 인해 전 세계에서 자영업자를 비롯한 서민들의 삶은 벼랑 끝으로 내몰렸고, 부동산과 주식 등으로 부유한 사람들의 재산은 더욱 증식되는 등 양극화가 심화되었다. 위기 속에서 수백 배에 가까운 불로소득을 벌어들인 사람도 있지만 대다수의 소시민들은 사회적 박탈감과 무력감, 우울증을 겪었다. CNN은 칼럼에서 "〈오징어 게임〉은 '아메리칸 드림'이라는 이상이 깨진 미국의 현실을 투영하며 큰 인기를 얻었다."라고 전했다.

하지만 〈오징어 게임〉 참가자들은 아이러니하게도 "목숨을 건 이 게임이 평등하게 싸워서 이기는 마지막 기회"라고 말한다. '참가자들은 평등한 존재이며 어떠한 차별도 없이 동등한 기회를 부여받는다.'는 법칙이 그들이 이 게임을 선택한 이유였기 때문이다. 목숨을 건 살벌한 게임보다 불평등과 편법이 난무하는 현실 사회가 더 비극적이라는 것을 이 작품은 에둘러 표현한다.

한편 〈지우학〉은 2년간 코로나를 겪은 사람들의 경험과 결부시킨 스토리에서 공감대를 형성했다. 이 작품에는 좀비가 변이되는 과정에서 '절비'라는 돌연변이가 등장하는데 이는 코로나19 바이러스가 델타, 오미크론 등 변이를 계속하며 죽지 않고 변형되는 것과 비슷한 양상을 보였다. 절반만 좀비 바이러스에 걸린 '절비'는 무증상 감염자들을 떠올리게 하는 등 우리가 코로나 팬데믹을 겪으면서 체감했던 것들이기 때문에 공감대가 더 컸다.

사회 부조리 고발하는
비판적 메시지의 힘

K-디스토피아는 한국형 리얼리즘을 기반으로 사회비판적인 메시지를 전달한다. 이와 함께 인간 본성에 관한 문제를 흥미로운 스토리텔링으로 다뤘고, 한국 사회의 특수성에 기인하지만 어느 나라에서나 볼 수 있는 보편적 소재에 세계 많은 사람들이 공감했다.

K-콘텐츠 창작자들은 드라마를 통해 극단으로 달려가는 우리의 모습을 그대로 표현하는 데 그치지 않고 사회적인 경종을 울리고 세상이 좀 더 나은 쪽으로 변화하기를 원했다. 물론 외화 〈월드 워 Z〉 같은 해외 좀비물의 경우 거대한 좀비 떼가 2008년 금융위기로 인해 신

자본주의에서 이탈하고 거리로 내몰린 사람들의 군상을 떠올리게 한다는 평가가 있었지만, K-디스토피아는 다양한 계층의 사람들과 인간관계를 통해 더욱 선명하고 구체적으로 한국 사회의 문제점을 지적한다.

넷플릭스 드라마 〈킹덤〉 시리즈는 조선 후기 좀비화된 절대 빈곤층을 통해 부패하고 무능한 정치와 계급적 갈등을 다뤘는데 일각에서는 젊은층을 중심으로 확산된 '헬조선' 담론과 '국정농단' 사태를 떠올렸다.

또한 영화 〈부산행〉은 극한 상황에서 인간의 이기심과 정치인들의 부도덕성을 고발했고, 군복 입은 좀비 떼들은 엄혹했던 군부 독재 시절의 그림자를 연상시켰다.

그런가 하면 〈지옥〉은 사회적 혼란을 틈타 그 속에서 이익을 얻으려는 사이비 종교 단체를 통해 인간의 이기심을 파헤쳤고, 디지털 사회에서 자신이 믿고 싶은 것만 믿고 점차 극단적으로 치닫는 집단 광기가 판치는 현대사회를 비판했다. 영화 〈#살아있다〉는 각종 IT 기기로 이어진 초연결 사회에서 오히려 점점 고립되는 개인의 문제를, 넷플릭스 드라마 〈스위트홈〉은 다이어트에서부터 사회적 성공까지 욕망과 집착으로 인해 괴물로 변한 인간의 내재된 욕망을 꼬집었다.

〈오징어 게임〉은 마치 게임판에 놓인 말처럼 무한 경쟁 속에 사회 안전망의 보호를 받지 못하고 나락으로 떨어지는 사람들을 통해 자본주의의 모순을 그렸다. 그 속에서 극단적인 이기주의와 약육강식을 적나라하게 보여준다.

감독은 이 드라마에서 외국인 노동자, 노인 등 게임에서 불평등한 구조에 놓인 사회적 약자의 이야기와 함께 글로벌 이슈로 떠오른 젠더, 이주민, 인종차별 등의 사회 문제를 짚는다. 상대를 죽여야 내가 살 수 있는 '제로섬 게임'에서 승리하기 위해 수단과 방법을 가리지 않는 극단적 이기주의를 캐릭터와 에피소드를 통해 묘사하면서 현대 사회 시스템의 한 단면을 잘 보여준다.

〈지우학〉은 날이 갈수록 잔인해지는 학교 폭력의 심각성과 디지털 성범죄, 개인을 보호하지 못하는 무책임한 국가 시스템을 고발했다. 〈지우학〉의 이재규 감독은 "표면적으로는 학교 폭력이라는 이야기를 가져왔지만 학교와 사회는 크게 다르지 않다고 생각한다. 어느 집단에서나 일어날 수 있는 일이기 때문에 이런 극단적인 상황을 보고 '나는 어떤 사람인가'에 대한 생각을 했으면 좋겠다."라는 연출 의도를 밝히기도 했다.

한국에서는 이 작품을 '세월호' 참사와 연관 짓는 이들이 많았지만, 해외에서는 교내 총기 난사 사건 등 각자의 경험과 트라우마를 떠올리게 했다. 이재규 감독은 "세월호, 삼풍백화점, 성수대교 붕괴 등 우리 사회에서 일어나서는 안 되는 데 일어난 모든 사건이 모티브"라고 말한 바 있다. 이 드라마는 우리 사회가 당면한 문제를 우리만의 시각으로 담았음에도 글로벌하게 받아들여졌다. K-디스토피아는 이처럼 전 세계 사람들이 갖고 있는 사회적 트라우마를 건드리며 공감대를 형성한 것이다.

미국 국무부는 외교전문을 통해 "〈오징어 게임〉이 암울한 경제 상황에 대한 한국 사회의 좌절감을 반영한 것"이라고 흥행코드를 분석했다. 하지만 코로나 팬데믹 이후 더 암울해진 경제적 불평등과 계층 간의 사회 문제는 미국뿐 아니라 전 세계인이 공감한 소재였다.

한 미국 시청자는 "미국에서는 사회 경제적 문제와 계층 간의 문제를 이야기하고 싶은데 이를 다룬 콘텐츠가 상대적으로 적다."면서 "한국의 콘텐츠지만 우리 문화처럼 느껴진다. 대부분의 미국인들이 겪고 있는 경제적 고통 상태에 대해 시사하는 바가 크다."라고 말했다. 오히려 한국 드라마를 통해 미국 사회를 객관적으로 비춰보는 결과를 낳은 것이다.

한국형 리얼리즘이 만들어낸
K-디스토피아

K-디스토피아는 그동안 한국 영화에서 보여 준 한국형 리얼리즘에 기반을 두고 있다. K-리얼리즘은 당대 한국 사회가 직면한 이슈와 관심 사항을 강력한 스토리텔링으로 담아낸다. 서구 할리우드 영화가 슈퍼 히이로를 등장시켜 절대 악에 맞서는 이야기를 그리는 것과 달리 한국형 리얼리즘은 평범한 서민들이 겪는 현실을 적나라하게 보여 준다. 그 속에서 인간관계나 삶에 대한 통찰뿐만 아니라 사회적으로 묵직한 화두를 던진다.

한국 영화사에서 당대 사회적 이슈와 역사적 사실, 시대적 갈등을 특유의 스토리텔링으로 담아낸 한국형 리얼리즘은 오랜 역사를 지니고 있다. 영화 〈하녀〉, 〈화녀〉, 〈충녀〉 등으로 한국 리얼리즘 영화 시대를 연 김기영 감독(1919~1998)을 시작으로 〈오발탄〉의 유현목 감독 등 작가주의 감독들은 한국적 특수성을 반영한 리얼리즘 영화를 만들었다.

1987년 6월 민주항쟁 이후 1980년대 말에는 한국 근현대사의 억압과 항거 등 사회적 이슈를 영화에 담은 영화 사조인 '코리안 뉴웨이브Korean New Wave'가 등장했고 박광수, 장선우 감독이 이를 이끌었다.

1990년대 '리얼리즘 영화의 대가'로 불리는 이창동 감독은 신분과 계층에 상관없이 많은 사람들이 일상에서 흔하게 마주하는 사회적 부조리와 그로 인한 분노를 현실적으로 그렸다. 영화 〈초록물고기〉, 〈박하사탕〉, 〈오아시스〉, 〈밀양〉, 〈시〉, 〈버닝〉 등 그의 작품들은 소설가 출신인 이 감독의 문학적 감수성이 더해져 그만의 영화 세계를 만들었다.

박찬욱, 홍상수 등 대표적인 작가주의 감독들은 한국형 리얼리즘에 기반을 두고 감독의 개성을 입힌 작품들을 선보여 해외에서도 인정받았다. 〈올드보이〉, 〈아가씨〉 등을 연출한 박찬욱 감독은 거친 리얼리즘에 판타지를 절묘하게 결합시켰고, 홍상수 감독은 작위적이지 않고 자연스러운 사실성을 기반으로 한 작품으로 한국 영화계 리얼리즘의 스펙트럼을 넓혔다. K-리얼리즘은 여러 감독들이 누아르나 액션, 스릴러 등과 결합하며 다양하게 변주됐으며, 일부 작품들은 현실을 묘사하는 과정에서 지나친 폭력성과 선정성으로 비판을 받기도 했다.

이러한 한국형 리얼리즘의 정점에 있는 작품이 바로 봉준호 감독의 〈기생충〉이다. 자본주의에 대한 강한 비판 의식을 견지해 온 봉 감독은 〈기생충〉에서 경제적으로 압축 성장한 한국식 자본주의로 인한 사회적 모순과 계층 간의 문제를 특유의 유머와 공포를 섞은 블랙코미디 형식으로 풀어냈다. 〈기생충〉은 신자유주의 속에 사는 사람이라면 누구나 공감할 수 있는 빈부 격차를 다루고 있다는 점에서 〈오징어 게임〉과도 비슷한 지점에 있다.

한국 사회의 특수성에 기인한 이 작품은 세계적으로 보편성을 얻는 데 성공했고, 한국 영화 최초로 칸영화제 황금종려상 및 아카데미 4개 부문을 수상했다. 그의 작품은 시대적 화두를 던지면서 오락적 미덕을 잃지 않았고 대중성과 예술성의 균형을 이뤘다.

'봉테일'이라고 불리는 봉준호 감독은 철저하게 현실에 천착한 작품들을 만들고, 상징과 은유를 통해 메시지를 전달한다. 특히 영화의 배경이 되는 공간은 박사장(이선균)이 사는 대저택 거실과 2층, 백수 가족 기택(송강호)네가 사는 반지하, 세상에서 사라진 근세(박명훈)가 숨어사는 지하 벙커 등으로 이뤄져 있다. 봉 감독의 작품 세계를 분석한 책 〈봉준호 코드〉에 따르면, 계단은 상승과 하강의 수직적 이미지를 상징하며 이는 계층 상승의 욕구와 불평등한 사회 구조를 의미한다.

봉 감독은 〈기생충〉을 '계단 영화'라고 표현했는데 "기택의 관점에서 압축하면 계단을 올라가려고 했던 남자가 결국 계단을 내려가면서 끝나는 이야기"라고 말했다. 봉 감독은 영화 〈설국열차〉에서는 꼬리 칸에서 맨 앞 칸으로 이동하는 수평적 이미지를 통해 계층 간 불합리한 구조를 표현한 바 있다.

뉴욕타임스가 "우리는 봉준호의 디스토피아에 산다."라고 언급했던 것처럼 한국적 리얼리즘을 기반으로 한 K-디스토피아는 '봉준호 월드'에 기인한 측면이 많다. 그는 한국에서 관객 1,091만 명을 모은 괴수 영화 〈괴물〉에서 재난 상황 속에서 개인을 보호하지 못하는 사회 시스템을 지적했고, 가족만이 개인을 보호할 수 있다는 메시지를 에둘러 전했다. 연쇄 살인범을 쫓는 범죄 스릴러 〈살인의 추억〉에서는 시민을 보호하지 못하는 무능한 경찰 이야기를 그렸다. 이후 〈마더〉에서는 힘없고 권력에서 소외된 자들이 죄를 뒤집어쓰고 더 나락으로 떨어지게 되는 사회적 부조리를 묘사했다.

봉 감독은 이처럼 어두운 세계관을 견지하면서 우리 사회의 '불편한 진실'을 솔직하게 인정한다. 이를 통해 현실에 한 발짝 더 다가선 영화를 만든다. 그는 한 인터뷰에서 우리 사회의 현실을 정면으로 마주한 영화를 만드는 이유에 대해 이렇게 말했다.

"어두운 면을 솔직하게 인정하는 것이 오히려 서로 위로가 되지 않나 하는 생각이 듭니다. 어두운 세상에서 아주 가끔씩 즐거운 일로 위로를 받는 것이 인생 아닐까요?"

한편 〈기생충〉에서는 반지하, 냄새 등 현실을 적나라하게 드러냈는데, 일각에서는 '빈곤 포르노', '가난 전시'라는 말까지 나왔다. 〈기생충〉은 이처럼 '을'들이 겪는 복잡다단한 현실을 다각도로 그렸다는 점에서 'K-리얼리즘'의 정점에 위치한 작품이다.

같고도 다른
〈기생충〉과 〈오징어 게임〉

많은 이들이 〈기생충〉을 보고 불편하고 당황스러운 감정을 호소하기도 하는데 그 이유는 기존에 잘 보이지 않던 우리 사회의 민낯을 잘 보여주고 있기 때문이다. 첫 번째로 대부분의 영화에서 부자는 착취하는 탐욕스러운 계급, 빈자는 착취당하는 불쌍한 계급으로 그려지지만 〈기생충〉에서는 반드시 그 공식이 성립하지 않는다. 박 사장의 부인 연교(조여정)는 세상 물정 모르는 부자에 푼수지만 누구에게도 해악을 끼치지 않는 착한 인물이다. 반면 빈자貧者인 기택(송강호)의 가족은 부자를 상대로 사기를 치고 자신들의 이익을 위해 거짓말로 누군가에게 누명을 씌우는 악행을 저지른다. 게다가 또 다른 '기생' 가족과 생존권을 위해 '을'끼리 처절한 싸움을 벌인다.

두 번째, 중산층의 몰락과 더 이상 '개천에서 용이 날 수 없는' 흙수저 계층의 고착화는 현실의 무력감을 고스란히 보여준다. 박 사장 집에 기생하는 두 가족은 모두 대만 카스텔라를 팔던 자영업자였지만 사업이 망하면서 하층민으로 추락했다.

때문에 더 이상 계층의 이동이 불가하다고 느낀 두 가족은 무력감에 휩싸여 '갑'에 해당하는 박 사장에게 과도한 충성을 하게 된다. 대놓고 '기생'하기로 작정한 것이다. 이처럼 무력감의 발로에서 생긴 충성심은 '을'로 이 땅을 살아가는 사람이라면 마주하기 싫은 불편한 현실이다.

기택은 아들에게 "최고의 계획은 무계획이다. 계획은 하면 틀어지 거든. 그대로 되질 않아. 대신 무계획은 그럴 걱정이 없다."라고 말한다. 이는 계획을 세운다고 해서 뜻대로 되지 않는 것이 인생이라는 뜻이 담겼지만, 자본주의적 시각으로 해석하면 아무리 발버둥 쳐도 계층 이동이나 사회 안전망을 기대할 수 없으니 그냥 무계획으로 살자는 '자포자기식'의 자조적 의미가 담겨있다. 이는 공고화된 신자유주의에 더 이상 반항할 수 없고, 거스를 수 없는 질서라는 현실적인 무력감을 나타낸다.

세 번째는 '갑'의 위선이다. 박 사장이 수시로 '선을 넘지 말라.'고 이야기하는 것이나 '냄새'로 계층을 분류하면서 무시하는 갑의 횡포는 상당히 노골적이다. 인디언 분장을 하고 박 사장 아들의 생일 파티까지 참여하게 된 기택이 불편한 감정을 드러내자 박 사장은 "월급에 포함된 것 아니냐."라며 근엄한 표정으로 권위를 드러낸다. 극중 박 사장이 끊임없이 언급하는 '선'은 철저히 고착화되고, 더욱 심해져 가는 양극화와 사회구조적인 모순을 의미한다.

이에 대해 봉 감독은 "불편함을 의도하지는 않았지만, 불편함을 피하려고 무언가를 덧입힌다면 더 화를 낼 것 같아서 솔직하게 마무리했다."면서 리얼리즘에 천착한 이유를 밝혔다.

지난 2003년 〈살인의 추억〉을 시작으로 〈괴물〉(2006), 〈설국열차〉(2013), 〈기생충〉(2019) 등에 출연하며 '봉준호 감독의 페르소나'로 불리는 배우 송강호는 "〈기생충〉은 20년간의 봉준호 리얼리즘 완성 지점에 와 있는 작품"이라면서 "봉 감독의 영화에는 시대에 대한 탐구,

우리 삶에 대한 성찰과 깊이 있는 시선이 담겨있다."라고 말했다.

〈오징어 게임〉과 〈기생충〉은 표현 방식은 다소 다르지만 자본주의에 대한 비판과 계층 간의 불평등, 그로 인한 인간의 탐욕과 이기심을 그린다는 공통점이 있다. 다만 영화 〈기생충〉이 상징과 비유를 통해 주제 의식을 표현했다면, 〈오징어 게임〉은 콘셉트를 강조하는 방식으로 좀 더 사실적이고 극단적으로 메시지를 제시한다.

두 작품에는 모두 '사람'이 중심에 있다는 공통점이 있다. 봉준호 작품이 엄마, 노인, 소녀, 하인 등 평범한 서민들을 이야기의 중심에 뒀다면, 〈오징어 게임〉은 몰락한 가장, 힘없는 노인, 외국인 노동자와 탈북자 등 소외 계층을 주인공으로 내세웠다. 흥미로운 점은 두 작품 모두 '을들의 게임'에 대해 이야기하고 있다는 것이다.

〈기생충〉에서는 부자와 가난한 사람이 공생하지 못하지만 가난한 사람들끼리도 연대하지 못한다. 반지하 가족인 기택네가 박 사장 집 지하에 사는 근세네에게 선을 긋고 대립하는 모습이 이를 표현한다. 이에 대해 봉준호 감독은 "영화는 '공생'에 대한 화두를 던졌지만 가난한 자들끼리의 싸움에 상당 부분 할애돼 있는데, 약자들끼리의 연대가 없다는 것이 쓸쓸하지만 그것이 우리 시대의 모습"이라고 말했다. 황동혁 감독 역시 "〈오징어 게임〉은 루저들끼리 싸우고 루저들이 죽어가는 이야기다. 영웅을 내세워 승자가 되는 다른 게임과 달리 영웅도 천재도 없다는 것이 차별성"이라고 밝혔다.

극한의 상황 속
피어나는 휴머니즘

K-디스토피아는 비극적이고 암울한 세계관을 다루고 있지만, 결국 해답은 휴머니즘에 있음을 강조한다. 물질 만능주의와 무한 경쟁으로 인한 비극을 멈출 수 있는 힘도 결국 '사람'에 있다는 것이다. 부모의 자식을 위한 조건 없는 사랑과 친구를 살리기 위한 깊은 우정, 연대에 기반한 인류애는 돈으로 대신할 수 없는 가치였고, 인간만이 가질 수 있는 특징이었다.

특히 이 부분에 있어서 한국인의 정을 기반으로 감동을 주는 스토리는 'K-신파'라는 이름으로 해외에서 재발견됐다. 감정선을 자극해 눈물을 짜내는 '신파'는 한국에서 호불호가 갈리지만, 해외 시청자에게는 감동을 주는 K-드라마의 특징 중 하나로 인식됐다.

K-신파는 좀비나 괴물에게도 서사와 사연을 불어넣어 감정 이입을 가능하게 한다. 〈지우학〉의 이재규 감독은 "한국 장르물은 감정이 깊은 것이 특징"이라면서 "시청자도 창작자도 깊은 정서를 가지고 내용과 인물을 대하다 보니 공감과 파급력이 더 크다."라고 말했다.

일례로 드라마 〈지옥〉에서는 마지막에 지옥행 고지를 받은 신생아를 지키기 위해 대신 죽음을 선택하는 부모의 희생이 극적으로 그려진다. 부모의 헌신으로 생명을 지킨 아이는 사이비 종교 새진리회의 잘못된 교리를 파헤치고 진실을 밝히는 새로운 희망을 상징한다.

연상호 감독은 인간이 가진 여러 가지 보편적 특성 중 가장 극적이고, 가장 설명할 수 없지만 인간만이 가질 수 있는 독특한 특성을 '희생'이라고 봤다. 연 감독은 "마지막을 인간이 가진 설명할 수 없는 무언가로 (작품을) 끝내고 싶었고, 그것이 희생"이라고 말했다.

〈지우학〉에서도 극중 청산은 짝사랑하는 온조를 위해 희생하고 죽음을 선택한다. 그는 "오늘은 내가 이 학교에서 제일 행복한 놈이다!"라고 마지막 대사를 남긴 뒤 친구들을 구하기 위해 좀비 소굴로 뛰어든다.

이 드라마에서는 마지막까지 생명을 구하기 위해 사지死地로 뛰어드는 가족애도 강조된다. 온조의 아버지 119구급 대원 남소주는 딸을 구하기 위해 목숨을 걸고, 청산의 어머니는 아들을 구하기 위해 무작정 학교로 달려가지만 좀비 떼의 공격을 받는다. 또한 10대 미혼모는 목숨을 걸고 자신이 낳은 아이를 좀비 떼의 습격에서 지킨다. 이재규 감독은 인터뷰에서 "저는 사람을 믿고 싶고 희망을 찾으려는 쪽"이라면서 "좀비 보다 무서운 것은 인간이라는 이야기는 결국 희망도 사람에게 있다는 뜻"이라고 말했다.

드라마 〈스위트홈〉의 경우도 각양각색의 괴물에 맞서 갈등하던 아파트 주민들이 서로 연대하는 모습을 통해 절망적 상황에서 한줄기 희망을 발견한다. 은둔형 외톨이 캐릭터로 자살을 결심했던 주인공 현수는 여러 사람들과의 관계 속에서 성장한다.

〈오징어 게임〉에서도 궁극적으로는 극한의 상황에서 서로 신뢰하고 연대하는 휴머니즘이 강조된다. 〈오징어 게임〉 6화 '깐부'편에서 기훈과 일남이 구슬치기를 하며 "우린, 깐부잖아."라는 대화를 나누는 장면은 전 세계인들에게 큰 감동을 안겼고 K-신파라는 말을 유행시킨 결정적 계기가 됐다. 성기훈은 세상에서 소외된 노인 일남을 공경하고 두 사람은 나이를 넘어선 진한 우정을 나눈다. 그리고 함께 연대한다. 어린 시절 게임에서 한편을 먹던 짝꿍을 뜻하는 순우리말 '깐부'는 이제 세계인들 사이에서 유행하는 단어가 되었다.

또한 가족의 관계는 아니지만 서로 희생하는 또 다른 '깐부', 새벽과 지영의 관계는 극한의 상황에서도 인류애는 피어날 수 있고 그것이 폭주하는 비극을 멈출 수 있다는 메시지를 전한다. "사람이 믿을 만해서 믿는게 아니야. 안 그러면 기댈 데가 없어서 믿는 거지."라는 극중 기훈의 대사처럼 디스토피아적 세계에서도 인간의 신뢰만이 비극을 막을 수 있음을 이야기한다.

〈오징어 게임〉에서 사회의 잘못된 시스템을 바로잡기 위해 필요한 것은 사람 사이의 연대라고 강조한다. 황동혁 감독은 "우리는 경기장의 '말'이 아니고 사람이며, 잘못된 시스템을 고치고 바로잡기 위해 함께 뭉쳐서 같이 살아야 한다는 자각을 일깨우고 싶었다."라고 말했다. '깐부 할아버지' 오일남은 이 시대에 '깐부 정신'이 필요하다며 이렇게 말했다.

"네 것도 없고, 내 것도 없고, 승자도 없고, 패자도 없는 게 '깐부 정신'입니다. 부모와 자식 간 갈등, 정치적 갈등, 남녀 갈등을 비롯한 우리 사회에 심각한 문제를 바로잡기 위해서는 '깐부 정신'이 필요하다고 생각합니다."

동시대와 소통하라
현실 공감형 로맨스의 진화

한국인이 드라마를 사랑하는 민족이라는 데 이의를 제기하는 사람은 많지 않을 것이다. 한국인들은 드라마를 통해 인생의 희로애락을 표현해왔고 드라마와 함께 성장해왔다고 해도 과언이 아니다. 때문에 드라마에는 한국의 사회와 문화가 고스란히 녹아있다. 이제 한국 드라마는 OTT를 통해 한국뿐 아니라 전 세계가 즐기는 문화상품이 됐다.

그 중심에 있는 것이 바로 한국형 로맨스 드라마, 다시 말해 'K-로맨스'다. K-로맨스는 현대극, 사극, 판타지 등 다양한 장르로 변주되며 오랜 역사를 이어왔고 전통적으로 아시아를 비롯한 전 세계에서 한류를 견인해온 핵심 콘텐츠였다. 수많은 한류 스타가 한국형 로맨스 드라마를 통해 탄생했고 K-뷰티와 K-패션, K-푸드를 알린 매개체이기도 했다. 드라마 한 편이 한국에 대한 호감도를 높이고 국가 브랜드를 제고시키는 소프트 파워의 힘을 발휘한 것이다.

문화체육관광부와 한국국제문화교류진흥원이 발표한 '2022 해외 한류 실태조사'에 따르면 이 조사를 시작한 2018년 이래 가장 인기 있는 한국 드라마는 〈사랑의 불시착〉, 〈태양의 후예〉, 〈호텔 델루나〉, 〈도깨비〉, 〈갯마을 차차차〉, 〈사이코지만 괜찮아〉 등 K-로맨스가 대부분을 차지했다.

해외 OTT에서 소개된 〈오징어 게임〉과 〈킹덤〉 등의 장르물이 세계적으로 유행하기 전까지는 K-드라마의 대표는 로맨스 드라마였던 셈이다.

한국형 로맨스 드라마가 세계적인 킬러 콘텐츠가 된 이유는 한국뿐만 아니라 아시아 여성들의 심리를 정확히 꿰뚫고, 그들의 판타지를 반영했기 때문이다. 세계 각국의 시청자들은 신분과 계층을 넘은 남녀 주인공의 애절한 사랑에 공감했고, 온갖 난관을 뚫고 사랑에 성공하는 여주인공을 보면서 대리만족했다.

전 세계를 휩쓴 K-장르물이 영화적 토양을 기반으로 했다면, K-로맨스는 한국 방송사 시스템 속에서 발전을 거듭했다. K-로맨스는 어떻게 세계인을 사로잡은 한류의 히트 상품이 된 것일까.

'K-로맨스'가
세계를 사로잡은 이유

서구의 로맨틱 코미디와 달리 한국의 로맨틱 코미디는 특유의 서정성과 트렌디함, 한국적인 정서를 바탕에 깔고 있다. 달달한 로맨스와 톡톡 튀는 코미디의 조합은 기본, 여기에 홈드라마적인 성격도 갖고 있어서 가족들의 희생과 헌신, 가족애에 상당 부분을 할애한다.

'K-로맨스'는 화려한 영상미와 감성적인 OST, 세련된 스타일이 총집합된 종합 예술에 가깝다. 입체적이고 몰입감 있게 이야기를 엮어내는 작가의 필력과 이를 화려하게 담는 감독의 연출력, 매력적인 외모의 배우들의 연기력은 K-로맨스를 구성하는 중요한 요소들이다.

초기 한국 로맨스 드라마는 지상파 방송사 중심으로 제작됐는데, '드라마 왕국'으로 불렸던 MBC, 한류 붐을 일으켰던 KBS, 후발주자였지만 트렌디 드라마에서 강세를 보인 SBS 등 방송 3사의 영향력이 막강했다. 때문에 방송사 소속 공채 PD들과 공채 탤런트들이 한류 드라마를 이끌었다.

1세대 한류 드라마는 KBS 〈겨울연가〉(2002)에서 시작됐다. 윤석호 감독은 〈가을동화〉(2000), 〈여름향기〉(2003), 〈봄의 왈츠〉(2006) 등 KBS를 통해 일명 '계절 시리즈'를 내놓았다. 한 폭의 수채화 같은 감성적인 사랑 이야기는 1세대 K-로맨스의 전형을 만들었고, 〈겨울연가〉의 배용준과 최지우, 〈가을동화〉의 송승헌과 송혜교, 〈여름향기〉의 손예진 등 청춘 스타들의 등용문 역할을 했다.

어떤 어려움도 극복하는 '순수한 사랑'은 K-로맨스를 공통적으로 관통하는 주제지만, 1세대 로맨스 드라마는 비장미가 느껴질 정도로 순수한 사랑이 강조된 것이 특징이다. 국내에서 시청률 40%를 돌파했던 권상우, 최지우 주연의 드라마 〈천국의 계단〉(2003)이 대표적이다.

그런데 애절한 러브스토리에 집중하다 보니 극적인 장치가 따라왔고 출생의 비밀, 기억 상실, 불치병, 이복 남매간의 사랑, 삼각관계 등 작위적인 설정이 자주 등장했다. 하지만 온갖 역경에도 불구하고 사랑하는 사람을 지키고 보호하는 순애보적인 사랑은 여성 시청자들의 마음을 뒤흔들었다.

1세대 K-로맨스가 아시아와 중동 문화권에서 인기를 끌 수 있었던 것은 유교 문화를 반영한 한국 드라마가 다소 보수적인 문화를 견지하고 있기 때문이다. 한국의 '애이불비哀而不悲' 정서에 근거한 은근한 로맨스는 K-로맨스의 특징인데 이는 로맨스 사극에서 특히 잘 드러난다.

한류 1세대를 이끈 MBC 〈대장금〉(2003)을 비롯해 〈공주의 남자〉(2011), 〈해를 품은 달〉(2012) 등의 로맨스 사극은 남녀 간의 사랑을 자극적이지 않고 잔잔하게 감정의 진폭을 강화하는데 더 초점이 맞춰졌다. 이는 보수적이지만 애틋한 로맨스 KBS 〈구르미 그린 달빛〉(2016), 〈연모〉(2021), 〈옷소매 붉은 끝동〉(2021) 등으로 계보가 이어졌고, 국내외에서 큰 호응을 얻었다.

해외 팬들은 서구의 로맨틱 코미디가 갑작스러운 전개가 이뤄지는 것과 달리 K-로맨스의 가장 큰 차별점이자 강점으로 인물들의 감정이 서서히 점층적으로 쌓이다가 폭발하는 것을 꼽는다. 현재의 K-로맨스가 등장인물의 관계성을 촘촘하게 그리고 서사를 층층이 쌓아가다가 몰입도를 높이는 전개 방식을 띠는 것은 1세대 한국형 로맨스에서 계승, 발전된 부분이다.

비극적 운명에 처한 비련의 여주인공과 자상하고 한 여자만을 사랑하는 지고지순한 남성 캐릭터는 한류 드라마의 공식 중 하나다. 이 역시 시대의 변화에 맞춰 조금씩 변화되기는 했지만, 그것은 K-로맨스의 역사 속에서 변하지 않는 부분이다.

금기나 한계를 뛰어넘어 따뜻한 내면을 가지고 서로를 보듬는 사랑에 대한 판타지는 갈수록 각박해지는 현대사회와 코로나 팬데믹이라는 인간관계의 단절을 겪으면서 더욱 커졌다.

때문에 OTT 시대에도 K-로맨스는 경쟁력을 가질 수 있었고 넷플릭스 등 글로벌 플랫폼에서 TV쇼 부문 상위에 오르는 등 세계적으로 주목받았다. 초창기 한류 스타들이 출연한 K-로맨스에 무관심했던 넷플릭스도 뒤늦게 동남아시아를 비롯한 전 세계에서 파워를 실감하고 그 부분에 대한 투자를 대폭 늘렸다. 특히 넷플릭스는 오리지널 자체 제작 콘텐츠에서 독특하고 마니아적인 소재를 다뤘다면, 한국 제작사들이 만든 K-로맨스물을 적극 구입해 전세계에서 최초로 유통시키는 투트랙 전략을 구사해 쏠쏠한 재미를 봤다. 일본 넷플릭스에서 장기간 1위를 차지한 tvN 드라마 〈사랑의 불시착〉이 대표적이다.

해외에서도 K-로맨스의 경쟁력은 오히려 노골적인 서구의 멜로물과 달리 동양적인 정서에 있다고 분석했다. 영국 BBC는 "한국 드라마는 누드나 섹스신이 없어 어떤 문화권에도 쉽게 받아들여질 수 있는 가족 친화적인 콘텐츠"라며 "표현 수위가 가장 큰 장점"이라고 밝히기도 했다. 이어 "코로나 팬데믹 상황이 한국 콘텐츠에 기회가 됐으며 이를 뒷받침하는 근거로 2020년 아시아에서 넷플릭스 한국 콘텐츠 시청이 지난해 보다 4배 증가했다."고 밝히기도 했다.

심리적 공감대를 기반으로
변주하다

무려 3조 원의 경제적 파급효과를 일으킨 1세대 한류 드라마 〈겨울연가〉에는 남성 캐릭터에 당시 여성 시청자들의 판타지가 상당 부분 투영돼 있었다. 멋진 직업에 잘생긴 외모, 자신이 사랑하는 여자에게 다정하고 부드럽고 자상한 준상(배용준)의 캐릭터는 아시아 권에서 흔히 볼 수 있던 권위적이고 가부장적인 남성상과는 거리가 멀었다. 때문에 유교 문화권의 공통점을 가진 아시아 여성들의 판타지를 자극할 수밖에 없었다. 여성 위에 군림하는 것이 아닌 평등하고 희생적인 남성상이 매력적으로 비쳐진 것이다.

이 드라마에서 첫사랑의 판타지를 매력적으로 소화한 배용준은 일본에서 '욘사마'라고 불리며 아시아권의 한류 스타에 등극했고 그의 소속사를 투어하는 관광 상품까지 생겨났다. 그는 팬들을 '가족'이라고 부르는 등 따뜻하고 부드러운 리더십을 발휘해 팬들과 유대감을 이어갔다.

2000년대부터는 주먹구구식으로 운영되던 한국 콘텐츠 시장이 상업적으로 기틀을 잡아가면서 드라마에도 많은 제작비가 투입되고 드라마 제작 편수도 대폭 증가했다. 당시 K-팝 분야에서는 SM, YG,

JYP 등 대형 기획사가 설립됐고 주식시장에 상장되는 등 국내 엔터 산업도 기업형으로 변모했다. 드라마계에서도 〈겨울연가〉를 제작한 팬엔터테인먼트를 비롯해 삼화프로덕션, 로고스필름 등 드라마 외주 제작사들의 영향력이 점차 강화됐다. 지상파 방송사의 드라마 해외 콘텐츠 수출 부서가 활기를 띠었고, 스타 캐스팅에 중심을 두고 한류 를 겨냥한 드라마들이 많이 만들어졌다.

이처럼 한국 드라마 산업이 팽창하면서 로맨스 드라마도 한 단 계 도약했다. 초기의 'K-로맨스'가 다소 무거운 스타일이 많았다면, 2000년대부터는 발랄한 청춘들의 성장을 그린 로맨스물이 다수를 차 지했다. 세련되고 스타일리시한 연출 기법으로 변주된 젊은 감각의 트렌디 드라마가 늘어나면서 여주인공의 화장과 패션이 주목받았고 드라마의 PPL Product Placement, 간접 광고 사업도 부흥하기 시작했다.

여성들의 사회적 진출이 지금과 비교해 상대적으로 적었던 당시에 는 신데렐라 콤플렉스를 자극하는 작품들이 많았다. 청순가련형 외모 를 갖췄지만 경제적 형편이 어려운 여주인공이 백마 탄 왕자를 만나 티격태격하다가 결국 신데렐라가 된다는 스토리는 많은 사람들을 TV 앞으로 끌어당겼다. 2000년대 초에는 인터넷을 기반으로 한 벤처 기 업 붐이 불면서 외모와 재력을 갖춘 기업의 회사 대표나 재벌 2세가 유독 많이 등장하기 시작했다. 〈명랑소녀 성공기〉(2002), 〈발리에서 생긴 일〉(2004), 〈파리의 연인〉(2004) 등이 대표적이다.

이와 함께 남성 캐릭터들은 주로 '차도남'(차가운 도시 남자)으로 그 려졌는데, 대부분 내면의 아픔을 가진 까칠하고 도도한 재벌 2세가

한 여성을 통해 변화되어 세상 밖으로 나온다는 한국 드라마의 대표적인 클리셰도 이즈음 만들어졌다.

하지만 2000년대 대표적인 한류 드라마인 〈풀하우스〉(2004)를 기점으로 드라마 속 여성 캐릭터는 순종적이고 수동적인 캐릭터를 거부하고 발랄하고 능동적인 캐릭터로 변화하기 시작한다. 이전 작품에서 비련의 여주인공 혹은 억척스러운 캔디형 여주인공을 맡았던 송혜교는 한국 트렌디 드라마의 교본이라고 볼 수 있는 〈풀하우스〉에서 상큼 발랄한 이미지로 '드라마 퀸'으로 자리매김했다. 이후 그녀는 노희경 작가의 작품 〈그들이 사는 세상〉에서 일과 자기주장이 확실한 전문직 여성의 로맨스를 그렸고, 대규모 제작비가 투입된 대작 드라마 〈태양의 후예〉로 K-로맨스의 외연을 확장시켰다.

동명의 일본 순정만화를 원작으로 한 〈꽃보다 남자〉를 비롯해 〈풀하우스〉, 〈궁〉 등 만화를 원작으로 한 드라마들이 늘면서 K-로맨스물은 명랑만화같이 아기자기하고 발랄한 특징이 강화되기 시작했다. 유행에 민감하고 톡톡 튀는 상큼 발랄한 'K-로맨스'의 전형이 형성된 것이다.

'현실 공감형 로맨스'의
탄생

그런데 2005년 MBC 드라마 〈내 이름은 김삼순〉 이후 K-로맨스에 조금씩 변화가 일어나기 시작했다. 비현실적이고 뜬구름 잡는 로맨스에 식상함을 느낀 시청자들이 '현실 공감형 로맨스'에 눈을 뜨기 시작한 것이다.

촌스러운 이름, 통통한 몸매를 지닌 여주인공 김삼순은 남성에게 보호본능을 자극하는 기존의 로맨틱 코미디 여주인공과는 조금 달랐다. 게다가 누군가에게 의존하지 않고 파티셰라는 자신의 일을 사랑하는 당당하고 진취적인 여성 캐릭터로 그려졌고, 최고 시청률 50%를 넘을 정도로 폭넓은 공감대를 형성했다. 물론 여주인공이 일과 사랑에 모두 성공한다는 자체가 판타지라는 말도 있었지만, 이 드라마를 시작으로 K-로맨스는 전형성을 깨고 다양하고 입체적인 캐릭터를 선보이기 시작했다.

이후 평범한 여성, 이른바 '흔녀(평범한 여성)'들의 로맨스를 그린 '현실 공감형 로맨스'는 K-로맨스의 흥행 코드 중 하나로 자리 잡았다. 외로워도 슬퍼도, 아무리 어려운 상황에서도 자존심과 명랑함을 잃지 않았던 캔디와 달리 '현실 공감형 로맨스'의 여성 캐릭터들은 자신의 부족함을 솔직하고 숨김없이 드러냈다.

MBC 드라마 〈그녀는 예뻤다〉(2015)는 안면 홍조에 악성 곱슬머리를 하고 외적으로 자신감이 부족하고 찌질한 여주인공 김혜진(황정음)을 내세웠는데, 현대인들이 느끼는 박탈감을 솔직하게 담아 공감대를 형성했다.

과거 '몸짱'이었지만 변호사로 치열하게 살아오느라 '몸꽝'이 된 여자 강주은(신민아)의 이야기를 그린 〈오 마이 비너스〉(2015)나 전 국민의 욕을 먹는 비호감 생계형 가수 구애정(공효진)을 내세운 〈최고의 사랑〉(2011)도 현실 공감형 로맨스의 대표작들이다.

골드미스, 연하남 그리고
'순정' 판타지

2010년대 여성의 사회적, 경제적 지위가 상승하면서 'K-로맨스' 드라마 속에서 성 역할이 점차 바뀌기 시작했다. 여성들은 더 이상 자신의 결핍을 채워 줄 '백마 탄 왕자'의 선택을 기다리는 캐릭터에 흥미를 느끼지 못했다. 그래서 드라마에서도 신데렐라 콤플렉스를 건드리는 수동적인 여성보다는 자신의 일뿐만 아니라 사랑에서도 주체적인 여성 캐릭터가 각광받았다.

흥미로운 점은 경제·사회적인 지위는 낮지만 가부장적인 것과는 거리가 먼 순수함으로 승부하는 남성 캐릭터가 등장하기 시작했다는 점이다. 오히려 보호 본능을 자극하고 사랑에 순수한 마음을 지닌 남성에 대한 동경이 생긴 것이다.

이는 고소득, 고학력 골드미스가 급증하는 등 달라진 사회상때문이라는 분석도 있지만, 완벽한 사람이 아니라도 내가 좋아한다면 그런 결핍을 기꺼이 감수하겠다는 동시대 여성들의 변화된 가치관을 반영한 것으로 풀이된다.

사실 순수한 사랑에 대한 여성들의 판타지는 K-드라마를 관통하는 공통적인 주제지만, 수동적인 신데렐라 콤플렉스를 통한 대리 만족이 아닌, 보다 주체적으로 사랑을 선택하고 그 선택에 책임을 지는 등 보다 다채로운 서사가 각광받기 시작했다. 이에 따라 기존에 부여된 성 역할과 캐릭터에 변화가 생기면서 연상연하 커플이 많이 등장하기도 했다. 누나들의 마음을 훔친 배우들은 '국민 연하남'이라는 타이틀과 함께 스타덤에 올랐다.

JTBC 드라마 〈밀회〉(2014)의 유아인이 대표적이다. 유아인은 이 드라마에서 퀵서비스 배달 일을 하며 피아니스트의 꿈을 키워 온 20대 선재 역을 연기했다. 〈밀회〉에서 사회적 위치가 불안하지만 순수함을 지닌 선재와 성공을 위해 앞만 보고 달려온 40대 커리어우먼 혜원(김희애)의 사랑은 극명한 대비를 이뤄 더 강렬하게 다가왔다.

극 중에서 예술재단 기획실장 혜원과 선재의 나이차는 스무 살, 실제 두 배우의 나이 차는 열아홉 살이다. 시청자들은 나이를 뛰어넘어 서로를 위로하는 그들의 금지된 사랑에 열광했다. 감성적이지만 저돌적으로 사랑을 표현하는 선재를 보면서 혜원은 삶에 지쳐 잊고 있던 사랑의 감정을 떠올렸다. 그리고 희미해져 가던 삶의 희망을 다시 찾았다. 많은 시청자들은 혜원에게 공감했고, 캐릭터를 몸에 맞춘 듯 소화한 유아인은 '국민 연하남'으로 확실한 눈도장을 찍으면서 연기의 깊이뿐만 아니라 대중적인 인기의 폭을 넓혔다.

유아인은 청소년 드라마 〈반올림〉(2003)으로 데뷔해 영화 〈완득이〉(2011), 〈깡철이〉(2013)를 거치며 반항 청소년 이미지에 머물렀지만 〈밀회〉로 대중적 인지도를 높였다. 이후 2015년 영화 〈베테랑〉과 〈사도)로 각종 연기상을 휩쓸며 연기력과 흥행력을 동시에 갖춘 몇 안 되는 젊은 연기자로 자리 잡았다. 넷플릭스 드라마 〈지옥〉에서는 카리스마 있는 주인공 정진수 역으로 자신의 존재감을 입증했다.

한류 스타 중 한 명인 배우 이종석도 2013년 SBS 〈너의 목소리가 들려〉에서 정확히 열 살 차이가 나는 선배 이보영과 멜로 연기를 펼쳐 주목을 받았다. 이 작품은 전문직으로서 능력을 갖춘 국선 전담 변호사 장혜성(이보영)과 초능력을 가진 소년의 사랑을 풋풋하고 순수하게 그렸다. 이종석은 상대의 눈을 보면 마음을 읽을 수 있는 초능력을 가진 소년 박수하 역을 맡았고 순수하고 천진난만한 매력으로 누나들의 마음을 사로잡았다.

그는 2014년 SBS 〈피노키오〉와 〈닥터 이방인〉에 연속 주연으로 발탁되며 연기력과 흥행력을 입증했고, 〈W〉(더블유)로 2016년 MBC 연기대상을 수상했다. 좋은 작품을 잘 고르는 탁월한 안목을 지닌 것으로도 유명한 이종석은 드라마 〈당신이 잠든 사이에〉와 〈로맨스는 별책부록〉에서 배수지, 이나영 등 인기 여배우들과 호흡을 맞추며 '로코킹'의 수식어를 얻었다.

일본에서 〈이태원 클라쓰〉로 큰 인기를 모은 박서준도 드라마 tvN 〈마녀의 연애〉(2014)에서 연하남 연기로 본격적인 스타덤에 올랐다. 〈마녀의 연애〉에서 박서준은 각종 아르바이트를 섭렵하는 경제적으로 불안정한 20대 역할을 맡았는데, 14세 연상의 시사주간지 기자 반지연(엄정화)과 로맨스를 펼쳤다. 두 배우의 실제 나이 차는 무려 19세. 이 작품으로 누나 팬들을 불러 모은 그는 이를 발판으로 한류 스타로 입지를 다졌다.

이후의 'K-로맨스'는 연하남 판타지를 자극한 작품들이 쏟아졌다. 이전의 연하남 캐릭터는 재벌 2세나 실장님 등 사회적 지위는 유지한 채 나이만 어려진 경우가 많았다면, 그 직업과 스타일이 다양해지고 사회적 층위와 권력의 관계가 역전된 경우도 생겨났다.

K-로맨스가 변화한
결정적 이유

사회 문화적으로 불었던 '초식남', '토이남' 열풍도 K-로맨스 변화에 한몫을 차지했다. '초식남'은 사전적 의미로 초식 동물처럼 온순하고 착하고 감수성이 풍부하며 부드러운 이미지에 꼼꼼하고 섬세한 남자를 뜻한다. '토이남'은 인형처럼 소유하고 싶고 데리고 살며 키우고 싶은 남성을 의미한다. 여기에 부드러운 남성미를 뜻하는 '베이비남'도 추가됐다. 이는 기존 드라마에 등장했던 마초적이고 가부장적인 강한 남성들과는 전혀 상반되는 이미지다. 이처럼 남녀의 고정 관념을 뒤흔드는 '사건들'은 드라마 속에도, 현실에도 비일비재하게 등장했다.

이를 기반으로 '국민 연하남=스타 탄생'이라는 공식은 한동안 계속됐다. 아역 배우 출신인 김수현은 2011년 드라마 〈드림하이〉로 데뷔한 뒤 하이틴 스타에 머물렀지만 2012년 MBC 드라마 〈해를 품은

달〉에서 이휜 역으로 여섯 살 연상인 배우 한가인과 호흡을 맞추면서
일약 스타덤에 올랐다. 앳된 외모로 모성 본능을 자극하면서도 동시
에 남성적인 섹시함을 선보인 것이 흥행 원인이었다.

'국민 남동생'의 대표주자 박보검은 드라마 〈응답하라 1988〉에서
착하고 순수한 남동생 같은 이미지로 여심을 저격했고 이후 KBS 드
라마 〈구르미 그린 달빛〉에서 명성을 이어갔다. 마지막 장면에 그의
얼굴만 나오면 시청률이 급등하는 일명 '엔딩 요정'이라는 닉네임이
붙을 정도로 확고한 누나 팬덤을 갖고 있는 배우 중 한 명이다.

2018년 들어서는 JTBC 드라마 〈밥 잘 사주는 예쁜 누나〉의 정해인
이 '국민 연하남' 성공 공식의 바통을 이어받았다. 〈도깨비〉와 〈슬기
로운 감빵생활〉에서 조연으로 얼굴을 비친 그는 톱스타 손예진과 드
라마를 찍는다는 사실만으로도 화제가 됐다. 이 드라마에서 정해인은
여주인공 윤진아(손예진)에게는 만년 동생이지만 그녀가 위기에 처했
을 때 물러서지 않는 듬직한 모습으로 누나 팬들의 지지를 받았다. 여
기에 멜로 연기의 장인으로 불리는 손예진의 연륜이 더해져 정해인의
풋풋하고 싱그러운 외모는 빛이 났고 이후 그는 스타덤에 올랐다.

이처럼 여성 캐릭터들이 주도하는 로맨스가 그려질 수 있었던 이
유는 30~40대 여성들이 한국 대중문화의 주요 소비층으로 자리 잡
고 있기 때문이다. 이들은 드라마나 영화는 물론 각종 콘서트와 뮤지
컬 등 공연에 아낌없이 지갑을 여는 경제력을 갖춘 대중문화계의 '큰
손'이기도 하다. 1990년대 한국 대중문화의 황금기에 20대를 보낸 X
세대는 문화 소비에서 막강한 영향력을 발휘했고, '골드미스'와 '알파

걸'로 대표되는 이 여성들이 경제력을 지닌 사회의 주요 계층으로 떠올랐다. 그에 따라 이들의 달라진 성평등 의식이나 사고방식을 반영한 문화 상품의 제작이 늘어난 것이다.

아울러 '국민 연하남'의 탄생은 국내 드라마계의 구조적인 문제와도 무관하지 않다. 국내 드라마 시장은 주연을 맡을 만한 20대 배우 기근 현상에 끊임없이 시달려왔고 드라마 관계자들은 주연배우 '구인난'에 골머리를 썩는 경우가 많다. 영화와 드라마에서 주연배우 고령화 현상이 계속되는 것도 이 때문이다. 특히 기존의 지상파 3사에 케이블, 종편, 국내외 OTT까지 플랫폼이 늘면서 한해 드라마 제작 편수는 300편에 달한다. 그에 따른 주연배우 구인난도 갈수록 심해지고 있는 형국이다.

때문에 제작사들은 어느 정도 인기가 있는 남자 신인은 과감하게 발탁하는 '모험'을 감행하고 대신 연기력과 이름이 알려진 여배우로 안정성을 꾀하는 묘책을 마련했다. '여배우+신인 남자 배우'의 조합은 방송사의 흥행 선택지 중 하나가 된 것이다. 여기에는 열성적인 누나 팬덤에 대한 기대감도 숨어있다.

여성 서사 강조되는
'K-로맨스'

2020년대에 들어 'K-로맨스'는 또 한 번의 변화를 마주한다. 자기

주장이 강한 MZ세대가 대중문화의 주 소비층으로 가세하면서 드라마에서 전통적인 성역할은 완전히 해체됐다. 사회적 불평등이나 한계를 뛰어넘어 주체적으로 삶을 살아가는 강인한 여성들의 이야기가 각광받기 시작했다.

이에 한국 드라마와 예능 시장에서는 여성들이 주도적으로 이야기를 이끌어가는 여성 서사가 강세를 보였다. 더 이상 여성의 역할이 멜로의 상대이거나 객체에 머무르지 않고, 액션 등 다양한 장르물의 주인공으로 확대됐다.

2021년 하반기 한국리서치의 '한국 OTT 이용 행태 분석'에 따르면 이용률 상위 TOP10에 〈갯마을 차차차〉, 〈연모〉, 〈마이네임〉, 〈구경이〉, 〈술꾼 도시 여자들〉 등 여성 서사가 강한 드라마가 절반을 차지했다.

로맨틱 코미디 드라마 〈갯마을 차차차〉는 서울에서 내려온 똑 부러지는 치과 의사와 어촌에 사는 백수와의 사회적 지위의 격차를 뛰어넘는 사랑 이야기로 국내는 물론 넷플릭스의 장수 드라마로 사랑받았다.

전통적인 사극에서도 주체적인 여성상이 대세다. 넷플릭스를 통해 아시아 지역에서 강세를 보인 드라마 〈연모〉는 쌍둥이 오빠 대신 남장을 하고 왕이 된 여주인공 이휘(박은빈)의 이야기를 그렸다. 한 프랑스 매체는 "가부장적인 시대에 여성이 권력을 갖는 소재가 독특하다."라고 평가하기도 했다.

2021년 말 선풍적인 인기를 모은 로맨스 사극 드라마 MBC 〈옷소매 붉은 끝동〉에서 여주인공 성덕임(이세영)은 조선시대 궁녀의 신분이지만, 왕의 어명에 무조건 복종하지 않는다. 덕임은 시대적, 계층의 차이를 뛰어넘어 사소한 것이라도 본인의 의지에 따라 주체적으로 삶을 선택하려고 노력하는 인물로 그려진다.

한편 2022년에는 드라마에 '워맨스'(우먼과 로맨스를 합친 신조어로 여성 간의 깊은 우정을 이르는 말)가 주요 흥행 코드로 떠오르며 여성 서사가 강화되는 양상을 보였다. 과거 신데렐라 콤플렉스나 여성들의 관계를 적대적으로 풀던 정형화된 여성 서사에서 벗어나 여성들의 연대와 성장 등에 포커스를 맞춘 작품들이 주류로 등장한 것이다. 로맨스는 여성의 성장 과정에서 중요한 요소로 그려지지만 과거처럼 절대적 비중을 차지하지는 않는다.

이에 따라 안방극장에는 '워맨스'를 다루는 드라마가 대폭 증가했다. 이전에는 여자들의 우정 이야기가 러브라인의 곁가지 수준이었다면, 이들의 서사도 남녀 간의 로맨스 못지않게 세밀하게 다뤄진다.

〈사랑의 불시착〉 이후 손예진의 복귀작으로 주목받은 JTBC 드라마 〈서른, 아홉〉은 고교 시절부터 20년 넘게 끈끈한 우정을 이어 가는 서른아홉 살 세 여자의 우정을 전면에 내세웠다. 가족처럼 생각했던 친구 찬영(전미도)이 시한부 선고를 받은 절망적 상황 속에서도 행복을 찾는 세 친구의 이야기는 여성들에게 호응을 얻었다. 흥미로운 점은 기타 드라마에 비해 남녀 간의 로맨스 보다 세 친구의 워맨스를 다룬 온라인 영상 클립의 재생수가 압도적으로 높았다는 점이다.

송혜교 주연의 SBS 드라마 〈지금, 헤어지는 중입니다〉는 전 애인의 동생을 사랑한 여성의 로맨스를 주제로 하고 있지만, 세 친구의 위맨스에도 드라마의 상당 부분을 할애했다. 시한부라는 설정이 다소 진부하다는 지적도 있었지만, 디자이너 영은(송혜교)이 암 투병 중인 미숙(박효주)의 아름다운 순간을 남기기 위해 패션쇼 피날레 무대에 세우고, 미숙이 떠난 뒤 그녀의 딸을 살뜰히 챙기는 장면은 큰 여운을 남겼다.

OTT 드라마로는 이례적인 성공을 거둔 티빙 드라마 〈술꾼도시여자들〉 역시 위맨스를 중심에 둔 작품이다. 이 드라마는 직장인으로서의 애환은 물론 가족, 이성 관계 등 MZ세대 여성들의 위맨스를 현실적으로 그려 호평받았다. 흥행에 힘입어 주인공들이 등장하는 스핀오프격의 예능 프로그램 tvN 〈산꾼도시여자들〉의 제작으로 이어졌고, 드라마 시즌 2도 기획됐다.

tvN 드라마 〈스물다섯 스물하나〉도 두 여성의 우정을 다층적으로 그려 주목을 받았다. 펜싱 선수 나희도(김태리)와 고유림(보나)은 겉으로는 경쟁자지만, 랜선에서는 채팅 친구로서 일상을 공유하고 서로를 위로한다. PC 통신에서 속내를 털어놨던 사람의 정체가 밝혀지며 이들의 위맨스는 나희도와 백이진(남주혁)의 로맨스 못지않게 비중 있게 다뤄졌다.

이 같은 여성 서사의 강세는 사회적으로 자신의 삶을 주체적으로 살아가는 여성들이 증가하면서 기존의 정형화된 여성상을 벗어나 다양한 여성들의 삶과 인생에 대한 이야기를 소구하기 때문으로 풀이된다. 특히 드라마계에는 여성 작가와 감독 등 여성 창작자들이 상당수를 차지하는 만큼 이들은 꾸준히 다양한 여성 캐릭터를 통해 여성 서사의 변주를 만들어냈다.

또한 '미투' 열풍이 한국에도 불면서 여성이 스스로 사회적으로 부당한 대우를 고발하고 대응책을 찾는 과정을 통해 여성들의 연대에 대한 사회적 관심도 과거에 비해 대폭 늘었다.

박상혁 CJ ENM CP는 "여성들이 연대해서 공동의 목표를 이루고 함께 성장하는 여성들의 서사는 기존에 잘 다뤄지지 않아 새롭게 느껴지는 것"이라면서 "K-로맨스도 시대적인 흐름과 제작진과 시청자의 감수성 변화에 따라 변화하고 있다."라고 말했다.

3

사람을 끌어당기는
'K-스토리텔링'의 매력

강력한 스토리와
꽂히는 대사가 만났을 때

'K-드라마'를 만든 크리에이티브의 핵심에는 드라마 작가들이 있다. '언어의 마술사'로 불리는 '드라마계의 대모' 김수현 작가를 시작으로 한국의 많은 인기 드라마들은 유명 작가의 펜 끝에서 나왔다. 김수현 작가는 문학적이면서도 깊이 있는 대사와 금기에 도전하는 주제로 대중성과 작품성을 동시에 인정받았고 홈드라마부터 멜로드라마까지 1970~2010년대까지 시대를 관통한 스타 작가였다.

김 작가는 〈사랑이 뭐길래〉, 〈목욕탕집 남자들〉, 〈청춘의 덫〉, 〈내 남자의 여자〉 등 홈드라마에서 미니시리즈까지 섭렵하며 화제성과 시청률을 동시에 잡았고 MBC, SBS, KBS 등 지상파 방송사들이 서로 모셔가려고 안간힘을 쓸 정도로 드라마 시장에 스타 작가 시대를 열었다.

무엇보다 문학에 기반을 둔 감각적이고 통찰력 있는 '대사의 힘'은 지금까지도 이어지는 한국 드라마의 가장 큰 뿌리이자 경쟁력이 되었다. 시청자들은 그의 드라마를 보면서 자신의 삶을 성찰하고 시대를 읽는 코드를 발견했다. 윤여정, 김희애를 비롯해 그의 작품에 단골로 출연하는 배우들은 일명 '김수현 사단'으로 불렸다. 유명 작가가 직접 배우들의 캐스팅에도 큰 영향을 미칠 정도로 엄청난 작가 파워 시대를 연 것도 김수현 작가였다.

김 작가의 뒤를 이어 노희경, 이경희 작가도 스타 드라마 작가의 반열에 오르며 내공 있는 필력을 자랑했다. 이들은 단순히 남녀 간의 사랑을 뛰어넘어 인간에 대한 철학이 담긴 드라마로 'K-로맨스'의 수준을 한 단계 높였다는 평가를 받는다. 특히 따뜻한 휴머니즘이 담긴 대본으로 톱스타들이 먼저 출연 의사를 밝힐 정도로 배우들 사이에서 신뢰감이 높다.

노희경 작가의 경우 〈그들이 사는 세상〉, 〈그 겨울, 바람이 분다〉, 〈괜찮아, 사랑이야〉 등 로맨스물뿐만 아니라 〈꽃보다 아름다워〉, 〈세상에서 가장 아름다운 이별〉, 〈디어 마이 프렌즈〉 등을 통해 '휴머니즘의 대가'로 거듭났고 현빈, 송혜교, 고현정, 조인성, 한지민 등 대한민국의 내로라하는 스타들이 노 작가의 작품에 출연했다. 2022년작 tvN 드라마 〈우리들의 블루스〉에는 김혜자, 고두심, 이병헌, 신민아, 차승원, 이정은, 한지민, 김우빈, 엄정화 등 대한민국의 신구 연기파 배우들이 대거 출연해 작가의 캐스팅 파워를 실감케 했다. 노 작가는 이 드라마에서 제주의 '괸당문화(모두가 친인척인 개념)'를 소재로 서로를 보듬는 따뜻한 휴머니즘을 선보였고 삶에 지친 이들에게 '살아있는 모든 것은 행복하라.'라는 위로를 전했다. 이병헌, 이정은 등 출연 배우들은 제주 사투리를 구사하며 뛰어난 연기력을 선보였다.

노 작가는 이 드라마에서 옴니버스 형식으로 다양한 세대에 걸쳐 아픔을 지니고 살아가는 평범한 사람들의 이야기를 밀도 있게 그려냈다. 어린 시절 서로의 첫사랑이었다가 제주에서 다시 만난 은희(이정은)와 한수(차승원)의 에피소드에서 중년의 사랑과 우정을 먹먹하면서도 감동적으로 풀어냈고, 고교생 커플 현과 영주의 임신을 둘러싼 에피소드에서는 한 동네서 형제처럼 지내온 아버지들의 화해와 가족이 오해를 풀고 서로를 보듬는 과정을 따뜻하게 그렸다.

"상처가 아닌 희망에 주목하고 싶었다."라는 노 작가의 바람이 가장 잘 드러난 것은 동석(이병헌)과 선아(신민아)의 에피소드였다. 우울증의 깊은 심연에서 양육권마저 뺏기고 희망을 잃어버린 선아에게 어린 시절부터 그를 지켜봐온 동석은 무심한 듯 진정성 있는 위로를 건넨다. "슬퍼하지 말란 얘기가 아냐. 슬퍼만 하지 말란 얘기야", "사는 게 답답하면 뒤를 봐. 등만 돌리면 다른 세상이 있잖아."라는 그의 대사는 인생의 어두운 터널을 지나고 있는 모든 이들에게 전하는 작가의 위로였다.

이경희 작가도 가수 비를 연기자 정지훈으로 확실히 각인시킨 드라마 〈상두야 학교가자〉를 비롯해 한국 멜로드라마의 수작 중 한편으로 꼽히는 〈미안하다, 사랑한다〉를 집필했고, 따뜻한 인간애를 그린 공효진 주연의 〈고맙습니다〉, 배우 송중기를 인기스타 반열에 올린 〈세상 어디에도 없는 착한 남자〉, 김우빈 수지 주연의 청춘 멜로 〈함부로 애틋하게〉 등으로 2000년대 이후 한국 로맨스 드라마의 전성기를 이끌었다.

이후 2세대 'K-로맨스'는 CJ 등 대기업의 진출, 한류로 인한 중국 자본의 투입, 국내 엔터테인먼트 업계의 비약적인 성장과 맞물려 한 단계 도약했다. 케이블 TV 시대가 본격적으로 열리고 지상파 방송사 집중 현상도 과거에 비해 현저히 줄어들기 시작하면서 K-로맨스의 장르도 대형화되기 시작했다.

김은숙과 박지은이라는 걸출한 두 스타 작가는 2세대 K-로맨스 드라마 전성시대를 열었다. 개성 있는 캐릭터와 시청자들을 끌어당기는 특유의 대사, 애절한 로맨스와 발랄한 코미디의 밸런스 등 K-로맨스는 2세대에 들어 훨씬 정교해지고 좀 더 세분화되고 대형화되는 추세를 보였다.

김은숙 작가는 2세대 K-로맨스 열풍을 이끈 주인공 중 한 명이다. 김 작가는 〈파리의 연인〉으로 인기 작가 반열에 오른 뒤 〈프라하의 연인〉, 〈연인〉 등 연인 시리즈로 로맨스 드라마의 간판 주자로 큰 인기를 얻었지만 전형적인 멜로드라마의 한계성이 지적됐고, 방송계의 이야기를 다룬 〈온에어〉(2008)와 정치계를 배경으로 한 〈시티홀〉(2009) 등 전문직 드라마를 집필하면서 변신을 꾀했다. 두 작품 모두 소기의 목적을 달성하기는 했지만 전작보다 다소 저조한 성적을 보였고, 김 작가는 하지원, 현빈 주연의 〈시크릿 가든〉(2010)이 선풍적 인기를 모으면서 자신의 장기인 로맨스 장르를 더욱 확장 발전시키기 시작했다.

드라마 〈시크릿 가든〉은 남녀 영혼이 뒤바뀐다는 설정으로 김 작가가 멜로, 코미디에 판타지 장르를 접목시켜 한국 트렌디 드라마를 진일보시켰다는 평가를 받았다. 이 작품은 당시 주인공 현빈의 해병대 자원 입대 소식까지 더해지면서 대한민국을 강타했다.

〈시크릿 가든〉은 김은숙 작가의 장기인 톡톡 튀는 대사발이 돋보인 작품으로 K-로맨스의 교본 같은 작품이다. "이게 최선입니까? 확실해요?", "나한테는 이 여자가 김태희고 전도연이야.", "이태리에서 장인이 한 땀 한 땀 정성 들여 만든…" 등 톡톡 튀고 위트 있는 김주원(현빈)의 대사는 캐릭터의 매력을 부각시켰다.

2005년 드라마 〈내 이름은 김삼순〉 이후 뚜렷한 히트작을 내지 못했던 현빈은 사랑에 빠진 남자의 애절함과 '까도남'(까칠하고 도도한 남자)의 코믹함을 체화시켜 '현빈앓이'를 만들어 냈다. 영화 〈해운대〉, 〈1번가의 기적〉 등에서 내공을 탄탄하게 다진 하지원도 가난하지만 자존심 강한 스턴트우먼 길라임 역에 생명력을 불어넣었다.

남녀 영혼이 뒤바뀐다는 설정은 극 초반 드라마 집중도를 떨어뜨린다는 지적도 받았지만 후반에는 극적 긴장감을 더하는 요인으로 작용했다. 신우철 PD는 '거품 키스' 등 섬세하면서도 뚝심 있는 연출로 자칫 유치해지기 쉬운 판타지의 중심을 잡아냈다.

매력 자본으로
전 세계를 끌어당기다

2013년은 'K-로맨스' 시대의 새로운 이정표를 세운 해로 꼽힌다. 김은숙 작가의 SBS 〈상속자들〉과 박지은 작가의 SBS 〈별에서 온 그대〉(이후 〈별그대〉)가 국내외에서 선풍적 인기를 모으며 'K-로맨스'의 대표작으로 자리매김했기 때문이다. 이 두 작품을 통해 한류 스타의 세대교체도 이뤄졌다.

전작 〈신사의 품격〉에서 멜로의 사각지대인 40대의 꽃중년 이야기를 다뤄 성공한 김은숙 작가는 10대 로맨스에서도 시청자들과의 접점을 찾는 데 성공했다. 〈상속자들〉에서 치기 어리지만 현실에 순응하지 않는 열정적이고 순수한 10대들의 사랑을 어른들의 문법으로 풀어냄으로써 30~50대의 첫사랑 판타지를 자극했다.

당초 〈상속자들〉은 김은숙 작가의 작품 가운데 가장 연령대가 낮은 10대 고교생들의 사랑 이야기라는 점이 한계로 지적됐지만 세간의 우려를 깨고 최고 시청률 25.6%로 막을 내렸다. '어른들의 동화'라고 불리며 어린 시절 읽었던 하이틴 로맨스 소설처럼 순수한 감수성과 첫사랑의 설렘을 떠올리게 하는데 성공한 것이다.

대한민국 상위 1%에 속하는 재벌가에서 자란 10대 고교생들의 이야기를 담은 〈상속자들〉은 로맨틱 코미디에 학원물을 결합해 초창기에 한국판 '가십걸'이라고 불렸다. 중국은 물론 아시아권에서 폭발적인 인기를 끌었고, 주인공 재벌 2세 김탄 역의 이민호는 부동의 한류 스타로 떠올랐다. 이민호는 이후 박지은 작가의 〈푸른 바다의 전설〉 (2016)에 출연하며 아시아권에 탄탄한 팬덤을 쌓았다. 이민호는 국제 문화교류진흥원이 발표한 '2022 해외 한류 실태조사'에서 한류 배우 1위에 꼽히기도 했다. 그는 이 조사를 시작한 2018년부터 한 해도 1 위를 놓치지 않으며 한류 스타 자리를 공고히 했다.

〈상속자들〉에서 가난을 대물림 받은 차은상(박신혜)을 놓고 김탄과 삼각관계를 펼친 영도 역의 김우빈도 KBS 〈함부로 애틋하게〉와 영화 〈친구2〉, 〈기술자들〉의 주연을 맡으며 한류 스타 반열에 올랐다. 나쁜 남자지만 카리스마를 지닌 영도 캐릭터는 국내는 물론 해외에서도 크 게 인기를 끌었고 김우빈은 이 작품을 계기로 영화배우로서도 자신의 입지를 다졌다. 이 밖에 검찰 총장의 상속자로 이효신 역으로 출연했 던 강하늘은 tvN 〈미생〉 등을 거쳐 SBS 청춘 사극 〈달의 연인 보보경 심 려〉에서 8황자 왕욱 역으로 열연을 펼쳤다. 그는 이후 KBS 드라마 〈동백꽃 필 무렵〉으로 톱스타 반열에 올랐다.

〈별그대〉는 중국에서 한류 3.0 시대를 연 중요한 작품으로 꼽힌다. 400년 전 지구에 떨어진 외계남 도민준(김수현)과 한류 여신 톱스타 천송이(전지현)의 달콤 발랄한 로맨스를 다뤘는데, 전지현의 발랄하 면서도 천연덕스러운 연기와 김수현의 진중하면서도 경쾌한 로맨스 연기가 균형을 이루며 큰 인기를 모았다. 예능 작가 출신으로 드라마 〈내조의 여왕〉, 〈넝쿨째 굴러온 당신〉 등에서 두각을 나타냈던 박지은 작가는 첫 미니시리즈였던 〈별에서 온 그대〉를 성공시키면서 스타 작 가 대열에 합류했다.

실제 사건을 바탕으로 한 이 작품은 개성 있는 캐릭터와 맛깔나는 대사, 로맨스와 코미디의 균형을 잘 맞춘 'K-로맨스'의 공식을 잘 따르고 있다. 이 드라마는 조선왕조실록 광해군일기에 미확인 비행물체를 목격했다는 기록에서 시작했다. 400년 전 '조선으로 날아온 UFO'가 있었고, 그때 정착한 외계인이 바로 남자 주인공 도민준이라는 설정이었다. 이를 계기로 재벌 2세로 국한되어 있던 남자 주인공의 폭은 더 넓어졌고, 판타지 드라마가 대유행하게 됐다.

특히 〈별그대〉는 중국에서 한류 3.0 시대를 연 대표적인 작품이기도 하다. 이 드라마는 중국에서 한동안 시들어 가던 한류를 회생시켜 중국에 '신 실크로드'를 개척했다. 중국 내 드라마 한류는 1992년 한·중 수교 이후 1997년 중국에서 방영된 〈사랑이 뭐길래〉를 시작으로 〈목욕탕집 남자들〉, 〈별은 내 가슴에〉, 〈대장금〉 등의 한국 드라마가 중국 안방극장을 사로잡았던 것이 이른바 '한류 1.0시대'로 이후 국내 연예 기획사들의 본격적인 현지화 전략이 더해지면서 '한류 2.0시대'가 이어졌다. 장서희, 채림, 장나라, 추자현 등이 중국 드라마에 출연해 현지 스타 못지않은 대접을 받았다.

그러다 이후 한류는 주춤했고 한때 "생명력이 다했다."는 진단을 받기도 했다. 그랬던 한류는 3.0시대를 열며 SBS 〈상속자들〉로 불씨를 살리는가 싶더니 이어 〈별그대〉로 꽃을 피웠다. 중국의 젊은이들이 인터넷과 모바일을 통해 드라마 콘텐츠를 접한 것이 한류를 되살린 배경이 됐다. 특히 10~20대 남자배우 층이 두껍지 않은 중국에서 이민호, 김수현, 이종석 등이 각광받으며 한류 스타의 세대교체가 이뤄졌다.

〈별그대〉의 성공을 계기로 경쟁력 있는 한국 드라마 콘텐츠가 중국에 공급되면서 한류 3.0시대가 자연스럽게 열렸고, 인터넷 속성상 패러디 등 2차 콘텐츠가 빠르게 확대 재생산돼 한류 드라마가 확산되는 불씨가 됐다.

김수현 이후 한국 남자 배우들은 '백마 탄 왕자'의 이미지에 판타지 로맨스까지 가미돼 더욱 각광받았다. 이 작품을 계기로 많은 한류 배우들이 중국 작품에 출연하며 인기를 모았다.

전문가들은 "한국 배우들이 골상학적으로 중국 남방계나 북방계의 중간 정도 외모를 갖추고 있다."면서 "온화한 외모에 섬세한 감정 표현 연기가 중국 팬들을 자연스럽게 흡수한다."고 평가했다.

한류 3.0 시대의 〈별그대〉 김수현을 비롯해 이민호, 김우빈, 이종석, 박해진, 전지현, 송혜교, 박신혜 등 스타들은 중국 팬미팅에서 수많은 팬을 몰고 다니며 현지 광고 모델로도 상종가를 쳤다. 때문에 한류 스타들의 높은 인기는 중국 작품 출연으로 이어졌다.

드라마계에 분
'판타지 로맨스' 열풍

2016년 하반기 한국 드라마 시장에는 '판타지 로맨스' 열풍이 불었다. 과거와 현재, 미래 등 시간을 넘나드는 판타지 로맨스 드라마가 전면에 등장하기 시작한 것이다. 기존에도 타임 슬립형 드라마는 있었지만 복잡한 스토리에 마니아층에 국한된 측면이 다분했다면 최근에는 보다 일상적이고 대중 친화적인 이야기로 현실에 발붙이고 간극을 많이 줄였다는 차이점이 있다.

판타지 로맨스에서 가장 중요한 것은 작가의 상상력이다. K-로맨스 시장의 양대 산맥인 김은숙, 박지은 작가는 2016년 tvN 금토 드라마 〈도깨비〉와 SBS 수목 드라마 〈푸른 바다의 전설〉 등을 각각 내놓으며 이 같은 흐름에 불을 지폈다. 모두 전생과 현생을 오가는 운명적인 사랑을 소재로 한 판타지 로맨스 드라마들이었다.

판타지 로맨스가 각광을 받은 가장 큰 이유는 신선한 소재다. 드라마 소재가 고갈된 상태에서 판타지 로맨스는 소재가 풍성하고 예측 불허의 이야기로 시청자들의 호기심과 궁금증을 자극한다. 또한 현실에서 이루지 못한 답답한 꿈을 판타지를 통해 대리만족하려는 심리가 숨어 있다. 정통 사극은 PPL이 거의 불가능하지만 과거를 오가는 판타지 로맨스는 PPL에도 유리한 측면이 있다는 것도 장점으로 꼽힌다.

〈도깨비〉의 경우 설화 속에 등장하는 도깨비와 저승사자를 주인공으로 내세워 신과 인간의 세계를 신비로우면서 친근하게 그렸다. 고려 상장군이었던 김신(공유)이 가슴에 칼이 꽂힌 채 900년이 넘는 세월 동안 불멸의 삶을 살아왔고, 도깨비 신부만이 그 칼을 뽑아 무無로 돌아가게 한다는 줄거리는 언뜻 허무맹랑해 보이지만 주인공들의 전생과 현생의 이야기가 퍼즐 조각처럼 맞춰지면서 극에 개연성을 불어넣었다.

조선시대의 야담집인 《어우야담》에 나오는 인어 이야기를 모티브로 한 〈푸른 바다의 전설〉도 시공간을 초월한 인어와 인간의 사랑 이야기를 다뤘다. 전생에 조선시대 현령 '담녕'이었던 허준재(이민호)는 수백 년의 시간이 흐른 뒤 현생에서도 인어(전지현)와의 인연이 이어졌다. 과거는 물론 현재에도 반복된 마대영(성동일), 허지훈(이지훈)과의 악연, 악수로 사람의 기억을 모두 지우는 인어의 초능력 등을 소재로 엮었다.

〈푸른 바다의 전설〉과 〈도깨비〉는 둘 다 민담과 설화를 바탕으로 한 판타지 장르인 데다 로맨틱 코미디계의 양대 산맥으로 불리는 두 스타 작가의 대결로 세간의 관심을 모았다.

그간 재벌 2세로 한정됐던 남자 주인공은 도깨비로 확장됐고, 김신(공유)이 자신의 가슴에 꽂혀 있던 검을 뽑아 '악귀' 박중헌(김병철)을 처단하고 도깨비 신부 지은탁(김고은)을 살린 뒤 스스로 소멸을 선택했다. 시공을 초월한 애절한 러브스토리는 많은 이들의 가슴을 적셨다.

일명 '대사발'로 불리는 언어유희에 강하다는 평가를 받았던 김 작가는 〈도깨비〉에서는 작심한 듯 서사를 대폭 강화했다. 불멸의 삶을 끝내고 죽기 위해 도깨비 신부를 찾지만 그녀를 사랑하게 된다는 러브스토리는 제목처럼 찬란하기도 하고 쓸쓸한 인생의 아이러니를 담았다. 도깨비의 고뇌와 다양한 감정선은 인간의 감정으로 전환해도 크게 무리가 없고 여주인공 지은탁의 현실적인 상황 설정도 공감을 이끌어 낸다는 평가를 받았다.

대사가 직설적이고 때론 낯간지럽기도 하지만 김 작가는 남자 주인공들의 캐릭터를 설레고 멋지게 빚어내 여심을 저격하는 것으로 유명하다. 그로 인해 〈시크릿 가든〉의 김주원(현빈), 〈신사의 품격〉의 김도진(장동건), 〈상속자들〉의 김탄(이민호)과 영도(김우빈), 〈태양의 후예〉의 유시진(송중기)까지 연이어 성공을 거뒀다.

〈도깨비〉의 주인공 김신은 935세 도깨비에 전지전능한 능력까지 갖춘 데다 현실에서는 내면의 아픔이 있지만 세련된 매력을 갖춘 남성으로 나온다. 진지와 코믹을 오가는 공유의 연기뿐만 아니라 한집에 거주하는 저승사자(이동욱)와의 티격태격 브로맨스도 인기 요인 중 하나였다.

김은숙 작가는 주·조연은 물론 단역으로 출연했던 배우들의 인기까지 동반 상승시키는 '매직'을 발휘하곤 했다. 그는 인기가 좀 주춤하더라도 자신이 생각하는 캐릭터와 부합하면 과감하게 주인공에 캐스팅했다. 연예계 관계자들은 "김은숙 작가는 연예인에서 톱스타로, A급을 특A급으로 만드는 재주가 있다."라고 입을 모은다.

김 작가는 입지가 좁고 지지를 받지 못하는 연기자라도 살려 놓을 수 있다는 자신감이 있는 것으로 방송계에서 유명하다. 10여 년간 주춤했던 장동건을 〈신사의 품격〉의 주인공에 캐스팅하거나 청춘스타에 머물렀던 현빈을 〈시크릿 가든〉으로 톱스타에 올려놓은 것이 대표적이다. 한 국내 매니지먼트사 대표는 "콘텐츠가 넘쳐나고 외면당하는 작품도 많다 보니 배우들이 안 되는 작품의 주인공보다 잘 되는 작품의 조연을 선호하는 경향이 있다."면서 "김 작가는 쓸데없이 버려지는 캐릭터가 없고 사람들이 좋아하는 것을 정확하게 파악해 알미운 캐릭터조차도 사랑받게 만들어 주는 힘이 있다."라고 말했다. 때문에 김 작가 작품에는 작은 배역이라도 출연하려는 배우들의 물밑 경쟁이 치열하다. 노 개런티도 불사하거나 평소에는 4~5부씩 대본을 보고 결정하던 배우들도 시놉시스가 나오기 전에 출연 의사를 밝히기도 한다.

한편 박지은 작가는 김남주 주연의 드라마 〈내조의 여왕〉, 〈역전의 여왕〉, 〈넝쿨째 굴러온 당신〉 등의 필모그래피에서 알 수 있듯이 여성 캐릭터에 강세를 보여 왔다. 〈별그대〉에서도 전지현이 연기한 천송이 캐릭터가 대박을 터뜨리면서 천송이 신드롬을 일으켰다. 하지만 〈푸른 바다의 전설〉에선 인어(전지현)의 신비한 매력보다 백치미와 코믹 연기를 강조한 부분이 천송이와 비슷하다는 의견들도 나왔다. 〈도깨비〉는 남성 캐릭터들의 매력을 극대화하면서 여성 캐릭터와의 조화를 보인 반면 〈푸른 바다의 전설〉에서는 남성 캐릭터보다는 인어 캐릭터에 더 많은 서사를 부여했다는 차이점이 있다.

〈푸른 바다의 전설〉은 캐릭터와 에피소드, 재치 있는 대사 등 박 작가의 장기가 잘 드러난 작품으로 윤회, 평행 이론의 깊이 있는 세계관 등을 다뤘고 한류 시장에서 '동양 고전 판타지' 열풍을 일으켰다. 해외 시청자들에게 판타지 로맨스에 전생과 환생, 업보, 윤회 등 한국 고유의 정서와 철학을 담아내 신비로움을 더한 것이 매력 포인트로 꼽힌다. 로맨스와 미스터리 등의 복합장르가 얽힌 장르로 초반에는 전체 내러티브narrative를 뒷받침하는 구심점이 다소 약하다는 지적도 받았지만 후반부에 뒷심을 발휘해 17.9%의 시청률로 막을 내리며 박 작가의 저력을 보여줬다. 하지만 두 작품 모두 방영 기간 고난도의 CG 등을 이유로 각각 한 회차씩 결방하는 '사고'가 일어나기도 했다.

2022년에도 판타지 로맨스 열풍은 현재진행형이다. 스타 작가로 꼽히는 홍정은·홍미란 자매 작가는 영혼을 바꾸는 환혼술을 소재로 한 신작 〈환혼〉을 내놨다. 역사에 존재하지 않는 대호국을 배경으로 운명이 비틀린 주인공들의 이야기를 그렸다.

홍자매 작가는 독특한 판타지 세계관에 로맨스를 접목한 드라마를 선보여 왔다. 인색하고 오만한 남자가 귀신을 보는 여자를 만나 펼치는 로맨틱 코미디 호러 드라마 〈주군의 태양〉(2013), 고대소설 서유기를 모티브로 한 호러 퇴마극 〈화유기〉(2017), 떠돌이 귀신들의 영혼 전용 호텔 델루나를 배경으로 펼쳐진 드라마 〈호텔 델루나〉(2019) 등이 대표적이다.

2022년형 판타지 로맨스는 한층 소재가 다양해진 것이 특징이다. KBS 드라마 〈징크스의 연인〉은 자신의 손에 닿은 사람의 미래가 보이는 신비로운 능력을 지닌 여자를 주인공으로 등장시켰고, tvN 드라마 〈링크: 먹고 사랑하라, 죽이게〉는 와이파이처럼 한 사람의 감정이 다른 한 사람에게 전이되는 '감정 공유'라는 소재를 접목하기도 했다.

웰메이드만이
살 길이다

처음 한국 영화를 전 세계에 알린 K-무비의 시작은 박찬욱 감독의 〈올드보이〉(2003)였다. 한국 영화사에서 손꼽히는 명작으로 2004년 칸영화제에서 심사위원 대상을 받으며 웰메이드 한국 영화의 존재를 본격적으로 알렸다.

복수와 죄의식을 주제로 한 이 작품은 박찬욱 감독 특유의 감각적인 미장센과 충격적인 시퀀스를 선보였고, 극중 산낙지를 통째로 먹는 장면이나 장도리 액션신은 두고두고 회자될 정도로 큰 화제를 불러 모았다.

칸 영화제와 유독 많은 인연으로 '깐느박'이라고 불리는 박 감독은 2009년 〈박쥐〉로 칸 국제영화제 심사위원상을 받은 데 이어 2016년 〈아가씨〉로 경쟁 부문에 초청받았다. 이어 2022년 수사물에 고전 멜로를 덧입힌 영화 〈헤어질 결심〉으로 제75회 칸영화제에서 감독상을 수상했다. 살인범과 살인범을 풀어 준 형사의 금지된 사랑을 박 감독 특유의 미장센으로 그려 "영화를 예술로 승화했다"라는 호평을 받았다.

2003년은 〈올드보이〉뿐만 아니라 봉준호 감독의 〈살인의 추억〉, 김지운 감독의 〈장화, 홍련〉, 이준익 감독의 〈황산벌〉 등이 줄줄이 성공하며 본격적인 한국 영화의 흥행이 시작된 해로 기록된다.

김지운 감독은 역동적인 촬영 기법과 스타일리시한 연출로 영상 미학을 한 단계 도약시킨 주인공이다. 이병헌 주연의 누아르 영화 〈달콤한 인생〉과 만주 웨스턴 〈좋은 놈, 나쁜 놈, 이상한 놈〉은 그의 화려한 미장센을 볼 수 있는 대표적인 작품으로 2005년과 2008년에 각각 칸 영화제 비경쟁 부문에 초청되기도 했다.

세계 영화계는 자신만의 독특한 색깔을 지닌 한국의 작가주의 감독들에게 주목했고, 이들은 각종 영화제에서 수상하며 한국 영화의 위상을 높였다. 고 김기덕 감독은 2012년 영화 〈피에타〉로 베니스 영화제 최고상인 황금사자상을 수상했고, 봉준호 감독은 〈기생충〉으로 칸 영화제 황금종려상과 아카데미상을 휩쓸었다.

허구와 현실의 경계를 넘나드는 리얼리즘을 추구해 온 홍상수 감독은 베를린 영화제 경쟁 부문에 6번이나 초청되어 4번 트로피를 거머쥔 '베를린'의 단골손님이기도 하다. 그는 2022년 〈소설가의 영화〉로 베를린 영화제 은곰상 심사위원대상을 수상하는 저력을 발휘했다.

1992년 기획 영화의 시초인 〈결혼 이야기〉를 비롯해 〈쉬리〉, 〈공동경비구역 JSA〉 등 90년대 한국 영화는 비약적으로 발전했고 2000년대 이후 CJ 등 대기업의 영화 진출과 멀티플렉스의 탄생으로 인해 국내 영화 시장은 급성장하기 시작했다. 김용화, 최동훈, 윤제균, 봉준호 감독 등은 2편 이상의 1,000만 영화를 탄생시키며 '쌍천만 감독'에 이름을 올렸다. 1970년대 전후에 출생한 이들은 대중성과 작품성을 동시에 겸비하며 한국 영화의 신新 르네상스를 활짝 열었고, 동시에 'K-스토리텔링'의 초석을 닦았다.

'충무로의 이야기꾼'으로 불리는 최동훈 감독은 영화 〈도둑들〉

(2012)과 〈암살〉(2015)로 1,200만 관객을 동원한 명실상부 국내 흥행 감독 중 한 명이다. 2004년 〈범죄의 재구성〉으로 데뷔한 그는 〈타짜〉, 〈전우치〉 등의 흥행을 이끌었다. 예측 불허의 전개, 생동감 있는 캐릭터, 특유의 재치와 촌철살인 대사 등이 최 감독의 장기다.

2022년에는 총 2부로 기획 및 제작된 영화 〈외계＋인〉 1부를 내놨는데, 쌍천만을 동원했던 영화 〈신과 함께〉처럼 1부와 2부를 동시에 촬영한 프랜차이즈 영화로 1부에만 총 330억 원의 순제작비가 투입됐다. 〈외계＋인〉은 과거와 현재, 인간과 외계인의 만남을 소재로 SF와 판타지·액션 등 다양한 장르가 결합된 작품이다.

〈해운대〉와 〈국제시장〉으로 본격적인 '쌍천만 감독'의 시대를 연 윤제균 감독은 한국적 정서를 가장 잘 이해하는 감독 중 하나다. 시나리오 작가로 출발한 그는 데뷔작인 〈두사부일체〉의 흥행 이후 〈색즉시공〉, 〈1번가의 기적〉 등 코미디 영화를 잇따라 성공시켰다. 이후 '한국적 신파'와 진한 감동 코드가 버무려진 재난 영화 〈해운대〉와 한국사의 온갖 격변기를 온몸으로 겪어낸 산업화 세대의 극적인 삶을 다룬 〈국제시장〉이 모두 천만 관객을 돌파했다. 안중근 의사의 이야기를 다룬 대작 뮤지컬 영화 〈영웅〉, 할리우드와 한국의 합작 영화 〈K팝: 로스트 인 아메리카〉 등 다양한 장르에 도전하는 감독이기도 하다.

김용화 감독은 2003년 개봉한 〈오! 브라더스〉를 시작으로 〈미녀는 괴로워〉, 〈국가대표〉 등을 연출했고 〈백두산〉과 〈모가디슈〉를 제작했다. 특히 주호민 작가의 원작 웹툰을 영화화한 〈신과 함께〉 시리즈를 통해 한국에는 생소했던 프랜차이즈 시장의 활로를 활짝 열었다. 국내 최정상의 VFX(시각특수효과) 전문 업체 덱스터 스튜디오를 설립한 그는 한국 영화의 기술력을 한 단계 끌어올린 감독으로 꼽힌다.

〈괴물〉과 〈기생충〉으로 두 편의 천만 영화를 만든 봉준호 감독은 명실상부 '한국 영화의 아이콘'이다. 그는 2000년 〈플란다스의 개〉를 시작으로 특유의 독창적 연출력과 혁신, 사회적 비판의식으로 K-무비의 외연을 넓혔다. 2003년 〈살인의 추억〉으로 큰 반향을 일으킨 봉 감독은 날카로운 사회적 인식과 오락성을 겸비한 〈괴물〉, 평단과 대중의 관심을 동시에 받은 〈마더〉로 한국 영화계를 대표하는 감독의 반열에 올라섰다. 할리우드 배우·제작진과의 협업을 통해 당시 한국 영화 최고 제작비(437억)가 투입된 〈설국열차〉, 넷플릭스 첫 오리지널 영화 〈옥자〉, 그리고 세계를 평정한 〈기생충〉까지 그의 필모그래피가 곧 'K-무비'의 발자취가 됐다.

류승완 감독도 빼놓을 수 없는 인물이다. 그는 영화 〈다찌마와 리〉와 〈짝패〉, 〈죽거나 혹은 나쁘거나〉 등에서 톡톡 튀는 특유의 유머 감각과 액션이 결합된 작품을 선보였고, 〈부당거래〉와 〈베를린〉 등으로 대중성을 확보하며 연타석 홈런을 쳤다. 이후 그만의 B급 정서가 가미된 영화 〈베테랑〉으로 1,300만 관객을 동원했다.

류 감독은 코로나 팬데믹의 한복판에 실화를 바탕으로 한 영화 〈모가디슈〉로 360만 관객을 동원하며 2021년 한국 영화 최다 관객을 동원하는 저력을 발휘했다. 〈모가디슈〉는 실화 바탕 스토리에 속도감 있는 액션, 적절한 코미디와 휴머니즘 등 K-무비의 흥행 공식을 충실하게 따른 영화로 꼽는다. 특히 남북 관계를 다루면서도 신파에 빠지지 않고 감정이 과잉되지 않는 절제된 스토리텔링으로 MZ세대에게 호평을 얻었다.

이 같은 한국 영화의 르네상스는 한국을 대표하는 K-배우들의 활약으로 완성됐다. 연기력에 스타성까지 갖춘 배우들은 스타 감독들의 페르소나로서 호흡을 맞추며 다양한 작품에서 활약했다. 송강호, 최민식, 설경구 등 연극계에서 탄탄한 필모그래피를 쌓은 배우들은 흡인력 있는 연기로 한국 영화의 간판스타로 활약했다. 이후 정우성, 이정재, 황정민, 하정우 등 스타성까지 겸비한 배우들이 막강한 티켓파워를 자랑하며 영화계를 이끌었다.

이 가운데 정우성은 선후배 영화인들을 아우르며 국내 영화계의 중추적인 역할을 담당하는 배우로 잘 알려져 있다. 1994년 영화 〈구미호〉로 데뷔한 그는 〈비트〉와 〈태양은 없다〉를 통해 '청춘의 아이콘'으로 한국 영화사에 한 획을 그었다.

2003년 곽경택 감독의 〈똥개〉로 연기 변신을 꾀한 그는 멜로 영화 〈내 머리속의 지우개〉, 〈마담 뺑덕〉을 비롯해 영화 〈좋은 놈, 나쁜 놈, 이상한 놈〉, 〈감시자들〉, 〈아수라〉, 〈강철비〉 등 다양한 장르에 끊임없이 도전해 성공을 거뒀고, 영화계에서 이름만으로 투자가 되는 몇 안 되는 배우 중 하나로 자리매김했다.

2010년대 이후 주로 선 굵고 중량감 있는 캐릭터를 맡았지만 영화 〈나를 잊지 말아요〉나 〈증인〉처럼 선하고 섬세한 매력을 동시에 갖고 있는 것이 그만의 장점이다. 영화 제작자이자 엔터테인먼트사 대표이기도 한 그는 장편 영화 〈보호자〉의 연출 겸 주연을 맡아 감독 데뷔를 앞두고 있다.

영화, 드라마 리메이크로 재탄생
세계에서 각광받는 K-스토리텔링

탄탄한 스토리텔링에 기반한 'K-크리에이티브'는 새로운 창작 기지로 해외에서 각광받았다. 2020년 한국콘텐츠진흥원의 조사에 따르면, 10년간 국내 방송 포맷 102개가 세계 65개국에 204건 수출됐다. 고무적인 것은 북미와 유럽 지역 비중도 2016년 이후 30% 이상 증가했다는 것이다. 영화진흥위원회 발표에 따르면, 2021년 영화 리메이크 판권 수출액은 약 23억 8,000만 원이었는데, 이는 2019년(12억 7,300만 원)과 비교하면 2배 가까이 상승한 수치다.

해외에서 먼저 반응을 보인 것은 한국형 로맨스 드라마였다. 〈겨울연가〉로 '욘사마 열풍'을 일으킨 배용준 주연의 〈호텔리어〉(2001)가 일본에서 리메이크됐고, '미사 폐인'을 양산한 멜로드라마 〈미안하다 사랑한다〉(2004)는 중국, 일본, 터키, 태국 등 4개국에서, 〈가을동화〉(2000)는 3개국에서 리메이크 됐다.

2000년대 초 〈시월애〉, 〈엽기적인 그녀〉, 〈조폭마누라〉 등의 영화 판권이 미국에 판매될 때만 해도 지금과는 비교도 할 수 없는 헐값(〈시월애〉 50만 달러) 논란이 일기도 했지만 '해외 수출' 그 자체만으로도 화제였다. 당시에는 〈과속 스캔들〉(2008), 〈오직 그대만〉(2011) 등 주로 코미디와 멜로 장르가 해외 3~4개국에서 새로 만들어졌다.

하지만 20년 뒤 영화 〈기생충〉과 드라마 〈오징어 게임〉 등 K-콘텐츠 열풍을 타고 이전과는 다른 제작 양상을 보였다. 할리우드는 물론 유럽, 아시아 등 전 세계에서 한국 영화와 드라마의 리메이크 붐이 일었고, 액션 및 장르물 등으로 대상이 확대됐다. 또한 단순 판권 판매뿐만 아니라 한국 제작진이 기획 단계부터 제작 과정 전반에 참여하는 경우도 늘었다.

특히 할리우드의 러브콜이 부쩍 증가했다. 봉준호 감독의 〈기생충〉은 미국의 케이블 채널 HBO에서 TV 드라마로 리메이크되는데, 〈돈 룩업〉, 〈빅쇼트〉 등을 연출한 애덤 맥케이 감독과 봉 감독이 함께 제작 총괄을 맡았다. 'K-좀비' 열풍을 일으킨 영화 〈부산행〉도 할리우드에서 〈라스트 트레인 투 뉴욕〉이라는 제목으로 리메이크가 진행 중이며 2023년 공개될 예정이다.

천만 관객을 동원한 영화 〈극한직업〉과 설경구 주연의 〈불한당: 나쁜 놈들의 세상〉을 투자 배급한 CJ ENM은 할리우드 메이저 스튜디오 유니버설 픽처스와 손잡고 두 작품의 공동 리메이크를 진행한다.

〈지구를 지켜라!〉의 리메이크작은 장준환 감독이 직접 연출을, CJ ENM의 이미경 부회장이 총괄 프로듀서로 나서 투자 및 제작을 총지휘할 예정이다. 특히 이 부회장은 한류의 글로벌 확산에 기여한 공로를 인정받아 제50회 에미상 공로상을 수상하기도 했다. 〈기생충〉, 〈헤어질 결심〉, 〈브로커〉의 총괄 프로듀서이기도 한 이 부회장의 영향력은 해외 영화 관계자들 사이에서도 정평이 나 있다. 미국 OTT 플랫폼 아마존에 리메이크 판권이 팔린 액션 영화 〈악녀〉도 정병길 감독이 제작에 참여해 완성도를 높였다.

할리우드에서도 각광받는 배우 마동석은 연기뿐만 아니라 제작자로서도 영역을 확장하고 있는데 그는 미국 파라마운트 픽처스에서 리메이크하는 영화 〈악인전〉의 주연과 프로듀서를 맡아 시나리오 개발 단계부터 참여한다. 국내에서 1,200만 관객을 동원한 〈범죄도시 2〉의 기획과 제작을 맡은 마동석은 일본 리메이크작에도 프로듀서를 맡았다.

유럽과 아시아에서도 한국 영화 리메이크가 잇따랐다. 영화 〈7번방의 선물〉의 경우는 터키 판과 필리핀 판이 흥행을 거두면서 인도네시아, 인도, 스페인 등지에도 판권이 팔렸다. 코미디 영화 〈박수건달〉도 스페인과 인도에서 리메이크 제작 중이다.

2022년 영화 〈끝까지 간다〉는 프랑스 영화 〈레스틀리스〉로 리메이크됐는데, 넷플릭스 영화 부문 세계 1위에 올라 시장을 깜짝 놀라게 했다. 이 작품은 영화의 일부 카메라 앵글까지 똑같이 재현하는 등 원작에 충실한 리메이크작 중 하나로 꼽힌다. 중국에서는 곽부성 주연의 영화 〈파국〉으로 리메이크되기도 했다.

특히 중국에서는 한한령(한류 제한령)으로 한국 영화의 개봉이나 한중 합작이 중단된 대신 한국 영화 리메이크가 각광받았다. 2021년 로맨스 영화 〈너의 결혼식〉을 중국에서 리메이크한 〈여름날 우리〉는 누적 수입 7억 8,900만 위안(한화 약 1,400억 원)을 기록하며 한국 영화 리메이크작 역대 최고의 흥행 수입을 기록했다. 종전의 최고 기록은

2019년 영화 〈베테랑〉을 리메이크한 〈대인물大人物〉로 3억 8000만 위안의 수익을 올렸다.

중국에서 멜로부터 휴먼 드라마까지 다양한 장르의 한국 영화 원작이 각광받았는데, 가족애를 내세운 민규동 감독의 영화 〈세상에서 가장 아름다운 이별〉은 〈내 어머니의 모든 것〉라는 제목으로 2021년 중국 추석 극장가를 강타하기도 했다.

K-드라마는 리메이크의 범위가 장르물로 넓어지면서 〈시그널〉, 〈보이스〉, 〈싸인〉 등도 해외에 판권이 팔려나갔고, 특히 2022년에는 OTT 플랫폼에서 한차례 흥행이 검증된 작품들의 인기가 많았다. 일본 넷플릭스를 강타한 드라마 〈이태원 클라쓰〉는 2022년 7월 일본 드라마 〈롯폰기 클라쓰〉로 리메이크 제작돼 일본 아사히 TV에서 방영돼 현지에서 비상한 관심을 모았다. 일본에서 4차 한류 붐을 일으킨 드라마 〈사랑의 불시착〉은 미국 리메이크가 확정됐고 넷플릭스의 장수 드라마로 흥행한 〈갯마을 차차차〉, 송중기 주연의 〈빈센조〉 등도 해외에서 판권 협상 중으로 한국 드라마와 영화 등 K-콘텐츠는 세계 콘텐츠 시장의 흐름을 주도하고 있다.

예상을 깨는 반전의 묘미
'K-막장'의 세계

막장도 한 차원
고급스럽게

코로나19 장기화로 피로가 누적된 팬데믹 시대의 정점에 드라마 한 편이 말 그대로 안방극장을 휘저어 놨다. 주인공은 바로 SBS 〈펜트하우스〉다.

〈펜트하우스〉 시즌 1은 2021년 1월 28.8%로 종영했고, 월화 드라마에서 금토 드라마로 시간대를 옮겨 방영된 시즌 2도 최고 시청률 29.2%를 기록했다. 지상파 미니시리즈 드라마 중 5년 만에 시청률 30%에 육박하는 막강한 화력을 과시했다. 시즌 3는 주 1회 금요 드라마로 편성됐다. 시즌 1, 2보다 화제성은 다소 떨어졌지만 최고 시청률 19.5%로 막을 내렸다. 하지만 수치 말고도 〈펜트하우스〉가 국내 방송계에 의미하는 바는 상당히 컸다. 케이블과 종편, 넷플릭스 등 OTT 에 밀려 위기에 처한 지상파 드라마가 모처럼 기를 폈을 뿐만 아니라 화제성 면에서도 사회 전반에 적잖은 영향을 끼치면서 경쟁력 있는 콘텐츠는 플랫폼을 초월한다는 명제를 확인했기 때문이다.

이런 '일대 사건'을 가능하게 한 크리에이티브의 핵심에는 김순옥 작가가 있다. 이 드라마가 방영되는 내내 "무엇을 상상하든 그 이상", "김순옥 드라마에는 '왜?'는 없고, '와!'만 있다."는 말이 나올 정도 로 〈펜트하우스〉는 강한 자극성과 중독성을 기저에 깔고 있는 'K-막 장'의 특징을 잘 보여주는 작품이다. 막장 드라마는 출생의 비밀, 불 륜 등 자극적인 소재를 중심으로 엮지만 한 회를 놓치면 따라잡을 수 없는 빠른 속도감과 예상을 뛰어넘는 '반전'의 묘미는 빼놓을 수 없는 특징 중 하나다. 〈펜트하우스〉는 다음 회를 예상치 못하게 하는 반전 코드로 대한민국을 들썩이게 만들었다.

국내 드라마 시장에서 '막장'이란 단어는 문영남 작가가 집필한 드 라마 SBS 〈조강지처 클럽〉(2007)에서 처음 등장했다. 이 드라마는 남 편에게 배신당한 아내들이 조강지처 클럽을 결성해 복수한다는 내용 이지만 복수보다 우연의 연속과 무리한 설정이 반복됐다. 극중 가족 구성원들이 불륜으로 이뤄졌고 남편이 내연녀를 아내와 사는 집으로 데리고 오는 등 극단적인 전개로 '막장 드라마'의 시작을 알렸다.

막장 드라마는 '욕하면서 보는 드라마'라는 수식어를 얻을 정도로 흡인력 있는 스토리텔링을 기반으로 한 강한 중독성이 특징이다. 해 외에서 K-드라마의 가장 큰 특징으로 꼽는 'K-엔딩'도 막장 드라마에서 발원한 특징 중 하나다. 일일 드라마, 아침 드라마의 단골 소재였던 막장은 주 5회 20~30분 내외의 연속극 형태가 많다 보니 다음 회에 시청자를 유입하기 위해서는 충격적인 엔딩이 필수였다.

2014년 MBC 아침드라마 〈모두 다 김치〉에 등장했던 김치로 따귀를 때리는 '김치 싸대기' 장면은 막장 드라마의 '충격 요법'을 이야기할 때 등장하는 대표적인 장면으로 많은 코미디와 드라마의 패러디 소재로 쓰이기도 했다.

이처럼 드라마의 한 장르로 자리 잡은 막장 코드는 이후 일일극은 물론 주말연속극을 넘어 드라마의 '꽃'인 미니시리즈에도 자주 등장했다.

'K-막장'의 대표 주자인 김순옥 작가는 검사 남편을 둔 평범한 가정주부였다. 그는 아침드라마에서 시작해 일일 드라마, 주말극, 미니시리즈로 체급을 한 단계씩 업그레이드시켰다. 김 작가는 2007년 MBC 아침 드라마 〈그래도 좋아〉를 통해 본격적인 작가의 길로 들어섰고, SBS 〈아내의 유혹〉(2008)으로 빠른 전개와 흡인력 있는 이야기, 반전을 거듭하는 스토리로 시청률 40%를 넘기면서 스타 작가의 반열에 올랐다. 이후 MBC 〈왔다! 장보리〉(2014)와 〈내 딸, 금사월〉(2015), SBS 〈언니는 살아있다〉(2017)로 주말극 작가로 안주하는가 싶더니 SBS 수목 미니시리즈 〈황후의 품격〉(2018)으로 화려하게 복귀했다. 그는 당시 연출을 맡은 주동민 PD와 함께 손잡고 〈펜트하우스〉를 만들었다.

업계에서 김순옥 작가는 쾌활한 성격에 무엇보다 '재미있는' 드라마를 표방하는 작가로 잘 알려져 있다. 또한 폐쇄적이지 않고 출연 배우들과 소통을 자주 하며 시청자들의 의견에 빠르게 반응하는 편이다. 그만큼 김 작가는 대중이 원하는 것을 정확히 반영하고 가려운 곳은 확실히 긁어주는 장점이 있다. 여기에 사람들의 예상을 뛰어넘는 의외성과 상황을 비트는 블랙 유머까지 더해 자신만의 세계관, '순옥킴 월드'를 만들었다.

〈펜트하우스〉는 김 작가가 그동안 자신이 쌓아온 노하우를 총결집한 작품이다. 빠른 전개와 반전 스토리, 귀에 확확 꽂히는 대사 등 자신의 장기는 그대로 가져가면서 장르물에서 보이는 구성과 블랙코미디의 세련된 시퀀스를 선보였다. 덕분에 막장 드라마 최초로 시즌제로 제작되고 방송 시간대와 횟수 등에도 변화를 줬다.

강력한 카타르시스를
안기다

홈드라마에 기반한 'K-막장'이 장르화되며 오랫동안 인기를 끌고 있는 이유는 '권선징악'을 통해 카타르시스를 안겨주기 때문이다. 막장 드라마는 강한 중독성을 갖고 있지만 온갖 역경과 장애물에도 불구하고 착한 사람들이 승리하고, 악행을 저지른 사람은 결국 벌을 받는다는 '인과응보'의 철학을 기저에 깔고 있다. 〈펜트하우스〉도 시즌 1은 악인들의 승리로 그려졌지만, 시즌 2와 시즌 3에서는 권선징악과

인과응보로 귀결됐다.

〈펜트하우스〉는 집값 1번지, 교육 1번지인 최고급 주상복합 아파트 '헤라팰리스'를 배경으로 겉으로는 우아해 보이지만, 돈과 권력을 위해서라면 인권과 정의는 찾아볼 수 없는 상류층의 일그러진 욕망과 위선, 부도덕을 신랄하게 꼬집었다. 특히 이 작품은 국내 체육계와 연예계를 뒤흔든 학교 폭력, LH 사태 등 부동산 투기와 사학 재단의 입시 비리 등 사회적인 비리를 고발해 시의성까지 녹였다. 김 작가는 주단태(엄기준), 이규진(봉태규) 등의 인물이 정보를 사전에 빼돌려 부동산 투기를 하다가 하루아침에 알거지가 되는 에피소드를 심수련(이지아)의 복수극과 접목해 통쾌한 펀치를 날렸다. 주동민 감독은 〈펜트하우스〉 시즌 1에서 극중 심수련이 헤라클럽 사람들을 폐차장에 가둬 복수극을 펼치는 장면을 명장면으로 꼽기도 했다.

'막장 드라마'계의 또 다른 대표 작가인 임성한 작가의 작품을 관통하는 주제도 "덕 쌓고 복 짓는 사람은 복을 받고, 나쁜 사람은 벌을 받는다."라는 것이다. 한 드라마 관계자는 "임 작가는 빙의를 해서라도 악행을 저지른 사람에게 반드시 복수를 하는 등 권선징악의 요소가 반드시 들어간다."라고 말했다.

덕분에 그는 일일 드라마 역사상 최고 시청률인 57.3%를 기록했던 〈보고 또 보고〉(1998)에서 시작해 〈인어 아가씨〉(2002), 〈하늘이시여〉(2005)는 시청률 40%를 넘었고 〈오로라 공주〉(2013), 〈신기생뎐〉(2011), 〈아현동 마님〉(2007) 등 대부분의 작품이 시청률 20% 이상을 기록해 '흥행 제조기'라는 수식어를 얻었다. 그의 최근작 〈결혼작사

이혼작곡〉(2022)은 시즌제로 제작됐으며 넷플릭스를 통해 전 세계에 방영됐다.

임성한 작가와 김순옥 작가는 모두 막장계의 대모지만 두 작가의 스타일은 전혀 다르다. 김 작가는 스피드를 중시하고 초반에 힘을 많이 주기 때문에 초기에 주목도가 더 높은 반면, 임 작가는 초반에 전사를 충분히 깔고 중후반부로 갈수록 강도가 점점 더 높아진다.

임 작가의 작품이 항상 높은 시청률을 기록하는 것도 초반부에 촘촘히 쌓인 스토리 라인이 후반부에 강력한 폭발력을 갖기 때문이다. 그는 방송계에서 보조 작가를 두지 않고 작품을 쓸 때는 전화기조차 꺼둔 채 작품에만 몰두하는 '노력파'로 유명하다. 한 방송계 관계자는 "임 작가는 책은 물론이고 미국 드라마, 영화까지 섭렵한다. 특히 자신의 대본을 돈처럼 아끼고 아무에게나 주지 않는다. 그만큼 작품에 대한 애착이 대단하다."라고 말했다.

또한 드라마 출연진 누구도 소외시키지 않는 임 작가는 신비주의로 알려진 것과 달리 〈결혼작사 이혼작곡〉을 촬영할 때는 수시로 편집실을 오가면서 제작진과 소통했다. 평소 배우들과도 자주 식사 자리를 갖는 것으로 알려진 그는 소외받는 배우 없이 골고루 주목을 받도록 안배하기 때문에 호흡을 맞춘 배우들과의 신뢰 관계가 두터운 편이다. 하지만 임 작가의 작품에 자주 등장하는 빙의나 귀신 등 다소 무리한 전개는 막장 드라마의 한계를 넘지 못한다는 지적이 있는 것도 사실이다.

모두 화려한 '대사'로 시청자들을 TV 앞에 끌어다 놓는 스타작가들이지만 전작들에 비해 훨씬 세련되고 한층 스케일이 커진 고급스러운 막장으로 승부했다는 공통점이 있다. 〈펜트하우스〉의 회당 제작비는 약 6억 7,000만 원, 〈결혼작사 이혼작곡〉은 7억 원에 달했다. 이들은 기존의 올드한 일일 연속극에 최신 유행의 미니시리즈의 요소를 결부해 'K-막장' 시대를 열었다.

물론 시청률과는 별개로 여러 가지 논란도 따라다녔다. 자극적이고 선정적인 장면이나 갑자기 등장인물이 죽고 다시 살아 돌아오는 개연성 없는 전개의 반복은 가장 큰 문제점으로 꼽힌다. 〈펜트하우스〉의 개연성이 떨어지는 전개에 대해서는 '순옥적 허용'이라는 말까지 나왔다. 시즌 3가 전작에 비해 낮은 시청률을 보인 것도 극 전개에서 억지 설정이 반복돼 피로감을 증폭시키고 자극의 역치가 높아져 흥미가 반감됐기 때문이다. 드라마가 방영되면서 '부활절 특집'이라는 말이 나왔고 '절대 죽지 않고 반드시 살아나는' 설정 때문에 작가는 게임 회사에서 광고 제의를 받기도 했다.

이에 대해 김 작가는 인터뷰에서 "'순옥적 허용'이란 말은 아마도 개연성의 부족함 때문에 생기지 않았나 싶다."라고 말했다. 이어 "드라마가 많은 사건이 터지고 급작스럽게 새로운 사건에 휘말리다 보니 캐릭터의 감정이 제대로 짚어지지 않고 죽었던 사람이 좀비처럼 하나둘 살아나면서 시청자들이 많이 혼란스러웠을 것"이라고 전했다. 이어 "드라마를 보면서 '절대 살리지 말아야지!' 결심하다가도 또 나도 모르게 새로운 사건을 터뜨리거나 슬슬 살려낼 준비를 하고 있더라."라고 솔직하게 밝히기도 했다.

복합장르로
외연을 확장하다

2010년대 후반의 'K-막장'은 미스터리와 스릴러, 블랙코미디 등 복합장르와 결합되며 한층 고급스러움과 세련됨을 장착했고 외연을 확장했다. JTBC 〈SKY 캐슬〉(2018)은 그 시작을 알린 작품이었다. 〈SKY 캐슬〉은 자식을 서울대 의대에 보내기 위해 안간힘을 쓰는 대한민국 상위 0.1%의 부모들의 처절한 욕망을 파헤친 리얼 코믹 풍자 드라마다.

〈SKY 캐슬〉은 아들을 서울대 의대에 합격시키며 모두의 부러움을 샀던 이명주(김정난)가 스스로 목숨을 끊는 장면이 극 초반에 방영되며 그 원인을 찾는 미스터리극으로 몰입도를 높였다. 상류층의 위선적인 속내를 고발하고 혼외 자녀, 청부살인 등 각종 막장 코드가 동원됐지만 시청률은 20%를 넘었고, 극중 입시 코디네이터 김주영(김서형)의 대사 "어머니, 저를 전적으로 믿으셔야 합니다."는 사회 각 분야를 불문하고 패러디가 넘쳐나는 등 신드롬적인 인기를 누렸다.

이처럼 업그레이드된 '막장'은 자극적인 '매운맛' 드라마에 대한 역치를 높였다. 특히 OTT가 발달함에 따라 세계 각국의 자극적인 드라마를 접하는 시청자들이 늘면서 막장 드라마에 대한 시각도 조금은 달라졌다. 〈SKY 캐슬〉의 아성을 잇는 작품은 또 다시 JTBC에서 나왔다. 바로 고급스러운 막장 드라마의 대표주자인 JTBC 드라마 〈부부의 세계〉(2020)였다.

막장 드라마에서 불륜은 전혀 새로운 소재가 아니다. 심지어 식상할 수 있는 소재다. 일일극, 주말극, 미니시리즈 할 것 없이 그동안 수없이 막장을 다뤘다. 하지만 〈부부의 세계〉는 다른 불륜 드라마와는 '격'이 다르다는 평가를 받았다. 이유는 불륜을 소재로 인간관계와 심리의 문제를 파고들며 드라마의 외연을 확장했기 때문이다.

극중 자수성가형 의사인 지선우(김희애)는 높은 사회적 지위뿐만 아니라 가정생활에서도 완성형 행복을 이룬, 일과 사랑이라는 두 마리 토끼를 잡은 여성이다. 자신의 능력으로 남편의 번듯한 지위까지 만들어줬으니 그야말로 세칭 '알파걸', '슈퍼우먼'이라고 할 수 있다.

드라마는 이 '알파걸'이 가까운 사람들의 배신을 마주했을 때의 심리 변화에 초점을 맞추며 심리 드라마에 방점을 찍었다. 관계의 위기에서 오는 감정의 균열을 내밀하고 현실적으로 표현했다는 점에서 기존의 통속적인 막장극과 차별점이 있다.

〈부부의 세계〉는 남편이 자신이 완벽하게 만들어준 사회적 지위를 통해 젊은 여성과 바람을 피우고 있다는 사실을 알았을 때, 또 믿었던 친구들마저 불륜 사실을 알면서도 자신을 속이고 기만했다는 사실을 알았을 때, 주인공이 이를 과연 어떻게 받아들이고 행동하는가에 집중한다. 하지만 남편 이태오(박해준)는 결국 "사랑에 빠진 게 죄는 아니잖아."라는 희대의 대사를 남기며 자신의 욕망에 따른 선택을 하고 만다. 드라마는 지선우의 주변인을 통해 그녀의 복잡한 심리 상태를 설명한다.

남녀 관계를 포함해 인간관계의 배신을 겪고 평정심을 유지하기란 쉽지 않다. 상대방에 대한 미움, 자신에 대한 자책감, 인간이라는 존재의 나약함과 가벼움, 신의 상실의 허망함 등을 떠올리면 실망을 넘어 분노가 치솟는다. 드라마는 지선우의 심리 상태를 통해 그러한 인간의 밑바닥 감정을 한 겹 한 겹 입체적으로 보여준다.

이 드라마는 이처럼 간단치 않은 삶의 이면과 다층적인 인간의 감정을 밑바닥까지 드러내는 '어른들의 멜로'로 흥미를 끌었다. 국내 드라마 사상 최초로 6회까지 19금 편성을 결정하며 부부들의 민감하고 내밀한 세계를 좀 더 사실적으로 묘사하는 데 집중했다.

영국 드라마 〈닥터 포스터〉를 원작으로 한 이 드라마는 연출과 편집에서도 영화 못지않은 세련된 'K-막장'의 새 장을 열었다. 〈미스티〉에서 감각적인 연출력을 인정받은 모완일 감독은 사랑과 배신과 복수라는 인간의 가장 강렬한 감정을 다양한 색깔로 펼쳐 보였다. 지선우가 아들을 빼앗기지 않기 위해 고산시 댐 근처로 데려가는 장면은 영국의 어떤 마을을 떠올릴 만큼 이국적인 배경에 긴장감을 배가시키는 편집으로 호평받았다.

한편 〈펜트하우스〉도 기존의 막장극처럼 단순한 복수나 치정극에 머물지 않고, 첫 회부터 의문의 살인사건에 대한 범인을 찾는 미스터리 스릴러를 접목시킨 복합장르를 표방했다. 시즌 1은 민설아(조수민)의 억울한 죽음의 궤적을 쫓는 과정이라고 해도 과언이 아니다. 어그러진 교육열로 인한 비극을 그린다는 점에서 〈SKY 캐슬〉과 비슷하다는 세간의 평가도 있었다.

〈SKY 캐슬〉의 아류로 비쳐질 수도 있었지만, 〈펜트하우스〉는 여기에 상류층의 허위와 위선을 꼬집는 블랙코미디적 요소를 부각시켜 복합장르로 자신만의 색깔을 만들었다. 주동민 감독은 매 장면에서 '고급스러운 미장센'에 중점을 뒀다고 할 정도로 상류사회의 리얼리티를 살리는데 공을 들였다. 주 감독은 "재미있게 만들자는 게 제일 큰 목표였다."면서 〈펜트하우스〉는 한두 장르만으론 설명하기 힘들고 스릴러, 블랙코미디, 치정 등 각 장면의 해석에 따라 그 느낌을 잘 살려 최선을 다해서 찍었다."라고 말했다.

그는 범죄 스릴러를 표방한 SBS 드라마 〈리턴〉과 〈황후의 품격〉에서 스피디하고 감각적이며 흡인력 있는 연출을 보여준 바 있다. 하지만 리얼리티를 살리는 과정에서 선정성, 폭력성 시비에 휘말린 적이 있고, 〈펜트하우스〉 역시 학교 폭력이나 가정 폭력 장면에서 지나치게 잔인한 묘사와 치정 장면의 선정성 시비에서 벗어나지는 못했다.

〈펜트하우스〉는 한류 스타나 톱스타가 등장하지는 않지만 배우들의 앙상블과 뛰어난 연기력으로 완성도를 높였다. 방영 내내 화제성 지수에서 출연 배우들의 이름이 순위권에 오르내리며 새로운 전환점을 맞았다. 천서진 역의 김소연은 차원이 다른 악녀 연기를 선보였고, 극 중 아버지의 죽음을 방관하고 피아노를 연주하는 장면은 깊은 인상을 남기며 그에게 '2021 SBS 연기대상'을 안겼다. 심수련과 나애교 등 1인 2역을 맡은 이지아 역시 제2의 전성기를 맞았다.

이 드라마가 MZ세대에게 관심을 받으면서 일명 '헤라키즈'로 불리는 젊은 연기자들도 큰 주목을 받았다. 주단태의 아들 역할로 출연한 주석훈 역의 김영대는 스타덤에 올랐다. 극중 주석훈은 청아예고에서 외모와 실력 등 모든 면이 완벽한 인물로 배로나(김현수)와 하이틴 로맨스 같은 달달한 러브라인을 형성하며 MZ세대 드라마 팬들을 유입시켰다. 또한 주석경 역의 한지현과 배로나 역의 김현수, 하은별 역의 최예빈 등도 스타덤에 오르며 주연급 연기자로 성장했다.

'마라맛' 드라마에
MZ세대도 열광

일각의 개연성 부족에 대한 비판에도 불구하고 코로나 시대에 'K-막장'은 빠른 전개와 흡인력 있는 스토리텔링으로 소구가 더 늘었다.

코로나 팬데믹 기간에 막장 드라마는 야외 활동이나 사회적 교류가 줄면서 스트레스 해소용 드라마로 각광받았다. 실내에 머무르는 시간이 늘면서 자극성이 높고 중독성 있는 드라마는 스트레스를 날리기에 제격이었다.

'K-막장'은 코로나19로 격상된 사회적 거리두기로 인해 반사 이익을 톡톡히 누렸다. 〈펜트하우스〉는 TV 본방송 시청률뿐만 아니라 재방송 시청률도 높았고, OTT에서도 높은 조회수를 기록했다. 〈펜트하우스〉는 방송 3사가 지분을 투자한 토종 OTT 웨이브에서 다시보기로 방송됐는데 시즌 1, 2는 합산 누적 조회수가 총 23주간 드라마 1위를 차지했다. 시즌 3도 1회 2위에서 시작해 이후 종영까지 TOP10을 지켰다. 또한 온라인 플랫폼에서도 주요 클립 영상의 조회수가 1억 뷰를 돌파했다. 주요 방송사의 클립 VOD주문형 비디오를 네이버, 유튜브 등 온라인 플랫폼에 유통하는 스마트미디어렙SMR의 분석 결과에 따르면 시즌 2는 방영 첫 주 만에 2,500만 뷰를 돌파했고, 회별 평균 조회수는 전 시즌 대비 118% 증가했다.

특히 이 드라마는 기존의 막장극을 시청하는 중장년층 여성들뿐 아니라 10~30대 시청자들까지 끌어올리며 새로운 시청층을 확보했는데 〈펜트하우스 2〉의 경우 20대의 점유율이 38.5%를 차지하며 30대(20.6%), 40대(20.3%)의 배에 육박하는 수치를 보였다.

이 가운데 10대들의 경우는 과열된 입시 비리, 학교 폭력 등의 소재를 다루고 있기도 하지만, 폭주기관차처럼 빠른 전개와 허를 찌르는 반전이 마치 '게임'처럼 흥미롭게 느꼈다는 의견이 많았다. 10대 시청자들은 부모님이 즐겨 시청하다 보니 덩달아 보게 되면서 유입된 경우가 많다. KBS 드라마 〈공부의 신〉처럼 방송가에서는 부모와 자녀가 함께 시청하면 시청률이 보장이 된다는 이야기가 있다. 또한 집콕 시간이 늘면서 유튜브 알고리즘을 타고 입소문을 타면서 〈펜트하우스〉 관련 영상은 빠르게 확산됐다.

MZ세대의 경우 '밈' 문화나 짧은 동영상에 익숙하기 때문에 개연성이 떨어지더라도 저항감은 상대적으로 덜한 편이다. 화려한 볼거리와 강렬한 캐릭터는 젊은층에게 '마리맛' 드라마로 불리며 어필했고, 과장된 캐릭터들은 '병맛 드라마'라는 평가와 함께 각종 패러디물로 자주 등장했다.

K- 막장을 잡아라!
OTT도 가세

국내 콘텐츠 시장이 격화되면서 젊어진 막장 드라마의 경우 OTT 에서 확보하려는 물밑 경쟁이 치열했다. 〈펜트하우스〉는 넷플릭스에 대항하기 위해 국내 지상파들이 단합해 만든 토종 OTT인 '웨이브'에 서 독점 제공됐다. 임성한 작가의 〈결혼작사 이혼작곡〉은 막장 드라 마로는 이례적으로 넷플릭스에서 독점 방영됐고, 넷플릭스 '오늘의 톱10'에 꾸준히 이름을 올리며 좋은 반응을 얻었다.

전 세계 시청자들을 만나게 된 만큼 'K-막장'의 글로벌화에도 관심 이 쏠렸다. 일본 넷플릭스에서는 2020년 〈사랑의 불시착〉, 〈이태원 클 라쓰〉가 한류 드라마 열풍을 되살렸는데, 2021년에는 〈빈센조〉와 〈결 혼작사 이혼작곡〉 시즌 2가 그 뒤를 이었다. 〈결혼작사 이혼작곡〉 시 즌 2는 일본 넷플릭스에서 10위권 안에 꾸준히 이름을 올렸고 홍콩, 말레이시아, 싱가포르, 대만 등 동아시아 국가에서 인기를 끌었다.

〈결혼작사 이혼작곡〉의 주연배우 박주미는 "일본에서는 드라마에 나온 가방이 인기가 많았고, 홍콩에서는 주얼리에 관심이 많았다. 미 국에서는 스토리에 대한 반응이 많았다."고 말했다. 그는 "결혼, 부부 이야기는 시대와 국가를 넘어 공감할 수 있는 이야기"라고 밝히기도 했다.

2021년 상반기에는 소위 '막장 트로이카'로 불리는 김순옥, 임성 한, 문영남 작가가 모두 안방극장에서 맹활약을 펼쳤는데 모두 40부작이 넘는 대작들로 방영 시간대도 주말 황금 시간대를 꿰찼다. 〈펜트하우스〉 시즌 1은 월화 미니시리즈였지만, 시즌 2는 금토 드라마로 프라임 시간대인 밤 10시에 방송됐고, 임성한 작가의 〈결혼작사 이혼작곡〉도 TV조선 금토 밤 9시대를 꿰찼다.

막장 드라마계의 대모 문영남 작가가 대본을 집필한 KBS 주말드라마 〈오케이 광자매〉도 높은 시청률을 보였다. 2019년 수목 드라마 〈왜그래 풍상씨〉로 체급을 달리했던 문영남 작가는 주말극으로 옮겨오면서 미스터리 요소를 가미해 변화를 꾀했다. 얽히고설킨 가족사에 문영남 작가 특유의 톡 쏘는 대본은 기본 전제로 가져가고, 첫 회부터 엄마의 사망 사건의 진범을 찾는 추리 요소를 넣어 지루함을 달랬다.

OTT가 증가하는 다매체 다채널 시대에 방송사의 중간 광고가 허용되면서 향후 시청자들을 오래 붙잡아 놓는 '막장극'에 대한 수요는 늘어날 것으로 예측된다.

특히 확실한 시청률을 보장하는 스타 작가들에 대한 수요가 증가했는데, 전통적인 충성도를 보인 중장년층뿐 아니라 자극적인 일명 '마라맛' 콘텐츠에 열광하는 새로운 MZ세대 시청자까지 확보했기 때문이다. 따라서 기존에 아침 드라마, 일일 연속극을 집필하는 작가들도 미니시리즈나 주말극 전면에 데뷔할 가능성이 높아질 것으로 보인다.

5

사람과 관계에 집중하다
'인생 드라마'의 탄생

K-콘텐츠는 플랫폼의 변화에 따라 계속 변화했다. 1995년 케이블 TV 개국과 함께 '다매체 다채널' 시대가 열렸고 2008년 IPTV, 2010년 종합편성채널 개국, 2016년 넷플릭스 등 국내외 OTT의 확대 등 플랫폼 시장은 끊임없이 변화했다. 이에 따라 콘텐츠 시장도 브로드캐스팅에서 내로캐스팅으로, 개인 맞춤형 콘텐츠로 진화를 거듭했다. 여기에 웹드라마까지 가세하면서 2022년 드라마 제작 편수는 숏폼, 미드폼, 롱폼 등 다양한 형태의 드라마를 합쳐 약 300편에 달했다.

이 같은 변화 속에서 K-드라마는 시대에 따라 수많은 변주가 계속됐지만, 변하지 않는 가장 중요한 가치는 위로와 공감이었다. 드라마는 삶에 지치고 소외받고 외로운 사람들의 친구였고 상처받은 사람들을 위로하는 치료제였다. 특히 사회적으로 약자들의 입장을 대변하는 창구이자 잠시나마 답답한 현실을 잊을 수 있는 도피처이기도 했다.

상처난 마음을 치유하는
'힐링 드라마'

사회가 디지털 시대로 가속화되고 파편화될수록 따뜻한 휴머니즘에 기반한 '힐링 드라마'에 대한 시청자들의 소구는 증가했다. 신데렐라 스토리에 치이고 막장 드라마에 홀릴수록 현실에 발 디딘 우리 주변의 평범한 소시민들의 상처와 아픔을 치유하는 힐링 드라마는 많은 시청자들에게 '인생 드라마'로 기억됐다.

K-드라마의 휴머니즘적인 특징을 가장 잘 보여주는 장르는 바로 의학 드라마다. 빈부나 계급의 차이에 상관없이 소중한 생명을 살리는 의사들의 이야기를 다룬 의학 드라마는 국내에서 웬만해서는 흥행 불패하는 장르이기도 하다. 때문에 일부 의학 드라마는 시즌제로 제작되며 킬러 콘텐츠로 자리매김했다.

한국 의학 드라마는 시청률 20%를 넘기며 흥행했다. MBC 〈하얀거탑〉(2003)을 비롯해 〈뉴하트〉(2007), 〈외과의사 봉달희〉(2007), 〈산부인과〉(2010) 등 대부분 큰 사랑을 받았다. 한동안 국내 드라마 시장에 전문직 드라마 열풍이 분 것이 원인이기도 하지만, 생과 사가 오가는 병원이라는 공간을 배경으로 조직 내 권력관계와 의사들의 수련기, 로맨스 등 다양한 에피소드를 흥미롭게 풀어냈기 때문이다.

2012년 방영된 MBC 〈골든타임〉은 대한민국 외상외과의 현실을 적나라하게 다루며 의학 드라마의 새로운 모델을 만든 작품으로 꼽힌다. 늘 '기승전 러브라인'으로 끝나던 기존의 드라마들과 달리 러브라인 없는 담백함으로 웰메이드 의학 드라마의 기틀을 만들었다.

KBS 드라마 〈굿 닥터〉(2013)는 의학 드라마 최초로 미국에서 리메이크되며 한국형 휴머니즘 드라마를 전 세계에 알렸다. 〈굿 닥터〉는 자폐와 서번트 증후군 진단을 받았지만, 기억력과 공간 지각력이 뛰어난 주인공이 장애를 극복하고 소아과 의사로서 성장하는 이야기를 그렸다. 박재범 작가가 쓴 이 드라마는 미국 ABC에서 리메이크돼 2017년 시즌 1을 시작으로 시즌 5까지 방영됐고 시즌 6도 제작 중이다.

ABC에 따르면 미국판 〈굿 닥터〉는 2020년 이후 안정적인 시청 성과를 내고 있는데 시즌 5의 경우 월요일 밤 10시대 가장 높은 시청자 수와 18~49세대에서 안정적인 시청률을 기록했다. 인기 비결은 한국적인 따뜻한 휴머니즘에 있었다. 미국 매체 '인디와이어'는 〈굿 닥터〉의 성공 요인을 시청자의 기분을 좋게 하는 '온수 목욕' 효과라고 밝혔는데, 이는 한국 드라마의 휴머니즘이 미국에서도 통했다는 반증이기도 하다.

이후 의학 드라마는 삶과 죽음의 기로에 선 사람들과 그들의 소중한 생명을 살리고자 고군분투하는 의사들의 열정에 집중하는 드라마의 한 장르로 자리를 잡았다. 대표적 작품이 SBS 〈낭만닥터 김사부〉와 tvN 〈슬기로운 의사생활〉 시리즈다. 두 작품은 시즌제로 제작되고 있는데, 매 시즌 높은 시청률을 기록하는 의학 드라마계의 킬러 콘텐츠이기도 하다.

〈낭만닥터 김사부〉는 2016~2017년 방영된 시즌 1이 최고 시청률

27.6%를 기록했고, 2020년 방영된 시즌 2도 27.1%의 높은 시청률을 기록했다. 시즌 3는 2023년 방영을 목표로 제작 준비 중이다. 이 드라마는 흥행작의 요건인 '작감배'(작가, 감독, 배우)의 호흡이 딱 맞아떨어졌다. 겉으로는 냉철하지만 유머러스하고 낭만적인 의사 김사부를 주인공으로 내세운 이 작품은 병원을 중심으로 의사와 환자 등 누구도 소외시키지 않는 따뜻한 드라마였다. 그 핵심에는 김사부 역을 맡은 연기파 배우 한석규와 시청률 40%를 기록한 드라마 〈제빵왕 김탁구〉의 강은경 작가, 그리고 〈자이언트〉, 〈미세스 캅〉, 〈배가본드〉, 〈이상한 변호사 우영우〉 등을 연출한 베테랑 유인식 PD가 있었다.

화려한 블록버스터급 드라마가 아닌 수수한 휴먼 드라마에 가까운 〈낭만닥터 김사부〉가 인기를 얻은 가장 큰 이유로 '공감'이 꼽힌다. 드라마가 방영될 당시 국정 농단 사태로 인해 사회의 정의가 무너진 상황에서 분노와 상실감에 빠진 시청자들이 많았다. 하지만 이 드라마는 부패한 기득권 세력의 전횡과 황금만능주의가 지배하는 사회 구조 속에서 고통받는 '을'의 모습을 그리면서 그 속에서도 뚝심 있게 소신을 지키는 김사부를 통해 카타르시스를 안겨줬다. 드라마는 선택의 순간에 놓인 주인공을 통해 어떻게 인생을 살 것인가, 즉 인생관과 가치관에 대해 화두를 던졌다. 존경할 만한 어른이 없는 시대, 김사부는 '올바른 어른'을 보고 싶어 하는 사람들의 기대에 부응하는 인물이었다.

이 작품은 불공정, 차별, 부나 직업의 세습 등 부조리한 상황에서도 진정한 의사의 길을 찾아가는 주인공의 모습이 높은 공감대를 형성했다. 기득권 세력을 대변하는 거대 병원과 돈보다 사람의 생명을 중시하는 돌담 병원의 대결은 황금만능주의 시대에 진정한 의술이 갖는 의미를 다시 한번 생각하게 했다. 극 중 김사부는 위기 속에서도 자신의 안위보다 의사로서 사명감을 먼저 선택하는 인물이었다. 정의와 원칙에 따라 사는 것이 '낭만'으로 여겨지는 냉엄한 현실 속에서 소신 있고 인간적인 김사부는 많은 이들에게 공감과 위로를 줬다. 물론 〈낭만닥터 김사부〉에 남녀 주인공들의 로맨스가 등장하지 않는 것은 아니지만, 멜로에 치중하지 않고 의사들의 사명감과 정의를 강조했다. 어떤 상황에서도 굽히지 않는 의사로서의 그의 소신과 원칙은 이 작품을 관통하는 메시지였다.

특히 긴장된 순간에 흘러나오는 빌리 조엘의 〈더 스트레인저〉, 비틀스의 〈헤이 주드〉 등 올드팝은 서정적인 의학 드라마로서 대중과의 접점을 넓혔다. 또한 자칫 의학 드라마가 멜로물로 빠지는 우를 범하지 않도록 한석규의 연기가 극의 중심을 잡았다. 기득권에 굴복하지 않고 불의에 타협하지 않는 김사부를 통해 권선징악을 바라는 대중의 심리가 고스란히 반영됐다.

〈슬기로운 의사생활〉(〈슬의생〉) 역시 따뜻하고 인간미 넘치는 의학 드라마를 지향했다. 이 작품은 누군가는 태어나고 누군가는 삶을 끝내는, 인생의 축소판이라 불리는 병원에서 의사, 환자, 가족들의 이야기를 깊이 있게 다뤘고, 각각 12부작으로 제작된 시즌 1(2020)과 시즌 2(2021) 모두 10% 안팎의 높은 시청률을 기록했다.

드라마는 같은 병원에서 근무하는 99학번 의대 동기생 5명을 중심으로 그들의 사랑과 우정, 의사로서의 사명감 등을 밀도 있게 그렸다. 특히 병원 내에서 일상적인 의사들의 모습과 수술실, 중환자실을 묘사한 연출이 실제와 상당히 흡사하다는 평가를 받았다.

〈슬의생〉은 한 설문조사에서 의사들이 가장 좋아하는 의학 드라마에 선정되기도 했다. 의사들이 가장 공감한 인물로는 흉부외과 전문의 김준완(정경호)이 꼽혔는데, 극 중 김준완은 까칠하고 냉정한 성격이지만 환자를 살리기 위해 최선을 다하는 인물로 나온다. 반면 항상 환자만 생각하는 헌신적인 소아외과 전문의 안정원(유연석)은 다소 현실성이 떨어진다는 응답이 나왔다.

소소한 사람들의 이야기가 가진 진정성을 보여주고 싶었다는 신원호 PD의 바람대로 〈슬의생〉은 환자를 걱정하는 가족들의 마음과 환자를 대하는 의사들의 사명감에 집중해 따뜻한 위로와 힐링을 전달했다. 신 PD는 "세상 모두가 다 좋은 사람이었으면 좋겠다는 것이 자신의 판타지"라고 밝혔다. 그는 "이런 의사가 어디 있느냐는 댓글을 많이 봤는데, 그게 판타지일지언정 시청자들이 보면서 '나도 좋은 사람이 돼야지.'라고 생각하게 하는 것이 목표"라고 말했다. 물론 이 드라마는 후반부로 갈수록 러브라인이 부각되고 의사들의 모습이 다소 작위적이라는 비판도 있었지만 휴머니즘을 보여주고자 한 의학 드라마라는 본질에 상당히 부합한 작품이었다.

이 드라마는 에필로그에 주인공 5인방이 매회 5인방의 서사에 맞는 추억의 노래들을 직접 연주했다. 일명 '슬기로운 밴드생활'이라는 별칭으로 불리며 감성적인 의학 드라마로서의 면모를 보이기도 했다.

고정 관념을
파괴하라

〈슬의생〉을 만든 신원호 PD와 이우정 작가는 KBS 예능국 출신으로 〈1박 2일〉 등 예능 프로그램을 만들었지만, 2011년 신 PD가 CJ ENM으로 이적하면서 드라마로 종목을 바꿨다. 이들이 선보인 드라마 〈응답하라〉 시리즈는 휴머니즘으로 다양한 세대를 아우르며 힐링 드라마의 대표주자가 됐고, 복고풍에 멜로와 가족애를 버무린 레트로 드라마 열풍을 일으켰다.

〈응답하라 1988〉(〈응팔〉)은 향수를 불러일으키는 1980년대 복고 문화에 첫사랑 코드, 여주인공의 '남편 찾기'를 통해 멜로드라마를 기본으로 가져가면서 한 지붕 세 가족의 이야기로 가족의 소중함을 부각시켰다. 소재 고갈에 시달리는 드라마 시장에서 복고는 40~50대에는 추억을 자극하고 젊은층에게는 호기심을 자극하면서 큰 인기를 끌었다.

최첨단 디지털 시대를 살아가는 시청자들이 아날로그적이고 촌스럽기까지 한 1980년대 이야기에 뜨겁게 응답했던 이유는 이 드라마가 기본적으로 지닌 따뜻한 휴머니즘에 기인한다.

경제 불황과 무한 경쟁 속에 앞만 보고 홀로 외롭게 달려온 한국인들은 사람 사는 냄새 가득했던 80년대를 추억했고 그 시절 서울 쌍문동 골목의 이야기에 빠져들었다. 경제적으로는 어려웠지만 이웃끼리는 작은 음식도 나눠 먹고 즐거운 일, 어려운 일을 함께 나눴으며 진심으로 서로를 아끼는 가족의 사랑과 친구들의 진한 우정이 있었기에 힘든 시절을 이길 수 있었다. 〈응팔〉은 재벌 드라마에 지치고 '수저 계급론'에 상처받은 시청자들을 보듬고, 돈으로 살 수 없는 진짜 소중한 것의 가치를 일깨웠다.

시청자들은 팍팍하고 이기적인 삶 속에서 잊고 살던 인간의 따뜻한 본성과 착한 사람들의 휴머니즘을 강조한 드라마의 정서에 응답한 셈이다. 드라마 평론가 공희정은 "디지털 문화에 단절되고 혼자 살아가는 데 외로움과 한계를 느낀 젊은층에게도 함께 살아가는 공존의 의미와 공동체의 가치를 되돌아보게 했다."라고 말했다.

특히 우리 시대 평범한 보통 사람들의 이야기를 그린 〈응팔〉은 쌍문동 골목 사람들 누구 하나 소외시키지 않았다. 특히 부모 세대와 자녀 세대의 이야기가 적절한 균형을 이루며 전 세대의 공감을 얻었다. 코미디를 책임진 라미란·김성균 부부, 가슴 찡한 부모의 사랑을 보여준 성동일·이일화 부부, 택이 아빠 최무성과 선우 엄마 김선영의 재혼 이야기를 비중 있게 다루며 중장년층 시청자들의 호응도 얻었다. 그 결과 드라마가 방영되는 10주 연속 케이블, 위성, IPTV 통합 남녀 10~50대 전체 시청률 1위를 차지했다.

그 시절 추억을 소환하고 감성을 건드리는 레트로 드라마의 가장 큰 특징은 리얼리티디. 88 서울올림픽을 소재로 한 에피소드로 1회를 시작한 〈응팔〉은 그 시절의 노래, 코미디, 영화, 광고 패션 등 당대 대중문화를 고스란히 불러내 거부감 없이 추억 여행에 빠져들게 했다.

이 드라마는 어느덧 가장이 된 중장년층 남성 시청자들까지 TV 앞으로 모았다. 첫 회에 성동일이 뒤늦게 딸 덕선의 생일을 챙겨주면서 "아빠도 처음부터 아빠는 아니어서 서툴고 미안하다."라고 말하는 장면은 많은 남성들의 눈시울을 적시게 했다.

이우정-신원호 콤비는 〈슬의생〉, 〈응답하라〉 시리즈 등으로 연타석 홈런을 치며 드라마계에 '예능형 드라마'의 새로운 바람을 일으켰다. 〈응팔〉을 비롯해 〈응답하라 1994〉, 〈응답하라 1997〉등 이들의 예능식 팀워크가 〈응답하라〉 시리즈의 3연타 흥행 원인의 배경으로 분석되면서 방송계 안팎의 큰 주목을 받았다.

신원호 PD는 "〈응답하라 1997〉이 잘될 수 있었던 것은 예능에서 익힌, 일반적인 드라마와는 다른 작법 때문"이었다고 밝혔는데, 예능의 장점으로 기존 드라마의 한계를 보완한 것이 성공 요인으로 꼽히면서 예능 작가들의 저력을 또다시 확인하는 계기가 됐다.

〈응팔〉은 기존의 1인 드라마 체제가 아니라 이우정 작가를 비롯한 예능 작가 6~7명이 팀을 이뤄 공동으로 대본을 썼다. 트렌드를 읽는 순발력이 뛰어난 예능 작가들은 캐릭터를 입체적으로 잘 표현하고 에피소드 구성력과 감칠맛 나는 대사발이 뛰어나다는 평가를 받았다.

실제로 한국 드라마에서 예능 작가들의 저력은 여러 차례 확인된 바 있다. SBS 〈별에서 온 그대〉의 박지은 작가를 비롯해 MBC 〈그녀는 예뻤다〉의 조성희 작가와 tvN 〈오 나의 귀신님〉의 양희승 작가는 모두 예능 작가 출신이다. 2022년 흥행한 드라마 〈사내맞선〉은 〈막돼먹은 영애씨〉 시리즈 등 시트콤을 주로 집필해 온 한설희, 홍보희 작가가 처음 도전한 로맨스물인데 설레는 로맨스와 코미디 포인트를 잘 잡아내며 시청률을 견인했다.

PD와 작가들이 함께 작업하는 팀워크는 예능형 드라마의 가장 큰 장점이다. 이들은 회차별로 주제를 정하고 각자가 맡은 캐릭터의 스토리를 구체화시키는 분업화를 통해 예능 프로그램을 뽑아내듯이 매회 에피소드를 짜임새 있게 꾸려갔다.

때문에 〈응팔〉은 과장된 코미디와 지극히 현실적인 드라마 사이에서 예능과 드라마의 균형을 잘 잡은 작품이라는 평가를 받았다. 작가들이 여러 주인공의 스토리 라인을 새끼줄처럼 꼬는 노하우를 선보였고 예능에서 최초로 연예인으로 캐릭터를 만들었던 신 PD의 예능 감각이 드라마에도 이어졌다. 예능 출신 작가들이 로맨틱 코미디에서 두각을 나타내는 것도 이와 무관하지 않다.

〈응팔〉은 뮤직비디오처럼 음악이 많이 깔리고 영화처럼 롱테이크가 많을 뿐만 아니라 카메라 앵글도 예능처럼 과장돼 기존의 드라마 공식을 깬 부분이 많았다. 1명의 작가에게 의존하기보다 미국 드라마의 협업 작가 체제처럼 PD와 작가가 모여 머리를 맞대는 협업 시스템이 자리잡는 계기가 됐다.

무겁지 않은 추억 소환
청춘의 성장

2022년 방영된 청춘 드라마 tvN 〈스물다섯 스물하나〉는 1990년대를 재현한 레트로 드라마로 큰 인기를 모았다. 이 드라마는 1998년대 IMF^{국제통화기금} 외환위기로 어려움을 겪던 시대에 꿈을 빼앗긴 청춘들의 방황과 성장을 그렸다.

IMF 사태 여파로 팀이 없어졌지만, 포기를 모르는 펜싱 선수 나희도(김태리)와 IMF 위기로 가정 형편이 어려워져 대학을 졸업할 수 없었던 백이진(남주혁)은 IMF 사태로 인한 시대의 아픔을 감내하는 청춘들로 그려진다. 싱그러운 청춘들은 서로에게 꿈과 희망이 돼주면서 힘든 시간을 이겨낸다. 빚쟁이들에게 쫓겨 다니는 이진에게 희도는 "둘이 있을 땐 아무도 몰래 잠깐만 행복하자. 이건 우리 둘만의 비밀이야."라고 속삭이고, 이진은 그런 희도에게 "넌 항상 옳은 곳으로, 좋은 곳으로 이끌어."라며 사랑을 고백한다.

드라마는 이 둘의 로맨스를 중심으로 세계적인 펜싱 선수와 스포츠 기자로 성장하는 두 청춘들의 치열한 성장기를 때론 경쾌하게, 때론 진지하게 그렸다. 특히 앞이 안 보이던 IMF 시대가 코로나19 팬데믹의 장기화로 인한 현재의 혼란한 시대상과 맞아떨어지면서 많은 시청자들과 공감대를 형성했다. 그 결과 넷플릭스 TV 프로그램 10위권 안에 꾸준히 들면서 세계 시청자들과도 교감하는 데 성공했다.

1990년대 추억을 소환한 이 드라마는 시대를 무겁게만 그리지 않았다. 만화책 〈풀하우스〉를 비롯해 무선호출기(삐삐), PC 통신, 카세트 테이프 등 복고형 소품들은 3040세대에게도 공감을 불러일으키고 20대에게는 신기한 재미로 다가왔다. 극중 주인공들은 1990년대 후반 세기말적 스타일로 변신하는 등 격변하는 청춘의 감성을 표현했다.

무엇보다 힘들었지만 서로를 진심으로 위로하고 성장하는 아름다운 청춘들의 모습은 많은 이들에게 큰 여운을 남겼다. 또한 과거와 현재를 교차 편집하며 희도의 남편에 대해 궁금증을 자아내는 구성은 〈응답하라〉 시리즈의 흥행 코드와 비슷하지만 〈스물다섯 스물하나〉는 좀 더 감각적으로 복고를 재해석했다. 스타 작가 김은숙의 보조 작가 출신으로 2019년 〈검색어를 입력하세요 WWW〉로 데뷔한 권도은 작가는 탄탄한 필력으로 사랑과 우정, 가족애를 흥미롭게 풀어낸다. 전반부에 너무 많은 이야기를 벌리다 보니 후반부에 이전에 쌓인 서사가 제대로 봉합되지 않아 시청자들에게 비판을 받기도 했지만 청춘의 아련하고 따뜻한 기억을 바탕으로 한 복고 드라마의 치유와 공감의 힘을 다시금 입증했다.

결국은 모두
사람의 이야기

2019년 겨울 안방극장은 드라마 〈동백꽃 필 무렵〉으로 뜨겁게 달아올랐다. 이 작품은 파편화되고 고립된 현대사회에 "사람은 사람에게 기적이 될 수 있다."라는 따뜻한 메시지를 전달하며 많은 사람들의 인생 드라마로 자리 잡았다. 미혼모라는 사회적 편견 때문에 오해와 텃세에 시달리지만 매사에 당찬 동백(공효진)과 그런 동백에게 아무런

선입견 없이 한결같이 진심 어린 사랑을 표현하는 로맨티스트 황용식(강하늘)의 사랑은 따뜻하면서도 순수한 힐링 로맨스로 많은 이들에게 감동을 안겼다.

극 중 황용식은 구수한 충청도 사투리를 구사하는 촌놈이지만, 앞뒤 재지 않고 직진하는 순정파 로맨스로 '촌므파탈'의 매력을 선보였다. 극 중 용식은 사랑에 망설이는 동백에게 "저랑 연애하면 매일 사는 게 좋아서 죽게 할 수 있다고요.", "동백 씨는 행복해질 자격이 충분히 차고 넘치는 사람이어유."라면서 자신감을 북돋워 준다. 옹산에서 술집인 까멜리아를 운영하면서 사람들의 멸시와 조롱에 시달리며 힘든 삶을 살아가던 동백은 "내 걱정 해 주는 사람 하나가 막, 내 세상을 바꿔요."라면서 사랑을 통해 자존감을 회복한다.

탈옥범을 겁도 없이 맨손으로 때려잡고 연쇄 살인범으로부터 동백을 끝까지 지키는 용식. 다른 사람을 배려하고 존중하는 순수하고 건강한 용식에게 많은 사람들은 열광했고 강하늘은 이를 완벽하게 소화해내 호평을 받았다. 그는 코미디와 로맨스를 넘나드는 뛰어난 연기력을 선보이며 KBS 연기대상에서 최우수연기상을 수상했다. 또한 옹산 서열 1위이자 용식이의 엄마 곽덕순(고두심)을 비롯해 '옹벤저스'로 불리는 옹산의 사람들이 동백을 진정한 이웃이자 가족으로 받아들이는 과정은 따뜻한 휴머니즘을 통해 진한 감동을 안겨줬다.

극본을 쓴 임상춘 작가는 2014년 MBC 단막극 〈내 인생의 혹〉으로 데뷔한 이후 장편 데뷔작인 드라마 KBS2 〈쌈, 마이웨이〉(2017)에서도 마이너리그 청춘들의 짠 내 나는 성장담을 그려 호평받았다. 신인 작가로서 새로운 시각이 담긴 따뜻한 휴먼 멜로드라마를 쓰는 것이 그의 가장 큰 장점이다.

박해영 작가의 〈나의 아저씨〉(2018)는 많은 시청자들이 인생 드라마로 꼽는 작품 중 하나다. 이 작품은 삶의 무게를 버티며 살아가는 평범한 아저씨 삼형제와 거칠게 살아온 한 여성이 서로를 통해 삶을 치유하는 과정을 그렸다. 이 드라마는 세대와 성별을 떠나 서로 상처를 가진 사람들이 치유하는 과정에 방점이 찍혔다. 어느 정도 사회적 지위를 가졌지만 여전히 흔들리는 중년 남성과 하루를 버텨내기도 힘든 사회 초년생은 인간 대 인간으로 서로에게 손을 내밀었다.

디지털 시대로 접어들면서 다른 사람에 대한 이해와 공감이 부족한 요즘, 평범한 사람들이 타인의 상처를 공감하고 손을 내밀며 보듬어가는 과정은 그 자체만으로도 감동을 자아냈고, 많은 이들에게 위로와 위안을 전했다. 애정신이나 번지르르한 대사가 없어도 사람이 사람에게 힘이 되는 두 사람의 휴머니즘은 마지막까지 빛났다. 작가는 최종회에 "여러분은 모두 괜찮은 사람입니다. 평안함에 이르기까지 모두 파이팅!"이라며 시청자들에게 따뜻한 용기를 전했다.

박해영 작가는 시트콤 〈올드미스 다이어리〉, 〈청담동 살아요〉 등을 집필하다 지난 2016년 tvN 드라마 〈또 오해영〉이 20~30대 여성들의 공감을 자아내는 대사와 자연스러운 스토리 등으로 인기를 얻으며 스타 작가의 반열에 올랐다. 박 작가는 2022년에도 JTBC 드라마 〈나의 해방일지〉로 사람 이야기에 천착하는 휴머니즘 힐링 드라마의 계보를 잇고 있다.

박해영 작가는 〈나의 해방일지〉에서 탈출구 없는 젊은 세대의 오늘날의 모습을 현실적이고 직접적으로 그렸다. 매일 직장만 오가며 답답한 일상을 보내던 미정(김지원)은 자신과 닮은 구석이 있는 구씨(손석구)를 만난다. 인간관계에서 상처를 받고 삶에 지친 이들은 서로를 '추앙'하기로 한다. 여기서 '추앙'이란 뭐든지 할 수 있고, 뭐든 된다고 응원한다는 의미다. 각자 아픔을 지닌 '추앙 커플'은 서로를 현실에서 해방하고 구원하는 존재로 그려진다. 작가는 경기도 산포시에 사는 삼남매가 매일 서울로 출퇴근하면서 겪는 고된 일상과 평범한 사람들의 감정선을 디테일하게 잡아낸다. "어디에 갇혔는지 모르겠는데 속 시원한게 하나도 없어요", "아무렇지 않게 잘 사는 사람들보다 망가진 사람들이 훨씬 더 정직한 사람들 아닐까?" 등의 대사는 시청자들과 폭넓은 공감대를 형성했다. 배우들 역시 진정성이 담긴 대본을 현실적으로 구현하는 데 중점을 뒀다. 김지원, 손석구, 이민기 등도 화장기 없는 자연스러운 연기로 몰입감을 높였다.

　특히 손석구는 극중 이름도 과거도 알 수 없는 외지 남자 구씨 역할을 맡아 무심한 듯하면서도 치명적인 캐릭터로 전국에 '구씨 신드롬'을 일으키며 많은 팬들의 추앙을 받았다. 다양한 매력을 갖고 있는 그가 악역으로 열연을 펼친 영화 〈범죄도시2〉에도 팬들이 대거 몰렸고, 이는 코로나 팬데믹 이후 첫 천만 관객을 돌파하는 기폭제가 됐다.

　2019년 방영된 SBS 〈스토브리그〉도 많은 이들의 인생작으로 꼽히는 대표적인 휴먼 드라마다. 이 작품은 프로야구 만년 꼴찌팀 '드림즈'에 새로 부임한 단장 백승수(남궁민)가 부패와 파벌에 얼룩진 팀을 소생시키는 과정을 담았다.

이 작품은 겉으로는 스포츠 드라마를 표방하지만, 이 시대가 원하는 리더십을 그리며 화제를 모았다. 극 중 백승수는 사리사욕에 흔들리지 않고 철저히 원칙에 입각해 팀을 성공으로 이끈다. "팀에 조금이라도 해가 된다고 생각하는 일이면 전 잘라내겠습니다.", "해 왔던 것들을 하면서 안 했던 것들을 할 겁니다."라는 그의 대사는 큰 울림을 줬다. 이 드라마는 올바른 리더가 얼마나 조직을 바꿀 수 있는지, 한 사람의 올바른 생각이 어떻게 다른 사람에게 좋은 영향을 미치고 변화시킬 수 있는지에 대한 화두를 던졌다. 이 작품은 신인 이신화 작가의 데뷔작이다. 이 작가는 야구에 대한 애정으로 오랜 취재를 거쳐 대본을 썼다. 야구를 스포츠 경기가 아니라 조직의 관점에서 신선한 시각을 선보였다. 정형화된 틀을 깬 신인 작가들의 자유로운 작법이 드라마계에 또 다른 활력을 불어넣은 것이다.

한편 〈스토브리그〉에서 걸크러시 매력을 선보였던 배우 박은빈이 출연한 〈이상한 변호사 우영우〉(2022)는 많은 이들의 인생 드라마에 등극했다. 자폐 스펙트럼 장애를 가진 신입 변호사 우영우가 순수한 눈으로 세상을 바라보고 세상의 편견을 딛고 성장하는 이야기는 큰 감동과 카타르시스를 안겨줬다. 천재적인 두뇌로 각종 사건을 해결하는 것은 덤이다.

〈이상한 변호사 우영우〉는 영화 〈말아톤〉의 윤초원(조승우), 드라마 〈굿 닥터〉의 박시온(주원)에 이어 장애를 가진 주인공을 내세운 착한 드라마지만, 장애의 극복에 초점을 맞추는데 그치지 않았다. 오히려 다른 사람은 보지 못하는 특별한 시각을 가진 사람으로 묘사하며 사회적으로 다름의 가치를 일깨웠다.

완벽한 '작감배'(작가, 감독, 배우)의 호흡은 신생 케이블 채널 ENA의 작품이라는 한계를 뛰어넘어 명품 드라마를 만들었다. 휴머니즘이 돋보인 의학 드라마 〈낭만닥터 김사부〉를 연출한 유인식 PD의 뛰어난 연출력과 자폐 소녀를 다룬 영화 〈증인〉 문지원 작가의 탄탄한 대본이 기반이 됐다. 여기에 박은빈이 섬세한 연기로 사랑스러운 자폐 변호사 캐릭터의 특징을 완벽에 가깝게 소화하면서 '영우앓이', '우영우 신드롬'을 이끌었다. 그 결과 1회 0.9%였던 시청률이 17배 이상 급증했고, 넷플릭스 비영어권 TV 시리즈 부문 1위에 오르기도 했다.

통쾌한 한 방을 날린
'한국형 히어로 드라마'

약자의 입장에서 기득권에 통쾌한 한 방을 날리는 이야기는 늘 드라마의 인기 소재였지만, 2020년 이후에는 할리우드에 필적할 만한 한국형 히어로 드라마가 카타르시스를 안겨줬다.

2020년에는 웹툰 원작의 OCN 드라마 〈경이로운 소문〉이 히어로물에 불을 지폈다. '악귀 사냥꾼' 카운터들이 국숫집 직원으로 위장해 지상의 악귀들을 물리치는 악귀 타파 히어로물로 인기를 끌었다.

2021년에는 본격적으로 한국형 다크 히어로들이 등장했는데 〈모범택시〉의 김도기(이제훈)와 〈빈센조〉의 빈센조(송중기)가 대표적이다. 이 드라마들은 법을 벗어나는 사적 복수를 화두로 내세웠다. 진짜 정상은 '비정상'이 되고, 비정상이 '정상'으로 둔갑하는 부조리한 사회 시스템 속에서 진정한 정의를 물었다.

〈모범택시〉 속 김도기는 다크 히어로의 전형으로 나온다. 전 특수부대 장교 출신으로 무지개 운수에서 택시를 모는 그는 타고난 직관력, 냉철한 판단력으로 '복수 대행'을 완벽하고 깔끔하게 해내는 인물이다.

한국형 다크 히어로는 누구보다 인간적이지만 악당들에게 자비 없는 인물로 그려진다. 김도기는 다크 히어로로서 철저히 약자들의 편에 서서 억울한 피해자들을 대신해 복수를 완성한다. 드라마는 사적 복수 대행극으로 매회 시원한 사적 복수를 통해 시청자들의 마음을 대신 뚫어줬다.

이제훈은 이 작품에서 굴곡진 서사를 가진 다크 히어로 김도기 역을 변화무쌍하게 풀어냈는데 작전마다 직업과 성격을 바꿔가며 악을 교란하는 '부캐' 퍼레이드를 펼쳤다. 그는 능청스럽게 상대를 홀리고, 결정적인 순간에 매운맛 승부수를 날렸다. 또한 그는 악당의 눈높이에 맞춰 모습을 바꾸고, 그들의 머리 꼭대기에서 쥐락펴락하는 유연함으로 노련한 완급조절과 디테일한 분석력을 선보였다. 이제훈은 이처럼 사적 복수를 소재로 한 다크 히어로물이 흥행한 이유에 대해 "공권력이 미치지 못하는 사건과 피해자의 억울함, 울분을 드라마가 대신해서 표현해 준다는 데 대해 시청자분들이 공감과 지지를 보낸 것"

이라면서 "사적 복수의 이야기가 용인되고 납득돼서도 안 되지만 허구적인 상상력을 통해서 대신한 것의 의의가 크다."라고 말했다.

드라마 〈빈센조〉는 빌런보다 더 악한 방식으로 악을 처단하는 다크 히어로물을 표방했다. 〈빈센조〉는 조직의 배신으로 한국에 오게 된 이탈리아 마피아 변호사가 베테랑 독종 변호사와 함께 악당의 방식으로 악당을 쓸어버리는 이야기를 밀도있게 그렸다.

이 드라마는 범죄 누아르물을 표방하고 있는데 냉혈한 전략가인 빈센조는 법으로는 절대 징벌할 수 없는 변종 '빌런'들에 맞서 당한 것을 수단과 방법을 가리지 않고 몇 배로 갚아주는 다소 무법자적인 성향을 드러낸다. 〈빈센조〉의 대본을 맡은 박재범 작가는 〈김과장〉의 김성룡(남궁민), 〈열혈사제〉의 김해일(김남길) 등 한국형 히어로 창조에 뚜렷한 두각을 나타냈다.

그가 새롭게 탄생시킨 다크 히어로 빈센조는 납치와 협박을 일삼는 등 전통적인 히어로들과는 거리가 있다. 비록 비현실적이기는 하지만 이전보다 훨씬 입체적인 캐릭터로 통쾌함을 안겨준다는 평가를 받았다.

이처럼 국내 드라마에서 다크 히어로가 부상하기 시작한 배경은 사회 시스템으로는 해결될 수 없는 일이 늘어나는 현실과 맞닿아 있다. 괴물을 잡기 위해 괴물이 되기를 자처한 JTBC 〈괴물〉의 이동식(신하균) 역시 빈센조나 김도기처럼 통쾌한 스타일은 아니었지만, 현실적인 다크 히어로였다. 한국형 히어로물은 만화 같은 재미와 오락적인 특성으로 K-드라마의 새로운 흥행코드로 자리매김하는데 성공했다.

왜 떴을까

'K-크리에이티브' 끌리는 것들의 비밀

초판 1쇄 발행 2022년 9월 15일

지은이   이은주, 김윤미
발행처   도서출판 혜화동
발행인   이상호
편집   권지영

주소   경기도 고양시 일산동구 위시티3로 111, 202동 2504호
등록   2017년 8월 16일 (제2017-000158호)
전화   070-8728-7484
팩스   031-624-5386
전자우편   hyehwadong79@naver.com
ISBN   979-11-90049-34-4 (03320)

• 책값은 뒤표지에 있습니다.
• 잘못된 책은 바꾸어 드립니다.

• 이 책은 방일영문화재단의 지원을 받아 저술, 출판되었습니다.